Johann Christoph Adelung

Linguiste des Lumières à la cour de Saxe

Jacques FRANÇOIS

Johann Christoph Adelung

Linguiste des Lumières à la cour de Saxe

L'Harmattan

Du même auteur

Le siècle d'or de la linguistique en Allemagne : de Humboldt à Meyer-Lübke, Lambert-Lucas, 2017.

5-7, rue de l'Ecole-Polytechnique, 75005 Paris
http://www.editions-harmattan.fr
ISBN : 978-2-343-21665-2
EAN : 9782343216652

INTRODUCTION

Tout projet de biographie intellectuelle implique un effort d'honnêteté à l'égard de l'éventuelle complexité de la personnalité à explorer. Parmi ceux qui ont contribué à la fondation de la linguistique moderne, il en est dont l'énergie était concentrée sur un seul objet, c'était notamment le cas des lexicographes Antoine FURETIÈRE et Émile LITTRÉ, auteurs respectivement du *Dictionnaire universel* en 1690 et du *Dictionnaire de la langue française* en 1872, et dont les deux biographies d'Alain Rey (2006 pour Furetière, 2008 pour Littré) sont emblématiques en la matière.

1. L'auteur confidentiel d'un dictionnaire et d'une sorte de cabinet de curiosités linguistiques

Tel n'est cependant pas le cas pour Johann Christoph ADELUNG (1732-1806), dont la présente monographie ambitionne de dépoussiérer la mémoire. Une partie seulement de l'œuvre de J. Ch. Adelung surnage dans la mémoire publique, au moins en Allemagne, entre deux lames de fond qui ont respectivement anticipé et poursuivi son œuvre, celle de Gottfried Wilhelm LEIBNIZ (1646-1716), sans doute le dernier esprit universel, promoteur de l'*Auklärung*, les Lumières à l'allemande, et fondateur de l'Académie Royale des Sciences de Prusse en 1700, et celle de Wilhelm von HUMBOLDT (1767-1835), fondateur de l'université de Berlin en 1809 et auteur notamment d'une série de mémoires et de communications à l'Académie berlinoise sur la philosophie de l'histoire et la linguistique.

Il s'agit de deux projets majeurs qu'Adelung entreprend en marge et au terme d'une œuvre abondante et multiple, le « Dictionnaire critique et grammatical du dialecte haut allemand »[1] (commencé en 1774 et dont la seconde édition définitive parvient à son terme en 1801) et le « Mithridate, ou Science générale des langues »[2], la plus vaste compilation, à l'époque, de langues classées selon le caractère monosyllabique ou polysyllabique de leur lexique et leur répartition géographique (le monosyllabisme étant géographiquement propre à un groupe limité de langues de l'Asie orientale).

---

[1] Voir le frontispice de l'édition de 1811 dans l'Annexe 3 au chap.3.

[2] Voir le frontispice de la 1ère édition de 1806 dans l'Annexe au chap.4.

Le linguiste engage ce dernier projet à la toute fin de sa vie en collaboration avec son partenaire Johann Severin VATER (1771-1826) et il ne peut en publier lui-même que le premier volume consacré à une introduction générale et aux langues de l'Asie, avant que Vater reprenne le flambeau et achève la publication de trois autres volumes.

À cette époque, Wilhelm von Humboldt se partage avec son cadet Alexander (1769-1859), géographe et naturaliste, les multiples centres d'intérêt de Leibniz, signe incontestable qu'au tournant du XIXe siècle l'ambition d'une culture personnelle pleinement encyclopédique est devenu vain en raison de l'extraordinaire développement du savoir scientifique dans les deux derniers siècles, celui « de Louis XIV » et celui « de Frédéric II ».

Adelung partage avec Leibniz (et par anticipation avec Hegel) la conviction de l'unité de l'esprit humain, ce qui a comme effet secondaire funeste la dissolution des cultures propres à chaque peuple dans l'idée d'un vaste dessein culturel universel et d'une « civilisation des mœurs »[3] jalonnés par les prouesses intellectuelles et techniques de l'Europe. Avec Wilhelm von Humboldt, Adelung partage d'abord un goût prononcé pour l'histoire universelle et la place des territoires allemands dans cette histoire (spécifiquement la Saxe pour Adelung et la Prusse pour Humboldt) et ensuite une curiosité effrénée pour la découverte et le classement des langues.

Adelung commence sa carrière comme « publiciste », c'est-à-dire comme journaliste et vulgarisateur, et ce faisant, il consacre son talent pédagogique à la propagation des nouvelles connaissances et à une vision historique des sociétés, laquelle sera couronnée en 1782 par son « Essai d'histoire de la culture du genre humain » (*Versuch einer Geschichte der Cultur des Menschlichen Geschlechts*). En même temps il s'engage (en 1774) dans la composition de son « Essai de dictionnaire grammatical et critique du dialecte haut-allemand » et il entreprend de diffuser une vision « éclairée », c'est-à-dire globale et explicative, du génie de la langue allemande. Le comte von Herzberg, ministre d'État du royaume de Prusse, lui confie autour de 1780 la rédaction d'un « Manuel de la langue allemande » (*Deutsche Sprachlehre*, 1781) dont il développera la philosophie sous-jacente l'année suivante dans son « Traité circonstancié de l'enseignement de la langue allemande » [4] (*Umständliches Lehrgebäude*

[3] Titre de la traduction en 1975 d'un célèbre ouvrage du sociologue allemand Norbert Elias (original : *Über den Prozeß der Zivilisation*, 1939/1973).

[4] Voir la notice de Barbara Kaltz sur cet ouvrage dans le Corpus des Textes Linguistiques Fondamentaux (*http://ctlf.ens-lyon.fr/*).

der deutschen Sprache, 1782), une véritable approche philosophique de la langue allemande et de sa pédagogie et qu'il complètera avec sa stylistique (*Der Styl der deutschen Sprache*, 1785).

C'est sur la base de cette accumulation de publications importantes (les trois ouvrages mentionnés plus haut, parus en 1781 et 1782, le traité de stylistique daté de 1785 et la première édition du dictionnaire achevée en 1786) que le prince-électeur et futur roi de Saxe, Friedrich August III, lui accorde en 1787 la charge de conservateur en chef de la bibliothèque de la cour de Dresde et le titre de conseiller aulique (*Hofrat*), lui assurant désormais des conditions de travail satisfaisantes et une reconnaissance qui ne se limite pas à la Saxe, puisque la même année 1787 il devient membre correspondant de l'Académie de Berlin.

Bref, il ne peut être question ici de limiter notre intérêt au Dictionnaire grammatical et critique et au Mithridate, même si ces deux œuvres sont les seules à garder vivante de nos jours la figure de J. Ch. Adelung. Ces deux œuvres majeures sont en effet deux aboutissements qui ne se comprennent qu'au fil de l'itinéraire intellectuel de leur auteur.

2. Une œuvre hétérogène, mais essentiellement destinée à faire entrer les Lumières dans les foyers allemands[5]

La vie et la carrière multiple de J. Ch. Adelung se laissent aisément distribuer entre quatre époques :

– *Enfance et jeunesse* (1732-1758)

Adelung naît en 1732 près d'Anklam dans la partie septentrionale de la Saxe, non loin de l'embouchure de l'Oder dans la Mer baltique, d'un père pasteur et d'une mère fille de pasteur[6]. Après avoir fréquenté le lycée de Klosterbergen, il suit la voie familiale en étudiant la théologie protestante de 1753 à 1758 à l'université de Halle. En 1756, il participe à la fondation de la loge maçonnique Philadelphia de Halle, ce qui témoigne de son

[5] Les données biobibliographiques rassemblées dans cette section sont empruntées en priorité à la notice de W. Scherer (1875) dans l'*Allgemeine Deutsche Biographie,* à celle de O. Basler (1953) dans la *Neue Deutsche Biographie* et à celle de la *Bibliotheca Augustana* à Augsbourg.

[6] Par comparaison avec des savants, littérateurs et philosophes plus ou moins contemporains qui ont joué un rôle dans sa formation intellectuelle, Adelung avait huit ans de moins que Kant et Klopstock, trois de moins que Lessing, un an de plus que Wieland, douze de plus que Herder et dix-sept de plus que Goethe.

adhésion aux valeurs de l'Aufklärung, l'esprit des Lumières dans sa variante allemande[7].

– *Enseignant à Erfurt puis plumitif effréné* (1759-1765)

À la suite de ses études de théologie, Adelung est affecté comme professeur au lycée protestant d'Erfurt dont il est bientôt révoqué pour une ébauche d'agitation politique. Il se lance alors dans une série de publications destinées à présenter au grand public les événements notoires de l'histoire de l'Allemagne de 1740 à la guerre de succession de Bavière (1778-79), et dans la collecte d'archives d'état et de dépêches politiques. Il a en outre une abondante activité de traducteur, appliquée à tous les secteurs du savoir humain, à partir de l'anglais et du français (cf. Scherer 1875). Et son activité complémentaire de journaliste s'illustre notamment dans la direction éditoriale des *Leipziger Zeitungen* (Gazette de Leipzig) et de la *Leipziger Gelehrte Zeitung* (Journal des savants de Leipzig). En 1762 il est nommé bibliothécaire à Gotha (résidence des ducs de Saxe-Gotha-Altenburg et ville de haute culture) mais il démissionne rapidement de cette fonction pour s'installer à Leipzig.

– *Adelung conscient de sa vocation intellectuelle à Leipzig* (1763/5-1787)[8]

À cette époque, Adelung, qui connaît désormais une certaine notoriété comme rédacteur, journaliste et historien, décide de poursuivre sa carrière à Leipzig qui a le plus bel éventail d'éditeurs scientifiques en Saxe, et il s'engage dans des publications plus exigeantes. La compilation de son Dictionnaire grammatical et critique du dialecte haut-allemand s'étend de 1774 à 1786 pour la première édition et elle est immédiatement suivie de la rédaction de quatre œuvres majeures comme historien avec son « Histoire de la culture du genre humain » (1782a) et comme linguiste d'inspiration à la fois descriptive et normative avec ses trois ouvrages de 1781, 1782b et 1785 évoqués précédemment.

– *Un linguiste célébré en résidence à la cour de Dresde* (1787-1806)

Gratifié de sa nouvelle fonction et du titre honorifique de *Hofrat* (voir plus haut), Adelung s'installe à Dresde qu'il ne quittera plus pendant les

---

[7] Sur la place de la franc-maçonnerie dans la mentalité de l'Aufklärung, voir la section "Freimaurerlogen und Geheimgesellschaften" de la notice *Aufklärung* dans l'encyclopédie en ligne Wikipedia [en allemand] et Mondot (2007 : 69) à propos de "l'activité constamment renouvelée des sociétés secrètes dans le dernier tiers du siècle" en Allemagne : "Elles jouent ici comme ailleurs un rôle fondamental dans la progression du discrédit qui affecte les pouvoirs en place [...] et elles participent de façon non négligeable au processus d'homogénéisation idéologique et culturelle des élites".

[8] Les sources divergent sur la date de l'installation d'Adelung à Leipzig entre 1763 et 1765.

dix-neuf dernières années de sa vie. Dans cette dernière période, il continue à porter son attention sur l'histoire culturelle et linguistique de l'Allemagne avec son « Essai sur l'histoire la plus ancienne des Allemands » dont ne paraît que le premier volume allant jusqu'aux grandes migrations (*Älteste Geschichte der Deutschen*, 1806). Mais ses deux entreprises majeures demeurent la révision et l'enrichissement de son dictionnaire, dont les quatre tomes de la 2e édition paraissent entre 1793 et 1801, et le Mithridate dont il publie lui-même le volume 1 consacré à la méthodologie et au classement des langues de l'Asie en 1806, l'année de sa mort. Il lègue environ un tiers du volume 2 et de multiples notes sur les langues de l'Europe à son partenaire et successeur J.S. Vater, lequel prendra en charge et réorientera les trois volumes suivants.

L'impression générale que cette carrière laisse chez la plupart des commentateurs[9], c'est qu'Adelung a commencé à se révéler à lui-même à la suite de son installation à Leipzig après des années d'essais impétueux et brouillons (motivés par le souci de vivre de sa plume dans un monde où culture et aristocratie étaient encore consubstantielles). Alors qu'il était accoutumé aux publications monumentales en plusieurs volumes, l'ouvrage qui résume sans doute le mieux cette illumination ne compte que 118 pages, c'est son essai *Über die Geschichte der deutschen Sprache, über deutsche Mundarten und deutsche Sprachlehre* (1781, « Sur l'histoire de la langue allemande, sur les dialectes allemands et l'enseignement de l'allemand ») qui se réduit finalement à une *Einleitung über Sprache, Deutsche Sprache und Sprachlehre* (« Introduction sur le langage, la langue allemande et l'enseignement de la langue »), laquelle constituera l'année suivante l'ouverture du « Traité circonstancié »... (*Umständliches Lehrgebäude*, 1782, voir plus haut). Cette centaine de pages constitue en quelque sorte les prolégomènes d'une vaste théorie linguistique dont le « Dictionnaire du dialecte haut-allemand » et le Mithridate sont les deux applications majeures.

Dès 1781 (à 49 ans), Adelung a donc trouvé sa voie, laquelle rejoint son ambition de fonder une histoire de la culture, illustrée par un autre ouvrage de 1782, son *Versuch einer Geschichte der Kultur des menschlichen Geschlechts* (« Essai d'histoire de la culture du genre humain ») car

- depuis les origines de l'espèce humaine, c'est par les échanges langagiers que la culture s'est développée,

---

[9] Notamment chez les contributeurs au volume coordonné en 1984 par Werner Bahner sur "le langage et l'évolution culturelle dans la perspective de la fin de l'Aufklärung en Allemagne et la contribution de J. Ch. Adelung " (Académie saxonne des sciences de Leipzig).

- ces échanges atteignent leur efficience maximale quand une nation sait se doter d'une langue commune adaptée à la fois à la communication quotidienne, à la gouvernance du peuple et à la floraison de la littérature, des sciences et des beaux-arts,
- et le rôle qui revient à l'auteur, en tant qu'esprit éclairé et pédagogue, c'est de contribuer à la fixation de cette langue commune avec son dictionnaire et à la reconnaissance de la place de cette langue dans l'éventail prodigieux des langues du monde avec le Mithridate.

3. Une réception à éclipses

Cependant – comme nous le verrons dans le chapitre 1 – les chercheurs qui se sont penchés ultérieurement sur l'ensemble de son œuvre ont évalué ses deux sommes linguistiques d'une manière étonnamment disparate. La réception du Dictionnaire et du Mithridate a connu trois périodes.

- Au tournant et jusqu'au milieu du XIXe siècle, Adelung est considéré comme un pionnier de la science des langues en émergence.
- Dans la seconde moitié du XIXe siècle et jusqu'à la fin du XXe, sous l'influence des acquis d'une part de la grammaire historico-comparative débouchant sur les prouesses du mouvement néogrammairien, et d'autre part de la linguistique générale de Humboldt, Steinthal et Friedrich Müller, Adelung n'est plus vu que comme celui qui a su achever l'entreprise linguistique des Lumières, sans être réellement ouvert à ses prolongements.
- Il a fallu attendre le début du XXIe siècle, avec notamment la numérisation du Dictionnaire en 1999-2001, puis du *Mithridate* par le Centre de numérisation de Munich *(Münchner Digitalisierungszentrum*, MDZ) administré par la Bibliothèque de l'État de Bavière (*Bayerische Staatsbibliothek*) pour que l'œuvre linguistique d'Adelung soit réévaluée, de sorte qu'il figure désormais chez les historiens de la linguistique (cf. Gipper & Schmitter 1979, Metcalf 1984, Morpurgo-Davies 1998, Trabant 2003) comme un Janus, à la fois rassembleur du savoir linguistique de l'Aufklärung et annonciateur de la linguistique du XIXe siècle, précurseur de Jacob Grimm et de Hermann Paul sur le plan lexicographique et de Humboldt, Heyman Steinthal et Friedrich Müller sur le plan du classement des langues.

4. À la recherche d'un sous-titre approprié

Le choix du sous-titre de cette biographie intellectuelle m'a longtemps embarrassé au vu du kaléidoscope des images dissemblables, voire contradictoires que les uns et les autres se font de la personnalité et de l'œuvre d'Adelung. Le sous-titre finalement adopté n'est qu'un moyen-terme destiné à alléger la référenciation bibliographique.

Deux points de désaccord dominent les études historiographiques consacrées à Adelung, et notamment celles réunies dans les deux recueils de référence édités à une trentaine d'années de distance par W. Bahner en 1884 à l'Académie des sciences de Saxe et par H. Kämper *et al.* en 2008 à la suite d'un colloque tenu en 2006 à l'IDS (Institut für Deutsche Sprache) de Mannheim.

1. Faut-il s'intéresser à l'ensemble de l'œuvre d'Adelung, multiple et a priori d'un intérêt très variable à plus de deux siècles de distance, ou seulement à ses deux entreprises qui restent en mémoire, le Dictionnaire Grammatical et critique du dialecte haut-allemand (GKW, 1774-1786 pour la première édition et 1793-1801 pour la seconde) et le premier volume (1806) du *Mithridate*, la collecte la plus vaste et la mieux argumentée de langues anciennes et vivantes à son époque, achevée en 1817 par son partenaire J.S. Vater ?
2. Faut-il considérer Adelung comme un investigateur insatiable qui a seulement délivré un état final du savoir linguistique de l'Aufklärung au tournant du XIXe siècle, ou bien comme un entremetteur talentueux entre
   a) les grammairiens philosophes et les compilateurs de langues du XVIIIe siècle et
   b) les futurs hérauts de la linguistique générale (Humboldt, Steinthal, Gabelentz, etc.) et ceux de la grammaire historico-comparative de la famille indo-européenne[10] (Bopp, Grimm, Pott, Schleicher, Brugmann, etc.) ?

Sur le premier point, le jugement des historiographes a beaucoup évolué à partir de la fin du XXe siècle. Pour les auteurs des deux notices biobibliographiques de référence, W. Scherer en 1875 et O. Basler en 1953, seules ces deux entreprises[11] ont conservé un intérêt persistant. Mais cela signifierait que les autres ouvrages d'Adelung sur la grammaire de l'allemand, son histoire, ses dialectes, sur la « culture linguistique » (*Sprachkultur*) et sur l'« histoire culturelle » (*Kulturgeschichte*) sont définitivement obsolètes. Les deux recueils mentionnés plus haut vont décidément dans un tout autre sens et visent au contraire à réévaluer ces aspects méconnus ou mésestimés de son œuvre.

---

[10] Sur la prépondérance écrasante des savants allemands dans la fondation de la linguistique moderne, voir François (2014, 2017).

[11] Scherer ajoute l'abrégé par Adelung (6 volumes quand même !) du *Glossaire de la latinité médiévale* de Du Cange (cf. §3.1 pour plus de détails).

Sur le second point, Wilhelm Scherer (1875 : 84) rapporte les critiques auxquelles Adelung a été confronté, notamment en raison de son choix du dialecte de la Haute-Saxe (Dresde et Meissen) comme parangon du haut-allemand, et ce faisant il évoque sa relation ambivalente avec Jacob Grimm, le réformateur de la linguistique historique de la famille germanique :

> « Jacob Grimm en personne a eu une attitude protectrice à l'égard du travail fidèle et fructueux de cet homme. Mais c'est justement Jacob Grimm qui, comme Lavoisier, a tellement obscurci tous ses prédécesseurs qu'il ne reste plus d'eux que des noms dénués de substance »[12].

Le sous-titre le plus adéquat aurait été : *Un investigateur éclairé des langues et des dialectes à la veille de leur classement raisonné*. En quoi chacun de ces termes délivrerait-il une facette de l'œuvre composite d'Adelung ?

- Adelung est un INVESTIGATEUR, à la fois INSTRUCTEUR dans son entreprise grammaticale et stylistique, OBSERVATEUR dans sa démarche lexicographique et son souci d'accorder au dialecte de la Haute-Saxe le statut (ambigu, j'y reviendrai) de variante « haute-allemande », digne de constituer le standard de la langue d'une Allemagne en voie d'acquérir le statut de « nation »[13], et EXPLORATEUR dans son examen de l'histoire et de l'étymologie de la langue allemande, et sa collecte des propriétés saillantes de plus de 400 langues du monde.
- Il est au surplus un investigateur ECLAIRE, d'abord parce qu'il défend l'idéal de la *praktische Aufklärung*, l'introduction des Lumières dans tous les foyers d'Allemagne, et ensuite parce qu'il a bâti une théorie cohérente du trio indissociable {*langue / culture / société*}, ce qui a retenu particulièrement l'attention des linguistes de l'ancienne RDA (cf. Bahner, éd. 1984) qui l'ont étudié sur fond de matérialisme historique.
- Il étudie les LANGUES mais aussi les DIALECTES, et il est à ce titre un précurseur de la géographie linguistique, telle qu'elle sera illustrée un siècle plus tard par plusieurs atlas linguistiques, en tête celui de la France édité par J. Gilliéron entre 1902 et 1910, celui du Reich allemand publié sous la direction de G. Wenker puis F. Wrede entre 1887 et 1929, et celui de l'Italie et du Tessin par K. Jaberg et J. Jud, achevé en 1928.
- Enfin l'achèvement (pour le Dictionnaire) ou l'interruption (pour le *Mithridate*) de son œuvre se situe au moment précis où la grammaire

[12] "Kein geringerer (…) als Jacob Grimm hat (..) die treue und fruchtbare Arbeit des Mannes in Schutz genommen. Doch war es gerade Jacob Grimm, der wie Lavoisier alle seine Vorgänger so sehr verdunkelte, daß sie nun mehr als schattenhafte Namen fortleben".

[13] Cf. Johann Gottlieb Fichte (1806-8), *Reden an die deutsche Nation* (Discours à la nation allemande).

philosophique des Lumières jette ses derniers feux (notamment avec le volume IV, *Grammaire*, des *Élémens d'idéologie* de Destutt de Tracy en 1803) et où Friedrich Schlegel attire (en 1808) l'attention des amateurs de langues sur quelques rapprochements fascinants entre le sanskrit et plusieurs langues européennes, dont notamment le gotique, dans le sillage de la communication de William Jones – un autre esprit éclairé et polyvalent – à la Société de linguistique de Calcutta (en 1786). Cela débouchera sur le traité de Franz Bopp sur la conjugaison de six langues anciennes dont le sanskrit (1816), généralement considéré comme l'acte de naissance de la grammaire comparative des langues désignées quelques années plus tard comme indo-européennes. Et cela nourrira en outre la réflexion linguistique de Wilhelm von Humboldt, collaborateur avec son frère du volume 3 du *Mithridate* pour la collecte des langues amérindiennes et du volume 4 sur les particularités grammaticales de la langue basque, et dont la première communication linguistique à l'Académie de Berlin porte « sur l'étude comparée des langues en rapport avec les différentes époques de l'évolution des langues » (1817).

D'un côté la mise en évidence des caractéristiques morphologiques d'une famille de langues anciennes, dont Adelung avait eu l'intuition dans le volume 1 du *Mithridate* consacré aux langues d'Asie, de l'autre l'« invention » de la linguistique générale par un collaborateur du même Mithridate : nous sommes en présence ici de deux classements RAISONNES des langues derrière lesquels transparaît l'ombre d'Adelung.

5. Composition de l'ouvrage

Compte tenu de ce qui vient d'être évoqué sur le plan méthodologique, cet ouvrage est composé de quatre chapitres :

- Le chapitre 1 aborde l'œuvre d'Adelung *a posteriori*, par l'évocation de sa réception à éclipses.
- Le chapitre 2 est consacré à l'ancrage d'Adelung dans sa patrie, la Saxe élective, et son temps, celui de l'Aufklärung tardive (*Spätaufklärung*), à son œuvre d'historien de la culture, et à sa somme de pédagogie grammaticale (très prisée en son temps et renfermant des considérations théoriques qui méritent d'être soulignées), deux entreprises *a priori* dissemblables, mais dont la convergence est théorisée dans son « Introduction à l'histoire de la langue allemande, à ses dialectes et à sa grammaire » (1781).
- Le chapitre 3 porte sur son galop d'essai lexicographique, la révision en 1772 du Glossaire du latin médiéval de Du Cange, la publication à partir de 1774 et la révision à partir de 1788 de son Dictionnaire grammatical

et critique, notamment par comparaison avec les traditions de la lexicographie en France (A. Furetière, F. Féraud) et en Angleterre (S. Johnson) un peu plus tôt, son Dictionnaire bilingue anglais-allemand (1783sq) conçu sur la base de celui de Samuel Johnson et marginalement de son « Dictionnaire de la prononciation, l'orthographe, la flexion et la dérivation de la langue allemande » (1786).

- Et le chapitre 4 est dédié au Mithridate, tel qu'Adelung se l'imaginait au vu de son introduction générale, et tel que J.S. Vater l'a réorienté après la mort d'Adelung. Une illustration majeure en sera fournie : au début du volume 2 figure une des dernières études d'Adelung, sa notice sur la langue basque. Vater considérait que cette étude était basée sur des sources trop précaires et, informé des recherches de Humboldt sur cette langue, il a persuadé ce dernier de rédiger dans le volume 4 (1817) une postface (*Nachtrag*) destinée à trier le bon grain de l'ivraie dans la présentation d'Adelung et de la compléter très largement[14].

Cette postface est donc un document majeur pour prendre la mesure du désir de Humboldt (alors un diplomate de premier plan, représentant de la Prusse en 1815 au Congrès de Vienne aux côtés du chancelier d'état K.A. von Hardenberg) de participer tardivement au Mithridate et de se présenter ainsi comme l'un des continuateurs de l'entreprise d'Adelung. D'autant plus que Humboldt se retire de la vie publique le 31 décembre 1819 et décide dès 1820 de se consacrer essentiellement à ses études linguistiques, qu'il poursuivra jusqu'à sa mort survenue en 1835 avant l'achèvement de son œuvre majeure, « À propos de la langue kavi sur l'île de Java »[15].

Leibniz était, avec Christian Wolff, l'un des fondateurs de l'Aufklärung. Les frères Humboldt ont été deux des promoteurs de la transition entre le savoir universel de cette époque, qui, parfois, tenait encore du « cabinet de curiosités », et le savoir spécialisé du XIXe siècle, qu'il s'agisse des sciences de la Terre pour Alexander ou de celles de l'esprit pour Wilhelm. Entre ces géants, Adelung est certainement un nain, mais qui a accompagné ce mouvement avec rigueur et persévérance, et qui mérite donc de ne pas sombrer dans l'oubli.

---

[14] Humboldt y annonce la rédaction d'une monographie sur le basque à laquelle il n'a cependant pas donné suite.

[15] *Über die Kawi-Sprache auf der Insel Java*, vol.1 avec sa célèbre introduction, édité en 1836 par son frère Alexander, suivi de deux autres volumes en 1838.

Chapitre 1

UNE ŒUVRE ÉXUBÉRANTE SUJETTE À UNE RÉCEPTION DISPARATE

Le choix d'évoquer la réception de l'œuvre d'un savant dans un premier chapitre, avant que cette œuvre fasse l'objet d'un examen approfondi peut paraître insolite. Une explication est donc de mise. Comme nous l'avons vu dans l'introduction, Adelung n'était pas seulement un linguiste, et même avant 1772 (date de la publication du *Glossarium manuale* [GM]), rien ne laissait entendre qu'Adelung s'apprêtait à explorer la langue allemande (et encore moins d'autres langues). En outre les nombreux ouvrages qu'Adelung a consacrés à l'histoire des états et des sciences et techniques (essentiellement entre 1760, à 28 ans et 1780, à 48 ans) n'ont attiré un lectorat notable que durant cette période et ne semblent pas avoir été réédités après la mort de l'auteur. Et les trois principales notices sur l'ensemble de son œuvre (Scherer 1875, Basler 1953 et Bahner 1984) balaient d'un revers de main tout ce qui dans cette œuvre ne relève ni de l'histoire de la culture (cf. Adelung 1981a), ni de la grammaire, lexicographie et stylistique de l'allemand, ni surtout de la compilation des langues du monde. Parmi ces dernières composantes, les jugements sont également disparates, comme je l'ai brièvement évoqué dans l'introduction : seuls le Dictionnaire grammatical et critique du dialecte haut-allemand (1793-1801 pour l'édition définitive) et le premier volume du Mithridate font l'objet d'une considération consensuelle.

Pour toutes ces raisons, il m'a paru préférable de rechercher les raisons qui ont poussé la majorité des historiens à centrer leurs analyses sur ces deux seules œuvres. Ce chapitre se composera de cinq sections. La première examinera la chronologie des innombrables publications d'Adelung (voir la bibliographie de l'article « J.C. Adelung » de l'Encyclopedia Britannica en Annexe à ce chapitre) et son évolution limpide entre une première période de dispersion thématique et une seconde période de recentrage sur l'étude de la langue allemande et finalement la compilation des langues du monde. Afin de sérier les louanges et les critiques, les sections 2 à 5 porteront sur un catalogue de jugements consacrés à l'ensemble de l'œuvre (§ 1.2), à l'œuvre grammaticale (§ 1.3), à l'œuvre lexicographique (§ 1.4) et à l'œuvre compilatoire, voire typologique (§ 1.5).

1.1. Une œuvre en trois temps, de la dispersion au recentrage

En consultant l'un ou l'autre des catalogues[16] des œuvres publiées de Johann Christoph Adelung, on croit pénétrer dans le cabinet des curiosités intellectuelles d'un érudit plurivalent, d'un héritier de Pic de la Mirandole dont on doute qu'il ait pu être aussi éclairé dans chacun des recoins de sa quête multiple et insatiable, entre

- la lexicographie de l'allemand, de l'anglais et du latin médiéval,
- la philosophie et l'histoire de la grammaire de l'allemand et la collecte des langues du monde ancien et contemporain,
- mais aussi l'histoire des états, des sciences et des techniques, de la philosophie, de la culture intellectuelle et matérielle.

Comme l'écrit perfidement Wilhelm Scherer[17] dans sa notice bio-bibliographique de 1875 : « Chaque objet dont il pouvait espérer un marché avantageux était à sa convenance », avant d'accuser Adelung d'« accumuler sèchement des faits reliés par le pragmatisme le plus étriqué ».

À y regarder de plus près, on constate cependant que ces commentaires dépréciatifs de Scherer ne valent que pour la première période de la carrière d'Adelung, de 1757, date de ses premières publications à 25 ans, au sortir de cinq années d'étude de la théologie protestante, à 1773-74, époque où il s'engage dans deux vastes entreprises lexicographiques : le Compendium du Glossaire de la latinité médiévale de Du Cange et un an plus tard le premier cahier du Dictionnaire grammatical et critique du dialecte haut-allemand dont la 1ère édition, en 1774-1786 puis sa révision et extension en 1793-1801 ne cesseront de l'occuper. Durant cette première période, il faut reconnaître qu'Adelung, indépendant de toute

---

[16] Les quatre principales listes des publications d'Adelung ne se recouvrent que partiellement :

- Encyclopedia Britannica, edition de 1830 (en Annexe à ce chapitre),
- Wikisource ⇨ *https://de.wikisource.org/wiki/Johann_Christoph_Adelung*
- Deutsche Nationalbibliothek : *https://portal.dnb.de/ Options*.
- Bibliotheca Augustana (Bibliothèque de l'université d'Augsburg, compilation de Ulrich Harsch) : *https://www.hs-augsburg.de/~harsch/germanica/Chronologie/18Jh/ Adelung/ ade_intr.html*

[17] Pionnier de l'analyse scientifique de la grammaire allemande (cf. Scherer, *Zur Geschichte der deutschen Sprache*, 1868) très apprécié des néogrammairiens.

institution[18], entendait vivre de son activité de littérateur et de vulgarisateur polyvalent en se présentant comme un champion de la *praktische Aufklärung*, l'esprit des Lumières appliqué aux questions pratiques.

C'est durant la compilation de la première édition de son dictionnaire qu'Adelung acquiert une conscience approfondie du fondement théorique de sa philosophie pratique, à savoir le CARACTERE INDISSOCIABLE de l'évolution des langues (vue comme le développement universel de la capacité de représentation individuelle et de communication des représentations entre les locuteurs) et de la culture (vue comme le développement de la capacité de concevoir rationnellement l'humanité et son environnement du double point de vue des opérations intellectuelles et des comportements sociaux).

Cette prise de conscience l'incite alors à concevoir trois œuvres majeures entre 1781 et 1782, son *Manuel de la langue allemande* [DSL, 1781][19] complété par le *Traité circonstancié de l'enseignement de la langue allemande* [ULG, 1782] pour la partie grammaticale et son *Essai d'histoire de la civilisation du genre humain* [VGC, 1782].

Le tableau 1 ci-après vise à figurer l'évolution des centres d'intérêt d'Adelung au long d'un demi-siècle de publications.

- Durant la première période (1755-1769], Adelung se cherche et se consacre à des thèmes en vogue avec son *Histoire pragmatique des états d'Europe* [PSE, 1763] sur le plan politique et son *Histoire des expéditions maritimes et tentatives de découvertes de la voie du nord-est vers le Japon et la Chine …* [GSV, 1768], entamant également une œuvre de traducteur, notamment dans le *Nouveau traité de diplomatique* en six volumes rédigé par deux bénédictins français de la Congrégation de Saint-Maur qu'il traduit et publie en neuf volumes entre 1759 et 1769.
- Dans la seconde période (1770-1779), il s'engage dans une double entreprise lexicographique, d'abord l'abrégé du *Glossaire de la latinité médiévale* de Du Cange qu'il poursuit de 1772 à 1784, puis la première édition de son grand-œuvre, le *Dictionnaire grammatical et critique du dialecte haut-allemand* [GKW_1] dont le premier cahier paraît en 1774 et le dernier en 1786.
- En même temps, il poursuit un travail de fourmi dans le domaine culturel avec sa *Brève conception des aptitudes et connaissances humaines*

[18] Il n'avait assumé que brièvement la fonction de bibliothécaire à la cour de la principauté de Saxe-Gotha-Altenburg.

[19] Les abréviations sont issues des titres originaux (parfois très détaillés) mentionnés in extenso dans la 1ère partie de la Bibliographie.

[KB, 1780, 4 tomes] et il met en place sa vision étendue de la corrélation entre l'histoire de la culture et l'histoire des langues, en l'occurrence de l'allemand, coordonnée avec son projet de grammaire éclairée de la langue allemande [ULG, 1782] qui fournit la philosophie sous-jacente de la pédagogie de l'allemand.

- Il commence par une brève introduction à l'histoire de la langue allemande, aux dialectes allemands et à l'enseignement de l'allemand [GDS, 1781, réédité en 1782 comme 1ère partie de ULG] accompagnée de son *Manuel de la langue allemande à l'usage des écoles du royaume de Prusse* [DSL, 1781] immédiatement suivie d'un monumental « livre du maître » [UMG, 1782]. Cette vaste entreprise est complétée par deux numéros d'une revue pédagogique [MDS, 1782-1783] et par un traité de stylistique [ÜDS, 1785].
- Toutes ces publications axées sur la pédagogie de la langue allemande lui valent une reconnaissance générale, notamment de la part du ministère de l'éducation en Prusse et du prince électeur de Saxe qui le nomme en 1787 conservateur en chef de la bibliothèque princière de Dresde avec le titre de Conseiller aulique (*Hofrat*).

Les conditions de vie d'Adelung s'améliorent notablement et il peut consacrer les dernières années d'une vie bien remplie à trois projets,

- en premier lieu la révision du Dictionnaire [GKW_2], engagée en 1793 et achevée en 1801,
- puis la préparation du *Mithridate*, vaste collecte de langues dans le prolongement de celle de Lorenzo Hervás y Panduro (1784), dont il ne pourra éditer lui-même que le premier tome consacré à une belle introduction à l'ensemble de l'entreprise et aux langues d'Asie,
- et enfin le premier tome – allant des origines (vaguement connues à l'époque avant la grande grammaire historique de Jacob Grimm en 1819) aux migrations des peuples germaniques – d'une l'histoire de la langue allemande qui, contrairement au *Mithridate* poursuivi par J. S. Vater, restera inachevée.

1.2. Des jugements réservés sur l'ensemble de l'œuvre

Tous les jugements concordent sur l'intérêt extrêmement disparate des multiples publications d'Adelung. On peut être tenté de lui rendre justice en considérant que les œuvres d'intérêt limité sont regroupées dans la première époque de sa carrière, avant qu'il ne s'engage dans la conception de son Dictionnaire du haut-allemand (dont le premier cahier paraît en 1774). Cela vaut pour les trois premiers ouvrages d'Adelung [PSE, 1762-9 ; GSV, 1768, UKW, 1771] respectivement consacrés à l'histoire des nations d'Europe, aux explorations maritimes entre l'Océan pacifique et l'Océan arctique et à l'enseignement des arts et des sciences dans les écoles élémentaires.

chronologie	histoire			linguistique		
	des nations	des sciences	et pédagogie de la culture	grammaire et histoire	lexicographie	collecte de langues
1755-69	[PSE, 1763]	[GSV, 1768]				
1770-79		[UKW, 1771]				
1780-89			[KB, 1780] [GMN, 1785-1789] [GPH, 1786]	[GDS, 1781] [DSL, 1781] [ULG, 1782] [MDS, 1782-83] [ÜDS, 1785-86] [KWA / VAO, 1788]	[GM, 1772-84] [GKW_1, 1774-86]	
1790-99			[GNP, 1799]		[GKW_2, 1793-1801]	
1800-06			[ÄGD, 1806]			[MIT, 1806]

Tableau 1 : Synopsis des priorités éditoriales d'Adelung entre 1757 et 1806

Mais ce serait passer sous silence le fait que, bien après s'être engagé dans la rédaction de son grand Dictionnaire et tandis qu'il concevait son *Traité circonstancié de l'enseignement de la langue allemande* [ULG, 1782], Adelung a continué à produire des livres qu'il considérait certainement comme des contributions valeureuses à l'Aufklärung dans sa dimension pratique, mais qui nous font sourire ou sourciller à plus de deux siècles de distance. Il s'agit notamment de son *Abrégé des aptitudes et connaissances humaines* [KB, 1780], de son *Histoire de la philosophie pour les amateurs* [GPH, 1786], mais surtout de son *Histoire de la folie humaine* [GMN en 7 tomes, 1785-1789] complétée dix ans plus tard par sa *Galerie des nouveaux prophètes et prêcheurs de la révolution* [GNP, 1799].

À la décharge d'Adelung il faut considérer d'une part que cette partie de sa production relève d'un courant éditorial en vogue en Allemagne du XVIIe au XIXe siècle, celui des *Konversationslexika*, terme qu'on peut traduire par « encyclopédies populaires destinées à tenir une conversation ». Le premier *Konversationslexikon*, celui dit de J. Hübner, est paru en 1708 et a connu 27 rééditions, jusqu'à ce qu'il soit remplacé par celui de R. G. Löbel et Ch. W. Francke en 1796 centré sur les acquis récents (*Conversationslexikon mit vorzüglicher Rücksicht auf die gegenwärtigen Zeiten* / Encyclopédie populaire consacrée particulièrement aux temps présents). Et F.A. Brockhaus (1772-1823), jusqu'à aujourd'hui le plus célèbre éditeur d'encyclopédies en Allemagne, définissait ainsi ce genre éditorial dans la préface au volume 15 de la 11e édition (1868) de son *Konversationslexikon* :

> « Le Conversations-Lexikon se donne pour tâche de clarifier et de populariser les résultats des sciences, des arts et des techniques, non pour la pratique des affaires, mais pour la satisfaction et la promotion de la culture générale »[20].

C'est sur cet arrière-plan qu'il faut évaluer l'effort d'Adelung pour vulgariser les productions scientifiques, techniques, artistiques et plus largement culturelles. Au vu de la qualité de son Dictionnaire, on peut estimer qu'il aurait dû laisser cette tâche à moins doué que lui, mais il estimait manifestement qu'il était de son devoir d'assumer cette fonction sociale. Et sa participation à la fondation de la loge maçonnique Philadelphia à Halle va certainement dans le même sens, même si H.P. Neumann (2006 : 63) fournit de bonnes raisons de supposer qu'il a été déçu de cette expérience et qu'il s'est finalement détourné de la franc-maçonnerie. En tout cas, c'est sa passion de la rationalité qui l'a conduit à consacrer autant de pages à la folie humaine, dans le sillage littéraire de la *Nef des fous* (*Das Narrenschiff*) de Sebastian Brand (1594) et de l'*Éloge de la folie* (*Stultitiae laus*, 1509) d'Erasme de Rotterdam.

- WILHELM SCHERER, NOTICE BIOBIBLIOGRAPHIQUE SUR ADELUNG DANS L'*ALLGEMEINE DEUTSCHE BIOGRAPHIE*, 1875

Contrairement à d'autres historiens de la pensée allemande qui ont choisi d'ignorer cette dimension vulgarisatrice d'Adelung, W. Scherer critique sévèrement la dénonciation des comportements que celui-ci a jugés incompatibles avec l'Aufklärung. Il y voit une arrogance révoltante à l'égard d'hommes et de femmes « qui font partie des manifestations les plus nobles de l'humanité ». Selon lui, Adelung se considérait comme le parangon de « l'homme du monde, de bon goût et cultivé », qui « se flattait de pouvoir considérer d'un regard condescendant ces rêveurs fantasques » (1875 : 81). Plus généralement, Scherer voyait en Adelung un « collectionneur et un ordonnateur plutôt qu'un chercheur », un érudit qui se contentait de résumer et de mettre en forme.

Et son oeuvre stylistique [ÜDS, 1785] ne trouve pas non plus grâce aux yeux de l'historien scientifique de la langue, il voit Adelung « guidé par la limitation de son point de vue moral et esthétique » quand il défend des normes stylistiques provinciales à l'encontre du mouvement *Sturm und Drang* (Tempête et passion) destiné pour les jeunes loups Goethe et Schiller à libérer la parole et la pensée de la nouvelle génération. Mais cela

---

[20] „Das Conversations-Lexikon [hat] die Flüssigmachung und Popularisierung der wissenschaftlichen, künstlerischen und technischen Ergebnisse, nicht für die geschäftliche Praxis, sondern für die Befriedigung und Förderung der allgemeinen Bildung zur Aufgabe." Réf : *https://de.wikipedia.org/wiki/ Konversationslexikon.*

n'empêche pas Scherer de porter des jugements positifs sur d'autres orientations de l'œuvre d'Adelung. En premier lieu, il vante son savoir-faire, notamment dans la rédaction de manuels d'enseignement :

> « Adelung possédait un instinct pour l'intérêt du moment et un esprit ordonnateur qui opérait aisément et sûrement de manière mécanique et ne se voyait jamais entravé ni par la réflexion approfondie ni par l'imagination. Il possédait une connaissance livresque étendue et un talent déterminé pour la généralisation et la simplification »[21].

En fonction de ses propres centres d'intérêt, Scherer met en avant le projet d'une histoire de la langue et de la littérature allemande, dont seul le premier volume est paru l'année même de la mort de l'auteur [ÄGD, 1806], son étude des poètes souabes du Moyen-Âge[22] et sa détermination à « intégrer toutes les langues de la terre dans le cercle de son activité savante ». À propos du Mithridate, il considère que ce projet « a peu contribué à un classement scientifique des langues », mais qu'il a été propice à l'éclosion de la science du langage, « ne serait-ce que par l'usage que Humboldt en a fait », avant de faire valoir qu'à l'époque de sa notice (1875) « il n'était encore remplacé par aucun autre ».

Son observation qu'« Adelung a réalisé à lui seul ce dont habituellement seules des académies sont venues à bout » nous rappelle qu'en 1690, Antoine Furetière, membre de l'Académie Française, mais révolté par le retard pris par la première édition du Dictionnaire de l'Académie, avait pris sur lui de publier son propre Dictionnaire Universel qui allait lui valoir l'exclusion de la dite Académie, mais dont le dictionnaire collectif, paru quatre ans plus tard allait se révéler d'une qualité bien moindre (cf. Rey 2006). Et la conclusion de Scherer prend une tonalité étonnamment autocritique :

> « Personne ne l'a encore égalé pour la composition lumineuse et conséquente de ses thèses dans un vaste cadre anthropologique ; et de notre côté, nous avons par trop désappris à formuler des instructions pour la pratique. Il était dans l'ordre des choses que l'enseignement d'Adelung s'impose temporairement dans les écoles de toute l'Allemagne » [23].

---

[21] "Adelung besaß den Instinct für das Zeitgemäße und einen ordnenden Verstand, der leicht und sicher wie eine Maschine wirkte und sich nirgends gehindert sah, weder durch Tiefsinn, noch durch die Phantasie. Er besaß eine ausgebreitete Bücherkenntniß und ein entschiedenes Talent zu generalisiren und zu simplificiren" (1875 : 81).

[22] 1784, *Chronologisches Verzeichnis der Dichter und Gedichte aus dem Schwäbischen Zeitpuncte. Magazin der deutschen Sprache* Bd.2-3 : 2-92.

[23] "An consequenter lichtvoller Durchbildung seiner Ansichten aus einem großen anthropologischen Zusammenhange heraus ist ihm noch niemand gleich gekommen ; und Gesetze für die Praxis zu finden, haben wir allzu sehr verlernt. Es war nur in der Ordnung,

- OTTO BASLER, NOTICE BIOBIBLIOGRAPHIQUE SUR ADELUNG DANS LA *NEUE DEUTSCHE BIOGRAPHIE*, 1953

Trois quarts de siècle après Scherer, Basler consacre une nouvelle notice à Adelung dans la *Neue Deutsche Biographie* et il concentre ses observations sur l'œuvre grammaticale de celui-ci. Pour Basler, Adelung est celui qui a dépensé le plus d'énergie au profit de la purification de la grammaire allemande au terme d'une époque caractérisée par la 'grammatisation' (Sylvain Auroux, 1994) de la langue allemande commune, et il est « finalement venu à bout de la tâche malaisée de délivrer une synthèse » parce qu'il a su « exactement discerner ce dont son temps avait besoin »[24]. La silhouette que Basler dessine de ce « maître de langue » de l'Allemagne entière à la veille des bouleversements qui allaient faire chavirer le Saint-Empire est plus empathique que le portrait dressé par Scherer :

> « Adelung était volontaire, doué dans de nombreux domaines, d'un zèle infini et ininterrompu et d'une activité de collecte dans tous les domaines qui lui tombaient sous les yeux dans la vie ou le métier, un savant, mais pas à proprement parler un esprit créateur ou un chercheur… déjà de son vivant, en dépit de tous les honneurs et de toutes les célébrations, il était dépassé par les acquis scientifiques et les connaissances qui retenaient l'attention générale »[25].

Avec ses objectifs régulateurs, Adelung était devenu « le défenseur draconien d'une forme déterminée de langue et de littérature ». Et Basler ajoute judicieusement :

> « Et à ce titre surtout il ne pouvait qu'être inexorablement balayé par une génération plus jeune et activiste, qui rejetait les règles implacables de la grammaire, la suprématie de la langue cultivée d'une contrée particulière et un vocabulaire géographiquement circonscrit, qui avait hâte de redonner un destin littéraire au trésor lexical d'époques antérieures et de

---

daß Adelung's Lehre die Schulen von ganz Deutschland eine Zeit lang beherrschte" (1875 : 84).

[24] "Sorgsam gewertet wird man Adelung besser ansehen als den am Ende eines Zeitabschnitts Vielbemühten, der „die durchaus nicht leichte Aufgabe des Zusammenfassens im ganzen gut gelöst hat" und „das richtige Gefühl für das, was der Zeit not tat", besaß" (1953, éd.num. p.2).

[25] "Adelung war eigenwillig, zu Vielem begabt, von unendlichem und rastlosem Fleiß und nimmermüder Sammeltätigkeit auf allen Gebieten, die in Leben oder Beruf in sein Blickfeld traten, ein Gelehrter, aber kein eigentlich schöpferischer Geist oder Forscher ... schon zu seinen Lebzeiten trotz allen Ehrungen und Anerkennungen von den wissenschaftlichen und allgemeinbewegenden Erkenntnissen überholt" (1953, éd.num. p.1).

divers dialectes. Mais même ceux qui inclinaient à la prudence le rejetèrent »[26].

- WOLFGANG BAHNER (1984) : UNE INTRODUCTION GLOBALE AUX MULTIPLES ASPECTS DE L'ŒUVRE D'ADELUNG

Dans son introduction générale au recueil de l'Académie des Sciences de Saxe en 1984, W. Bahner se livre à un examen approfondi de ce qu'il appelle « la philosophie éclairée et pratique d'Adelung ». Le sensualisme de Locke est incontestablement la philosophie qui a exercé la plus profonde influence sur la philosophie d'Adelung (tout comme elle baigne les *Lettres anglaises*, ou *philosophiques* de Voltaire en 1732). Côté allemand, Adelung a beaucoup étudié la pensée de Christian Wolff (1679-1754) et celle de Johann Gottfried Herder (1744-1803), côté français celle de Fontenelle, Montesquieu et Voltaire. Contre les disciples de Wolff, il soutient avec Herder et Condillac qu'une pensée créative implique l'interaction entre la langue et la pensée (Bahner 1984 : 11).

Il reprend à Voltaire l'idée directrice que l'historiographie doit se centrer sur l'évolution de la culture intellectuelle et matérielle d'un peuple (pour l'histoire nationale) ou de l'humanité (pour l'histoire universelle). Adelung se laissait guider par l'idée du progrès et « il voulait que les différentes époques avec leurs traits caractéristiques soient évaluées comme des stades de l'épanouissement de l'esprit humain déterminé par la confrontation à la nature et à la société » (1984 : 12). Il défend une conception « éclairée » du destin de l'humanité : « l'être humain est un produit spécifique de l'évolution d'une nature autonome, qui a développé ses aptitudes en affrontant son environnement à l'aide de sa main, de son cerveau et de son langage » (*ibid.*).

Mais le revers de cette médaille, c'est son aveuglement face aux nouvelles ambitions littéraires du *Sturm und Drang* (le mouvement littéraire « Tempête et passion » sous la conduite du jeune Goethe, né en 1749) et, en dépit de critiques croissantes, il plaide contre vents et marées pour un idéal classique de langue et de style. Cela ne l'empêche cependant pas de défendre aussi des idées anticipatrices de l'esprit du XIXe siècle :

- L'histoire de la langue est à considérer sur l'arrière-plan d'une vaste histoire sociale.

---

[26] "Und hier mußte er am ehesten und zwangsläufig überwunden werden von einem jüngeren und voranstürmenden Geschlecht, das den unbeugsamen Regeln der Grammatik, der unbedingten Herrschaft der Hochsprache *einer* Landschaft und einem darin festgelegten Wortbestand absagte, das eifrig war, Wortgut aus älteren Sprachstufen und aus den Mundarten wieder literaturfähig werden zu lassen. Aber auch die Bedächtigen lehnten ihn ab. (1953, éd.num. p.2).

- La langue, notamment allemande en raison de son retard culturel sur les autres langues majeures de l'Europe occidentale, est en voie de perfectionnement parce qu'elle est « imbriquée dans l'évolution socio-économique, celle des conditions de communication et des besoins qui en résultent »,
- La liberté d'action des individus, notamment celle des écrivains, est fonction de données objectives, sociétales, économiques, politiques et culturelles qui lui imposent des limitations.

Et Bahner s'associe finalement (1984 : 18) au jugement mesuré d'Hermann Paul dans son Histoire de la philologie germanique (*Geschichte der germanischen Philologie*, 1901) :

> « L'importance d'Adelung tient moins au résultat scientifique de ses travaux qu'à l'influence qu'il a exercée pour la fixation et l'extension de la langue écrite. Ce faisant, ce n'est pas seulement l'effet direct exercé par la grande diffusion de ses livres qui est à prendre en compte. Plus généralement, il a exercé une suprématie sur le traitement scolaire de la langue allemande qui persiste encore aujourd'hui à de nombreux titres »[27].

1.3. Des jugements globalement positifs sur l'œuvre grammaticale et stylistique

Je reviendrai de manière approfondie sur l'évaluation de l'œuvre grammaticale et stylistique d'Adelung dans les sections 2.5/2.6. Six ans seulement avant le jugement critique de Wilhelm Scherer (1875) évoqué plus haut, le grand philologue Theodor Benfey rend au contraire hommage à l'ensemble de l'œuvre d'Adelung et spécialement à sa dimension grammaticale. Dans son ouvrage de référence consacré à « l'histoire de la linguistique et de la philologie orientaliste en Allemagne depuis le début du XIXe siècle » Benfey délivre une appréciation balancée (dans son contenu et son style périodique) de la place remarquable d'Adelung dans cette histoire :

> « Sans avoir eu la fortune de dons intellectuels supérieurs, il a cependant acquis dans le monde savant une place, certes surévaluée de son vivant, mais toujours honorable et digne de considération par ses efforts scrupuleux, pas le choix habile de sujets féconds, voire essentiels pour son

---

[27] "Adelungs Bedeutung liegt mehr noch als in dem wissenschaftlichen Ertrag seiner Arbeiten in dem Einfluss, den er auf die Fixierung und Ausbreitung der Schriftsprache gehabt hat. Es muß dabei nicht nur die direkte Wirkung in Anschlag gebracht werden, die er durch die große Verbreitung seiner Bücher geübt hat. Er hat überhaupt die schulmässige Behandlung der deutschen Sprache in eine Abhängigkeit von sich gebracht, die in vieler Beziehung noch heute andauert" [cité par W. Bahner 1984 : 19].

activité littéraire et un traitement, quand bien même limité et pédant sous de nombreux aspects, toutefois honnête et intègre de celle-ci ; les services qu'il a rendus à notre langue maternelle lui assurent en particulier un souvenir plein de respect pour tous les temps, du moins dans le cœur d'un allemand »[28].

Bien plus tard, dans le recueil édité en 1984 par W. Bahner, Erika Ising se range du côté de Benfey et contredit Scherer dans l'article qu'elle consacre à la « contribution d'Adelung à la civilisation (*Kultivierung*) de la langue allemande ». Elle y montre que « ce sont les questionnements et les conceptions de la linguistique historico-comparative qui ont affaibli la réception des vues théoriques d'Adelung en linguistique et qui l'ont fait oublier au long du XIXe et du XXe siècle ». Cela vaut bien entendu pour sa vision « philosophique » de la grammaire, d'inspiration à la fois sensualiste pour le point de départ et rationaliste pour le retraitement conceptuel et lexical des données sensibles, mais aussi pour sa théorie de la source de « l'usage de la langue » (*Sprachgebrauch*) qui anticipe sur la pragmatique et la sociolinguistique du XXe siècle : les usagers de la langue sont dans l'obligation d'affiner leur intercompréhension au fil des échanges langagiers et de parvenir ainsi à un consensus lexical et syntaxique.

De son côté, Ludwig Eichinger (2008) porte un jugement global flatteur sur Adelung, et notamment sur sa « Théorie du style » (1785), sans toutefois sous-estimer le caractère suranné de sa démarche :

> « [à la toute fin du siècle] sa pensée appartient encore au XVIIIe siècle à un degré qui ne s'applique plus à beaucoup d'autres auteurs à la même époque. Optiquement, il achève bien la série de ses prédécesseurs linguistes, tandis que ses contemporains sont déjà passés à autre chose » (Eichinger, 2008 : 247).

Les prédécesseurs en question, ce sont notamment Johann Christian Gottsched et Christian Fürchtegott Gellert et à plus longue distance Leibniz, explorateur d'une langue universelle des sciences encore utopique au XVIIe siècle, la *Characteristica universalis*. En réalité, le mérite d'Adelung consiste pour Eichinger dans son « pouvoir de résumer toutes les évolutions décrites (Leibniz, Gottsched, Gellert) et les acquis obtenus et de les mettre dans un ordre raisonné » (2008 : 250). Et, spécificité de la *Volksaufklärung*

---

[28] "Ohne die Weihe höherer Geistesgaben, hat er sich trotzdem durch angestrengten Fleiß, durch die geschickte Wahl höchst nötiger und nützlicher Stoffe für seine schriftstellerische Thätigkeit und eine obgleich vielfach beschränkte und pedantische, doch ehrliche und gewissenhafte Behandlung derselben eine, wenn auch während seiner Lebensdauer überschätzte, doch immer ehrenwerthe und achtunggebietende Stellung in der gelehrten Welt erworben; seine Verdienste um unsre Muttersprache insbesondre sichern ihm zu allen Zeiten, wenigstens im Herzen eine Deutschen, ein ehrenvolles Gedächtniß". (Benfey 1869 : 272).

(les Lumières mises à la portée du peuple), « d'une manière telle que les rédacteurs de manuels d'éducation bourgeoise de l'époque pouvaient se retrouver dans ses présentations et recommandations » (*ibid.*). Les descriptions d'Adelung sur les trois plans de la grammaire, de la stylistique et du « vocabulaire » fournissent la base d'une maîtrise de l'écrit (*Schriftlichkeit*) à jour dans laquelle les qualités du classicisme de Gottsched et du sentimentalisme de Gellert ont trouvé place, mais qui sont clairement dépassées dans la direction d'une maîtrise de l'écrit destinée à ouvrir de nouvelles possibilités à l'écriture littéraire, quotidienne et même scientifique » (*ibid.*).

Le jugement d'Eichinger témoigne d'une évolution de la réception d'Adelung, au-delà de l'intérêt que lui ont porté en 1984 les historiens des idées de la RDA (pour des raisons qui sont développées dans la section 2.1). Adelung est vu désormais comme l'un des principaux représentants de la *Volksaufklärung*, donc de l'émancipation de la bourgeoisie cultivée (*Bildungsbürgertum*), laquelle allait fournir au XIXe siècle l'essentiel du personnel des universités allemandes, et entre autres les philologues et les linguistes[29] (*cf.* Hültenschmidt 2000).

1.4. Des jugements flatteurs sur l'œuvre lexicographique

- LE JUGEMENT AMBIVALENT DE GOETHE ET SCHILLER (1797 ; 1804)

Les deux leaders du *Sturm und Drang*, Goethe et Schiller, semblent avoir changé d'avis sur le dictionnaire grammatical et critique d'Adelung à quelques années de distance, entre 1797 et 1804. En 1797 Schiller publie dans l'Almanach des muses (*Musen-Almanach*) sous la forme de distiques une série d'épigrammes belliqueuses à l'égard d'un panel d'hommes de lettres célèbres en Allemagne et jugés rétrogrades, sous le titre de Xenien (gr. cadeaux / présents). Dans l'un de ces distiques, intitulé « le linguiste » (*der Sprachforscher*) on a vu à l'époque une pique contre Adelung et son dictionnaire accusé de disséquer une langue morte :

> « Anatomieren magst du die Sprache, doch nur ihr Kadaver;
> Geist und Leben entschlüpft flüchtig dem groben Skalpell » [30].

Sept ans plus tard cependant, Barbara von Gemmingen (2006 : 135) rapporte un passage d'une lettre de Schiller à Goethe :

---

[29] Le dernier aristocrate majeur parmi les linguistes allemands sera Wilhelm von Humboldt (1767-1835), qui culturellement restait un homme des Lumières.

[30] "Tu peux bien disséquer la langue, mais seulement son cadavre / L'esprit et la vie prennent la fuite devant le grossier scalpel" (cité par Henne, 1984 : 98)

> « Laissez-moi l'Adelung [sic] si vous n'en avez plus besoin. J'ai toutes sortes de questions à poser à cet oracle »[31].

Et sur le site de la Bibliotheca Augustana, Ulrich Harsch rapporte un billet de Goethe à Schiller daté du même jour, donc manifestement sa réponse :

> « Je vous joins mon Adelung. Pardonnez-moi d'avoir envoyé le vôtre bien empaqueté à Voß, qui en avait un besoin extrême pour un compte rendu des *Entretiens grammaticaux* de Klopstock »[32].

Dans l'intervalle, le lexicographe disséquant le cadavre de la langue s'est-il miraculeusement transformé en « oracle » ? Helmut Henne (1984), qui cite le distique visant manifestement Adelung, fournit un premier élément de réponse : Adelung ne serait que le porte-parole de l'institution des lexicographes et, pour les poètes de la nouvelle génération (rappelons qu'en grec, *poiein* signifie *créer*) il s'agirait seulement de glorifier la liberté fondamentale de l'acte poétique vis-à-vis des normes de la langue commune.

Un autre élément d'explication de ce revirement nous est fourni par la datation des deux éditions du Dictionnaire, 1774-1786 et 1793-1801. En 1797, Goethe et Schiller ne pouvaient disposer que de la première édition (en 5 tomes). Mais c'est surtout la seconde (en 4 volumes plus serrés), profondément révisée et complétée, qui a fait la renommée d'Adelung, et en 1804 c'est certainement cette édition que Schiller tient pour un « oracle ».

Enfin, troisième élément : Goethe et Schiller sont des patriotes, en 1804 la Grande Armée fait trembler toute l'Europe et ils sont probablement conscients de la nécessité de disposer d'une référence lexicographique de même valeur que le *Dictionnaire universel* de Furetière pour unifier linguistiquement l'Allemagne face au péril napoléonien.

Adelung, circonspect à l'égard de l'entrée des emprunts au français dans son dictionnaire, fournit aussi un rempart pour la purification du lexique allemand à une époque où ces emprunts déferlent sur l'Allemagne pour une double raison, le prestige de la culture française, et l'émigration d'une quantité de huguenots français en Prusse et dans d'autres principautés protestantes.

---

[31] F. von Schiller à J. W. von Goethe, 26 janvier 1804. In : Schillers Werke, Nationalausgabe, éd. par Axel Gellhaus, vol. 32, Weimar 1984, p. 104 [L'auteur ne précise pas s'il s'agit d'une traduction ou si Schiller a écrit à Goethe en français].

[32] "Hier schicke ich meinen Adelung. Verzeihen Sie daß ich den Ihrigen wohl eingepackt an Voß geschickt habe, der dessen zu einer Recension von Klopstocks Grammatischen Gesprächen höchst nöthig bedurfte" [*https://www.hs-augsburg.de/~harsch/germanica/Chronologie/ 18Jh/Adelung/ade_intr.html*].

- L'HOMMAGE DES FRERES GRIMM, 1854-1869

En 1854 paraît le premier volume du titanesque *Deutsches Wörterbuch* de Jacob Grimm assisté de son frère Wilhelm. Dans leur introduction, les frères Grimm rendent un hommage appuyé à leur prédécesseur :

> « Adelung ... le nom propre à la belle consonance d'un homme, qui a rendu à notre langue, notamment par son dictionnaire, un service de grand mérite »[33].
>
> « Jusque là il n'existait sur la langue allemande aucune œuvre aussi élaborée et exécutée avec autant de persévérance et elle ne pouvait manquer de faire l'impression la plus favorable. Sa force résidait d'abord dans le recueil des mots, richement collectés et ordonnés en toute sobriété, dépassant toutes les collectes précédentes, et ensuite dans l'éventail des sens, réfléchi, circonspect et doté d'exemples bien choisis, tout en étant vaste »[34].

La notice à propos du *Dictionnaire grammatical et critique du dialecte haut-allemand* d'Adelung sur le site de l'Académie des Sciences de Berlin-Brandenbourg[35] fournit un commentaire bienvenu sur les composants du titre du dictionnaire :

> « Ce dictionnaire est destiné à combattre l'usage débridé des écrivains ; la variante directrice du haut-allemand est la langue d'usage oral des "classes supérieures" de la Haute-Saxe et de Meissen. Ce qui est neuf dans la méthode, c'est le projet grammatical et critique énoncé dans le titre du dictionnaire. "Grammatical" insiste sur la prise de conscience et l'observation des régularités de la langue, "critique" spécifie l'entreprise d'analyse et de classement de la langue, notamment dans la dimension de la présentation sémantique »[36].

---

[33] "ADELUNG ... *der wolklingende eigenname eines mannes, der voraus durch sein wörterbuch ein hohes verdienst um unsere sprache sich errungen hat*" (*Deutsches Wörterbuch*, vol.1 : 178)

[34] "ein so durchgearbeitetes und beharrlich ausgeführtes werk über die deutsche sprache war noch nicht vorhanden und konnte des günstigsten eindrucks nicht verfehlen. seine stärke lag in dem bei aller enthaltsamkeit durch grosze ordnung reich aufgespeicherten, jede vorausgegangne samlung übertreffenden wortvorrat, dann in ruhiger, umsichtiger, mit wohlgewählten beispielen ausgestatteter, obschon breiter entfaltung der bedeutungen" (*Deutsches Wörterbuch*, vol. I : XXIII)

[35] Cf. http://dwb.bbaw.de/lexikographie/woerterbuecher/adelung

[36] "Das Wörterbuch soll dem verwilderten Sprachusus der Schriftsteller entgegenwirken; Leitvarietät des Hochdeutschen ist die mündliche Umgangssprache der "obern classen" Obersachsens und Meißens. Methodisch neu ist der im Titel des Wörterbuchs angesprochene grammatisch-kritische Ansatz. Grammatisch hebt auf Bewußtsein und Beobachtung der Sprachregeln ab, kritisch bedeutet die analysierende und klassifizierende Haltung zur Sprache, nicht zuletzt auch in der Dimension der semantischen Darstellung". Il est à noter que les deux termes 'grammatical' et 'critique' figurent dans le titre de deux

Ce faisant, la notice soulève indirectement la question de l'ambiguïté lexicale de la désignation *Hochdeutsch* (haut-allemand). Elle peut s'entendre

– soit d'un point de vue GEOLINGUISTIQUE, entre le bas-allemand (*niederdeutsch*) au nord et l'allemand du sud (*oberdeutsch*, en raison du relief montagneux de cette partie de l'Allemagne), notamment dans l'expression « dialecte haut-allemand »,
– soit d'un point de vue de POLITIQUE LINGUISTIQUE, comme désignant le registre lexical et grammatical de référence.

La notice précise « la VARIANTE DIRECTRICE du haut-allemand », ce qui signifie que « haut-allemand » est bien originellement une catégorie géolinguistique qui bénéficie d'un statut normatif. Qu'il s'agisse du parler des « classes supérieures » est une évidence à l'époque, mais qu'il soit situé géographiquement en Haute-Saxe (la région de Dresde où Adelung est le conseiller linguistique du prince électeur de Saxe) l'est moins, au moment où la Prusse des rois Frédéric II puis III rêve de faire de Berlin la future capitale d'une Allemagne unifiée. D'où la question qui va enflammer les esprits jusqu'au démarrage du *Deutsches Wörterbuch* des frères Grimm : Le *hochdeutsch* a-t-il son épicentre à Dresde ou à Berlin ?

L'article « Qu'est-ce que le haut-allemand ? » [*Was ist Hochdeutsch ?*] du *Magazin der deutschen Sprache* (vol.1, 1783) fournit une explication historique convaincante de la supériorité de la Haute-Saxe, mais qui met entre parenthèses le développement culturel postérieur (à partir du XVIIe siècle) du Brandebourg. Jusqu'au XVIe siècle, le sud de l'Allemagne (Souabe et Bavière) profitait du commerce transalpin avec l'Italie (par Nuremberg, le plus grand centre commercial et industriel d'Allemagne au XVe siècle, cf. François 1969), lequel a perdu de son importance avec le développement du commerce portugais et espagnol à partir de la constitution de leurs comptoirs sur les côtes américaines, africaines et asiatiques. Par un enchaînement de causes à effets, les routes commerciales vers la Souabe et la Bavière ont été moins empruntées, tandis qu'« avec ses mines, ses manufactures et le dynamisme de son artisanat, le sud de la Saxe [la région de Dresde] devenait silencieusement la province la plus prospère d'Allemagne et jetait de ce fait les fondements d'un degré d'excellence du

---

dictionnaires successifs de Jean-François Féraud, le *Dictionnaire grammatical de la langue française* en 1768 et le *Dictionnaire critique de la langue française* en trois volumes en 1788-89. Il est à peu près certain que la bibliothèque de Dresde administrée par Adelung possédait ces dictionnaires et qu'ils l'ont influencé.

goût, surpassant ainsi finalement toutes les autres provinces »[37]. La langue « haute-allemande », qui s'était déjà déplacée par le passé de la Franconie vers la Souabe et la Bavière, a pris la voie du nouveau havre de prospérité, la Haute-Saxe.

Ce déplacement du centre de gravité de la culture allemande a entraîné la dégradation du dialecte haut-saxon au statut d'un parler que les classes supérieures considéraient désormais comme indigne de leur nouvelle opulence, tandis qu'un facteur décisif intervenait, à savoir l'apparition de la Réforme luthérienne en Saxe :

> « [...] toute cette Réforme était essentiellement une conséquence de la renaissance de l'entendement et du goût, elle avait démarré en Haute-Saxe, elle garda longtemps son siège premier et véritable dans la même province et elle y connut en quelques années une progression étonnante, si bien qu'elle eut aussi un effet rapide sur la langue, comme on le voit très clairement, quand on compare les écrits parus en Haute-Saxe en 1540 avec ceux parus en 1520, un phénomène extrêmement rare dans les langues »[38].

Mais Adelung rejette l'idée courante selon laquelle Luther lui-même aurait fixé cette nouvelle « langue de l'écrit » (*Schriftsprache*), estimant qu'« il n'a rien fait d'autre que de suivre la langue qui se raffinait d'elle-même dans sa province, notamment dans les classes supérieures par la promotion (*Aufklärung*) de l'entendement et du goût, de l'appliquer dans ses écrits et de favoriser ainsi sa diffusion »[39].

Ce jugement anticipe sur son affrontement avec la thèse de J. Ch. Wieland pour qui ce sont les littérateurs qui orientent l'évolution des langues (cf. Lerchner, 1984). Pour Adelung, l'élaboration du « haut-allemand » n'est due à aucun individu particulier, ni à des littérateurs, ni au Réformateur lui-même, dont la traduction des deux Testaments était

---

[37] "Dagegen bildete sich das südliche Sachsen durch Bergbau, Manufacturen und Kunstfleiß in der Stille zu der blühendsten Provinz Deutschlandes, und legte dadurch den Grund zu dem vorzüglichen Grade des Geschmackes, worin es nachmahle alle übrigen übertraf"(MDS_1 1783 : 17-18).

[38] "[...] da diese ganze Reformation bloß eine Folge des wieder erwachenden Verstandes und Geschmackes war, da sie in Obersachsen ihren Anfang, und lange Zeit ihren ersten und eigenthümlichen Sitz daselbst hatte, und in wenig Jahren einen erstaunlichen Fortschritt machte, so wirkte sie auch eben so schnell auf die Sprache, wie man sehr deutlich siehet, wenn man die Obersächsischen Schriften von 1540 mit denen von 1520 vergleicht; eine in Sprachen allemahl seltene Erscheinung" (MDS_1 1783 : 19-20).

[39] "Er tat weiter nichts, aber auch das war schon Verdienst, als daß er der Sprache, welche sich in seiner Provinz und besonders in den obern Classen durch Aufklärung des Verstandes und Geschmackes von selbst verfeinerte, folgte, sie in Schriften anwandte, und dadurch ihre Ausbreitung beförderte" (*ibid.* : 20-21)

pourtant la base de la plupart des lectures du rite luthérien, mais aux échanges écrits entre les membres des classes supérieures de la « Saxe du Grand Électeur » (*Chursachsen*), parce que leur prospérité économique leur permettait d'être les mieux éduqués et les plus attentifs au « bel usage », comme le nomme Vaugelas dans ses *Remarques* (1647).

Brigitte Döring (1984 : 205) cite d'ailleurs un extrait du traité de stylistique d'Adelung emblématique à ce propos :

> « La langue n'est pas seulement un besoin, mais aussi l'œuvre entière de la vie sociale étroite, et toutes les différences qui distinguent entre langue et dialectes sont des conséquences essentielles et nécessaires des circonstances particulières de chaque société en coexistence, qui doivent avoir un effet si fort que, même en l'absence de conscience claire, un seul et même effet se produit malgré une telle variété de circonstances »[40].

Cette vision est étonnamment moderne – elle va même dans le sens de la modélisation de l'évolution de toute langue comme un « système dynamique complexe » soumis aux aléas des interactions entre usagers (plus ou moins compétents) de cette langue[41]. En même temps, sa vision du goût comme « modérateur » des échanges présuppose une société d'« honnêtes gens » partageant une vision commune du goût. Mais au moment même où Adelung écrit ces lignes, le mouvement *Sturm und Drang* (« Tempête et passion ») est bien décidé à bouleverser les règles du goût et la Révolution française – qui a attribué à Schiller la qualité de citoyen d'honneur – jette le trouble chez de nombreux poètes comme Friedrich Hölderlin et Heinrich von Kleist.

- L'EDITION DU MDZ (2001)

Avec l'apparition des éditions électroniques, le Dictionnaire grammatical et critique d'Adelung est devenu accessible sur plusieurs supports, soit en format image par le portail *archive.org*[42] ou sur le site *Digitale Sammlungen* (collections numérisées) de l'université de Bielefeld (avec une présentation des entrées des quatre volumes par lettre initiale), soit en format « plein texte » par les soins du *Münchner Digitalisierungszentrum* (Centre de numérisation de Munich, administré par l'Académie de l'État de Bavière,

---

40 "Die Sprache ist nicht allein ein Bedürfniß, sondern auch ganz das Werk des engern gesellschaftlichen Lebens, und all die Verschiedenheiten, welche Sprache und Mundarten unterscheiden, sind wesentliche und nothwendige Folgen der eigenthümlichen Umstände jeder beysammen lebenden Gesellschaft, welche so stark wirken müssen, daß auch ohne klares Bewußtseyn bey einer so großen Menge eine und eben dieselbe Wirkung erfolgt."

41 Cf. Joan Bybee (2010 : chap.11).

42 Éditions de 1793 et de 1811 „ https://openlibrary.org/works/OL6501005W/ Grammatisch-kritisches_Wo%CC%88rterbuch_der_hochdeutschen_Mundart.

édition de 1811). Cette édition permet notamment une comparaison commode entre les entrées du dictionnaire d'Adelung et celles du dictionnaire des frères Grimm[43] et j'en ai tiré parti pour comparer les articles *Bauer* (paysan, constructeur, volière) de ces deux dictionnaires et de celui de Hermann Paul paru en 1897 (cf. François 2017 : 102-4) :

> « J.Ch. Adelung a rédigé avec son Dictionnaire grammatical et critique du dialecte haut-allemand le premier dictionnaire, exemplaire pour son époque, de la langue allemande. Le dictionnaire comporte environ 58 500 lemmes propres au lexique de l'allemand de la seconde moitié du XVIIIe siècle, rangés alphabétiquement. En dehors des données grammaticales et orthographiques, les articles traitent aussi la signification lexicale, les domaines d'emploi, l'étymologie et les particularités dialectales. La version publiée ici du dictionnaire est l'édition de 1811 parue après la mort d'Adelung, laquelle – comme déjà l'édition précédente de 1808 – était enrichie de contributions et de corrections de Dietrich Wilhelm Soltau et Franz Xaver Schönberger. Le dictionnaire se compose au total de quatre tomes et couvre 3 890 pages. Il a été numérisé en format OCR dans le cadre d'un projet de la Bibliothèque de l'État de Bavière financé par la Société Allemande de la Recherche (DFG) entre 1999 et 2001 »[44].

Les éditeurs du MDZ ajoutent que « parmi les nombreuses publications d'Adelung, la composition du GKW représente l'une de ses entreprises les plus remarquables ». La section 3.3 sera consacrée aux particularités marquantes de ce dictionnaire par rapport aux entreprises lexicographiques antérieures en Allemagne et contemporaines en France, Italie et Espagne.

Dans le cadre de sa *Bibliotheca Germanica*, un catalogue encyclopédique des principaux auteurs de langue allemande disposé par ordre chronologique et administré par l'université d'Augsbourg, Ulrich Harsch

---

[43] „ *http://germazope.uni-trier.de:8080/Projekte/DWB*. Les entrées des mots commençant par A-F(rucht) de ce dictionnaire monumental achevé un siècle plus tard ont été rédigées par les frères Grimm et publiées en 1863.

[44] "Johann Christoph Adelung verfasste mit dem „Grammatisch-kritischen Wörterbuch der hochdeutschen Mundart" das erste und für seine Zeit maßgebliche wissenschaftliche Wörterbuch der deutschen Sprache. Das Wörterbuch listet alphabetisch geordnet ca. 58.500 einzelne Lemmata zum deutschen Wortschatz der zweiten Hälfte des 18. Jahrhunderts auf. Neben grammatikalischen und orthographischen Formen behandeln die Artikel auch Wortbedeutung, Anwendungsbereiche, Herkunft und mundartlich bedingte Besonderheiten. Bei der hier publizierten Version des Wörterbuches handelt es sich um die nach Adelungs Tod erschienene Ausgabe von 1811, die – wie bereits die vorhergehende Ausgabe von 1808 – durch Beiträge und Berichtigungen von Dietrich Wilhelm Soltau und Franz Xaver Schönberger ergänzt wurde. Das Wörterbuch besteht aus insgesamt vier Bänden und umfasst 3 890 Seiten. Das Wörterbuch wurde in einem von der Deutschen Forschungsgemeinschaft finanzierten Projekt der Bayerischen Staatsbibliothek zwischen 1999 und 2001 digitalisiert und inhaltlich erschlossen". [*https://lexika.digitale-sammlungen.de/ adelung/online/angebot*]

mentionne Adelung, mais exclusivement en tant que lexicographe[45] et il ajoute une précision sur le format de la nomenclature du Dictionnaire grammatical et critique :

> « À la différence du dictionnaire des frères Grimm, il tient compte de mots étrangers, tout en excluant d'un autre côté des notions par trop "populassières". Adelung a fondé ses commentaires sur la langue parlée et écrite. Pendant des décennies l' "Adelung" a fait figure d'autorité en matière de pureté de la langue ».[46]

Et, dans la même veine, Heidrun Kämper (2008 : 70) insiste de son côté sur la corrélation entre le contenu des définitions de ce dictionnaire et la vision de l'histoire culturelle que défend Adelung et à laquelle je consacrerai la section 2.4 :

> « Ce dictionnaire [...] reflète la thèse d'Adelung sur l'histoire de la culture. C'est la transposition et la manifestation de sa vision des Lumières et de la culture qu'Adelung formule en quelque sorte dans un programme lexicographique »[47].

1.5. Des jugements approbateurs sur le lancement du *Mithridate* par J. Ch. Adelung et son achèvement par J.S. Vater

1.5.1. Le **Mithridate**, *aboutissement de deux siècles et demi de compilations de lexiques et d'observations grammaticales rudimentaires*

Tous les historiographes évoqués ci-dessous, de Th. Benfey en 1869 à J. Trabant en 2003 partagent l'idée que le *Mithridate* est un Janus dont on peut éclairer l'une ou l'autre face selon qu'on le compare aux entreprises comparatives antérieures ou postérieures[48]. Par rapport aux compilations de C. Gessner en 1555, de S. Pallas en 1786-8 ou de L. Hervás entre 1784 et 1801, l'œuvre conjointe d'Adelung et de Vater frappe par la quantité remarquable des langues inventoriées, mais en même temps il reste en

---

[45] [*https://www.hs-augsburg.de/~harsch/germanica/Chronologie/18Jh/Adelung/ ade_intr.html*]

[46] "Anders als das Grimmsche Wörterbuch berücksichtigt es dabei auch Fremdwörter, grenzt dafür aber auf der anderen Seite allzu 'pöbelhafte' Begriffe aus. Seine Erläuterungen untermauerte Adelung durch unzählige Anwendungsbeispiele aus der gesprochenen und geschriebenen Sprache. Der 'Adelung' galt jahrzehntelang als die Autorität in Fragen der Sprachreinheit".

[47] " Dieses Wörterbuch [...] reflektiert das kulturgeschichtliche Konzept Adelungs. Es ist die Umsetzung und Manifestation seines Aufklärungs- und Kulturbegriffs, die Adelung gleichsam im Sinn eines lexikographischen Programms formuliert".

[48] Sur d'autres compilateurs de la même époque, notamment Daniel Jenisch (1762-1804) et Charles de Brosses (1709-1777), voir G. Hassler (2006 : 324-9).

retrait sur le *Catalogo* de Hervás quant aux observations grammaticales (bien qu'Adelung ait été un grammairien plus accompli qu'Hervás). Mais par rapport aux comparaisons entre langues anciennes qui ont débuté immédiatement après avec le Système de conjugaison du sanskrit comparé à celui de plusieurs autres langues de Franz Bopp en 1816 et aux premières communications de Humboldt à l'Académie de Berlin sur la comparaison des langues de différents continents à partir de 1819, le *Mithridate* n'a plus qu'une valeur d'illustre relique d'une vision définitivement dépassée. La variété des appréciations ne tient donc finalement qu'à l'orientation du regard, rétrospective ou prospective.

– THEODOR BENFEY (1869)

Observateur averti de l'évolution du savoir philologique et linguistique progressivement accumulé dans la comparaison des langues anciennes de la famille indo-européenne, Benfey tient à souligner à quel point la nouvelle linguistique comparative a trouvé dans le *Mithridate* une synthèse (encore malhabile et lacunaire) du savoir de son époque sur la variété des langues et leurs parentés évidentes ou seulement plausibles, accumulé depuis le XVIe siècle :

> « Ainsi le Mithridate représente dans une certaine mesure un aboutissement de l'ancienne linguistique et – quels que soient les reproches justifiés qu'on peut lui adresser – celui-ci était digne de valeur. Si on ne retrouve pas représentés chez lui d'une manière équilibrée tous les éléments qui s'étaient fait valoir jusque là dans l'observation du langage, aucun cependant ne fait complètement défaut, si bien que les approches, les méthodes et les résultats qui avaient été rassemblés jusqu'à cette époque s'y laissaient reconnaître avec une certaine fidélité »[49].

Je reviendrai dans la section 4.4 sur les remarques de Benfey (confortées par celles d'Anna Morpurgo-Davies, 1998 et de Jürgen Trabant, 2003) à propos de l'intérêt variable des quatre volumes du *Mithridate*.

– HANS ARENS (1969)

Dans son histoire de la linguistique, Hans Arens consacre plusieurs pages au *Mithridate*. Il commence par le comparer avec le *Catalogo*... que le jésuite Lorenzo Hervás y Panduro avait fait paraître en 1784 : à l'instar

[49] "Sonach bildet der Mithridates gewissermaßen einen Abschluß der alten Sprachwissenschaft und, was auch an ihm zu tadeln berechtigt sein mag, keineswegs einen unwürdigen. Wenn sich auch nicht alle Elemente, welche sich bis dahin in der Sprachbetrachtung geltend gemacht hatten, auf eine gleichmäßige Weise in ihm vertreten finden, so fehlt doch keines vollständig, so daß sich die Gesichtspunkte, Methoden und Resultate, welche bis dahin gewonnen waren, ziemlich treu erkennen lassen" (Benfey, 1869 : 272).

de ce dernier, l'intérêt d'Adelung porte autant sur le classement des peuples établi à partir de celui de leurs langues et l'un et l'autre insistent sur l'examen de la structure grammaticale des langues explorées (1969 : 149). Comme nous l'avons noté plus haut, ce ne sont pas les nombreux volumes consacrés à l'histoire universelle de la culture qui ont fait la renommée d'Adelung, mais « son application immense et sa capacité de travail infatigable dans ses œuvres consacrées à la langue allemande, qui le rapproche de Jacob Grimm »[50]. Arens s'associe à Scherer pour qualifier l'esprit d'Adelung de « moyennement éclairé » ce qui ne lui a pas permis d'aboutir à des découvertes véritables en linguistique, et son jugement global est circonspect :

> « Des avis raisonnables, des remarques pertinentes, des intuitions fugitives et des opinions rétrogrades se côtoient. On regrette surtout l'absence d'un esprit conséquent et de l'aptitude à saisir pleinement la signification d'un fait d'observation »[51].

Comme nous le verrons dans le chapitre 4, le Mithridate classe les langues en fonction de l'étendue géographique de leur usage et préalablement de leur caractère soit monosyllabique (ne concernant qu'un groupe de langues de l'Extrême-Orient, abordées au début du volume 1 rédigé par Adelung lui-même), soit polysyllabique, accompagné de l'hypothèse, largement retenue par la grammaire historico-comparative du siècle qui débutait, que les langues à lexique polysyllabique sont passées par un stade antérieur monosyllabique et l'agglutination de syllabes à fonction de radical ou d'affixe. Mais Adelung n'a pas encore les outils théoriques nécessaires pour conforter cette hypothèse. De ce fait le jugement d'Arens va dans le même sens que celui de Basler (mais à propos d'œuvres distinctes, grammaticales et pédagogiques chez Basler, typologiques chez Arens) :

> « Cet ouvrage, dont la méthode, la présentation et le style désignent un produit de la première longue période de l'attention de l'Occident à la question du langage, se situe précisément à sa fin, tandis que sa date de

---

[50] Il y a un autre trait qui rapproche Adelung de Grimm : tous deux ont préféré s'épargner le souci de fonder une famille et ils ont en quelque sorte épousé la langue allemande (pour Grimm jusqu'au point de cohabiter avec son frère et sa belle-sœur afin de pouvoir se consacrer pleinement à ses deux œuvres monumentales, la Grammaire et le Dictionnaire, tous deux historiques).

[51] "Vernünftige Ansichten, richtige Bemerkungen, flüchtige Ahnungen und rückständige Meinungen stehen nebeneinander, vor allem fehlt die Konsequenz und die Fähigkeit, die Bedeutung einer Tatsache voll zu erfassen." (1969 : 149).

> parution le fait empiéter comme un monstre antédiluvien sur la seconde période, celle de la véritable linguistique ».[52]

Et Arens qualifie les notices d'Adelung et Vater sur chaque langue d'« herbiers dévôts qui ont fait longtemps une forte impression, sans cependant servir réellement à la linguistique »[53]. Ce jugement est cependant sujet à débat. Arens renvoie le Mithridate à une époque pré-linguistique en comparant chronologiquement la finition du Mithridate par J.S. Vater en 1817 et la parution du *Conjugationssytem* (Système de conjugaison de six langues anciennes) de Fr. Bopp en 1816. Mais il faut faire intervenir un *distinguo* : le niveau d'analyse des langues à tradition écrite, principalement indo-européennes, aisément rattachables les unes aux autres, et celui des langues sans tradition écrite, supposées primitives et qu'on présumait proches historiquement si elles l'étaient géographiquement, ne pouvait pas être analogue. Sans les compilations de L. Hervás, P.S. Pallas et J.Ch. Adelung & J.S. Vater, la pensée de Humboldt n'aurait pas pu se développer et l'émergence de la linguistique générale aurait été grandement retardée. C'est l'effet collatéral positif de l'entreprise des missionnaires dans toutes les contrées où les Européens avaient des comptoirs commerciaux ou des colonies et les pays où ils rencontraient une civilisation « exotique » (Chine, Japon, Inde, Indonésie, etc.). Et les historiens actuels de la linguistique ont heureusement revu ce jugement trop dichotomique[54].

Après ces commentaires dépréciatifs, le jugement d'Arens, comme celui de Scherer un siècle plus tôt, reste cependant positif :

> « On ne devrait cependant pas écarter d'un simple haussement d'épaules cette œuvre d'une application exceptionnelle et d'une érudition stupéfiante (Adelung et Vater étaient bibliothécaires). C'était une œuvre construite selon un plan majestueux et avec un objectif élevé »[55].

---

[52] "Dieses Werk nach Methode, Anlage und Stil ein Erzeugnis der ersten, langen Periode der abendländischen Bemühung um die Sprache, steht füglich an ihrem Ende, während es, seiner Erscheinungszeit nach, schon in die zweite Periode, die der eigentlichen Sprachwissenschaft, wie ein Vorweltungetüm hineinragt". (1969 : 151)

[53] "Diese frommen Herbarien erfreuten sich also lange großer Beliebtheit, ohne doch der Sprachwissenschaft wesentlich zu nutzen" (1969:152).

[54] Voir notamment dans le vol.1 de l'*Histoire des idées linguistiques* édité par S. Auroux en 1992, les chapitres de J. Gessinger (p.400-2) et de S. Auroux & T. Hordé [p.538-579].

[55] Man sollte über dieses von unheimlichem Fleiß und stupender Belesenheit zeugende Werk (Adelung und Vater waren Bibliothekare) jedoch nicht einfach achselzuckend hinweggehen. Es war ein groß geplantes Werk mit hoher Zielsetzung" (1969 :152).

– George Metcalf (1984)

Adelung, qui travaillait simultanément au premier (et seul) volume de son Histoire la plus ancienne des Allemands, de leur langue et leur littérature jusqu'aux migrations germaniques [ÄGD, 1806] avait, à 74 ans et après une vie de production éditoriale effrénée, à craindre de ne pas voir l'achèvement de son Mithridate, c'est la raison pour laquelle il s'était assuré la collaboration de J.S. Vater. G. J . Metcalf souligne qu'il aurait pu traiter les langues de l'Europe dans le premier volume, compte tenu de l'abondance de la documentation et de son expérience personnelle. Mais il a préféré affronter un continent beaucoup plus problématique, l'Asie. Je vois deux raisons qui ont pu le pousser dans cette voie :

- d'abord le souci de commencer par les langues à lexique monosyllabique qu'il considérait comme primitives en raison de l'absence de morphologie flexionnelle et dérivationnelle et de catégorisation syntaxique, et en présence d'un éventail de tons à valeur distinctive ;
- ensuite une raison que Metcalf a explorée dans son article de 1984, à savoir son intérêt pour la découverte d'une langue primitive en Asie et l'éblouissement que lui avait apporté la lecture de la communication de William Jones à l'Asiatic Society (1786) sur les parentés lexicales entre le sanskrit et plusieurs langues européennes. Si le chinois n'a aucune morphologie, en revanche plusieurs langues avoisinantes, le malais, le mongol et le mandchou, ont un lexique polysyllabique et connaissent la dérivation et la composition, tout en étant dénuées de flexions. Quant au sanskrit il a un système raffiné de morphologie flexionnelle et dérivationnelle[56]. Sur la base de la raison précédente, Adelung peut conclure à une phylogénèse en trois temps, dont on retrouve les traces chez Friedrich Schlegel (1808) et chez d'autres adeptes de l'interprétation phylogénétique de la complexité morphologique, et qui est à la base de la distinction entre langues dotées *vs* dénuées d'une forme interne chez Humboldt et Steinthal (cf. François 2014 : 128-131 et 2017 : 289-300) :

[56] Cf. Metcalf 1984, cité d'après la réédition de 2013 : 164.

morphologie ⇩	chinois et langues de l'Asie du sud-est	malais, mongole, mandchou	sanskrit
dérivationnelle	Ø	✓	✓
flexionnelle	Ø	Ø	✓
hypothèse phylo-génétique	⟹		

Tableau 2 : L'interprétation phylogénétique de la distribution des propriétés morphologiques des langues asiatiques

Mais le plus étonnant – et qui confirme qu'Adelung n'est pas prêt à effectuer le bond épistémologique que vont effectuer entre autres Bopp, Grimm et Humboldt – c'est qu'il ne parvient pas à se libérer complètement de l'hypothèse « adamique » qui envahissait l'esprit de tous les collecteurs de langue depuis le XVIe siècle, à savoir l'idée d'une « langue du paradis » (cf. Olender 1989 et Trabant 2003), antérieure à la malédiction divine de leur dispersion babélienne. Le paradis était en quelque sorte à portée, sinon de main, du moins de langue, et c'était probablement le Cachemire !

> « This region had all the ingredients Adelung had assumed were necessary for the original man of nature to survive : an agreable climate, and an abundance of fruits and vegetables on hand without cultivation... » (Metcalf 2013 : 162).

– JÜRGEN TRABANT (2003)

J. Trabant est un spécialiste renommé de la pensée linguistique de W. von Humboldt et le propos de son livre de 2003 est de délivrer « une petite histoire de la pensée linguistique ». Il commence par rappeler que le *Mithridate* d'Adelung & Vater porte ce nom en mémoire de celui de Conrad Gessner paru en 1555 et qui faisait lui-même allusion au don de polyglotte attaché au nom de Mithridate VI, « roi du Pont » (135/132–63 av. J.C.) et qu'il poursuit explicitement l'objectif fixé par Leibniz d'exploration de la parenté entre les langues pour en retrouver l'origine commune, selon l'hypothèse dite « monogénétique ».

Comme précédemment H. Arens, Trabant voit dans l'année 1816 le moment de basculement entre la pré-linguistique des Lumières, dont le second Mithridate est le point d'orgue (achevé en 1817 pour le 4e volume des suppléments), et la linguistique moderne dont Bopp fournit une des premières clés avec son Système comparé des conjugaisons (*Conjugationssystem*, 1816). Et trois ans plus tard paraît la première édition de la grande *Grammaire de l'allemand* de Jacob Grimm. Sans employer le mot, Trabant entend ce basculement comme une « révolution copernicienne » : Adelung et (dans une moindre mesure) Vater se représentent les propriétés des langues du monde, contemporaines et anciennes, par rapport à celles des langues européennes modernes et des langues classiques, grec et latin. Ils proposent un commentaire interlinéaire des nombreuses traductions du Peter Noster, mais « ils ne sont pas encore pénétrés de ce que les commentaires interlinéaires suggéraient déjà, à savoir que les langues ont des structures grammaticales dont les catégories ne sont pas nécessairement identiques à celles des langues indo-européennes »[57]. Dans leur esprit, les langues européennes représentent donc la normalité et ils n'envisagent pas de les classer en termes de propriétés distinctives, mais seulement en fonction de leur degré d'écart visible par rapport à cet étalon de normalité.

Dans le même temps, les frères Humboldt (car Alexander a fait la preuve de sa capacité d'adapter aux langues l'esprit des classements de l'histoire naturelle, cf. section 4.6.1) ont en revanche le souci de couper le cordon ombilical de l'eurocentrisme pour fonder une « étude (réellement) comparative des langues » (*vergleichendes Sprachstudium*, voir la communication de W. von Humboldt à l'Académie de Berlin le 29 juin 1820). Une fois cette méthode adoptée par les linguistes généralistes, le *Mithridate* ne pouvait plus servir que d'inventaire dans lequel on pouvait puiser, mais sans mode d'emploi.

1.5.2. Le supplément de W. von Humboldt au vol.4 du **Mithridate** *sur le basque (1817)*

Comme je viens de le mentionner, dès que J.S. Vater s'engage (après la mort d'Adelung) dans la préparation de la première partie du volume 3 du Mithridate consacrée aux langues des Amériques, il fait appel aux frères Humboldt. Adelung lui-même, informé des voyages d'exploration d'Alexander en Amérique du centre et du Sud, lui avait déjà fait parvenir la liste des langues qu'il pensait aborder dans ce volume. Et le rassemblement de la documentation linguistique et ethnographique donne lieu à des échanges entre les trois hommes. En outre, Adelung avait composé une notice déjà assez copieuse sur la langue basque pour le second volume consacré aux langues d'Europe. Le basque était un gros morceau, non pas par le nombre restreint de ses locuteurs, mais en raison de ses particularités structurelles qui ne permettaient pas de l'apparenter aisément à aucune des langues du voisinage. Wilhelm est fasciné par cette question et il fait deux voyages au Pays Basque en 1799 et 1801 pour y voir plus clair

---

[57] "Was die Interlinearversionen schon andeuteten, war sozusagen denkerisch nicht durchdrungen, nämlich daß die Sprachen grammatische Strukturen haben, deren Kategorien nicht unbedingt diejenigen der indogermanischen Sprachen sind" (Trabant, 2003 : 238). En employant l'adjectif *indogermanisch*, Trabant commet un léger anachronisme, car ce terme ne fera son apparition qu'un peu plus tard sous la plume de Heinrich Julius Klaproth en 1823.

dans les possibles parentés ethniques et linguistiques entre les Basques et les peuples de l'Aquitaine et du nord de l'Espagne[58]. Je reviendrai dans la section 4.5.2 sur le supplément sur le basque rédigé par Humboldt pour corriger et compléter la notice d'Adelung, et plus particulièrement sur son analyse du système des conjugaisons (propriété morphologique majeure qui propulsait Fr. Bopp au-devant de la scène linguistique dans les mêmes années).

1.6. Conclusion

Nous savons désormais les raisons pour lesquelles seuls le Dictionnaire grammatical et critique et le premier volume du Mithridate font l'objet d'un consensus favorable dans la mémoire académique.

Après avoir été considéré à juste titre du vivant d'Adelung comme le point de départ de la lexicographie de l'allemand, le Dictionnaire grammatical et critique a été adoubé successivement par Jacob Grimm et Hermann Paul, les deux représentants majeurs de la lexicographie de l'allemand au XIXe siècle, avant de faire l'objet au tournant du XXIe siècle d'une double numérisation, en format image (*archive.org*) et en format « plein texte » (*Münchener Digitalisierungszentrum).*

Après une longue période de faible considération pour le *Mithridate* en raison des progrès de la linguistique générale avec les classements de Humboldt, Steinthal, Misteli, Fr. Müller et Gabelentz (pour nous en tenir aux pays germanophones), le développement de la typologie des langues dans la seconde moitié du XXe siècle a incité les historiographes à rechercher les travaux précurseurs de cette discipline. Ce faisant, le Mithridate est apparu comme d'une qualité au moins égale au *Catalogo* de Lorenzo Hervás y Panduro (1784).

Dans les années 1980, l'intérêt des linguistes de RDA autour de W. Bahner, président de l'Académie des Sciences de Saxe, pour le reste de l'œuvre linguistique d'Adelung en raison de sa dimension sociolinguistique, de sa thèse de l'indissociabilité entre l'histoire de la langue et celle de la culture et enfin de sa compatibilité supposée avec le matérialisme historique, ont favorisé la redécouverte des ouvrages grammaticaux, stylistiques et orthographiques des années 1781 à 1785.

Il reste toutefois une facette de l'œuvre lexicographique d'Adelung qui n'a pas encore été reconnue à sa juste valeur, c'est le Nouveau dictionnaire

---

[58] Deux volumes d'écrits de Humboldt sur le basque sont parus, édités par Bernhard Huch, chez Schöningh dans la collection *Wilhelm von Humboldt. Schriften zur Sprachwissenschaften* : *Schriften zur Anthropologie der Basken* (2010) et *Baskische Wortstudien und Grammatik* (2012).

anglais-allemand (1783-6, inspiré du Dictionnaire de la langue anglaise de Samuel Johnson, 1755), mais, selon mon opinion, d'une qualité supérieure à l'original. Je reviendrai sur les motivations de ce jugement dans la section 3.5.

ANNEXE

Catalogue des œuvres de J.Ch. Adelung dans l'article que lui a consacré l'*Encyclopedia Britannica* (1830 : 148-150) avec retraduction[59] des titres en français et, pour les ouvrages examinés, référence aux sections concernées.

1. *Neue Schaubühne der vorfallenden Staats-, Kriegs- und Friedenshändel.* Le nouveau théâtre des affaires d'État, de guerre et de paix. Erfurt, 1759-6, in-octo.
2. *Neues Lehrgebäude der Diplomatik, aus dem Franz. übersetzt, und Anmerk. versehen.* Nouveau traité de diplomatie, traduit du français et enrichi de notes. Erfurt, 1760-63, 3 vol. in-quarto.
3. *Neue Denkwürdigkeiten der gegenwärtigen Geschichte von Europa.* Nouvelles curiosités de l'histoire contemporaine de l'Europe. 1761, 2 vol. in-octo.
4. *Geschichte der Streitgkeiten zwischen Dänemark und den Herzögen von Holstein-Gottorp.* Histoire des hostilités entre le Danemark et les ducs de Holstein-Gottorp. Frankfort / Leipzig, 1762, in-quarto.
5. *Pragmatische Staatsgeschichte Europens von dem Ableben Kaiser Karls des 6ten an.* Histoire pragmatique[60] des états d'Europe à partir de la disparition de l'empereur Charles VI. Gotha, 1762-9, 9 vol. in-quarto.
6. *Auserlesene Staatsbriefe.* Sélection de courriers sur les affaires d'état. Gotha, 1763-4, 3 vol. in-octo.
7. *Vollständige Geschichte der Schiffahrten nach den Südländern.* Histoire des navigations aux terres australes, traduit de l'ouvrage du Président De Brosses (1756), enrichi de notes. Halle, 1767, in-quarto.
8. *Minerologische Belustigungen.* Récréations minéralogiques. 6 vol. Copenhague et Leipzig, 1767-71. In-octo.
9. *Einleitung zur allgemeinen Weltgeschichte.* Introduction à l'histoire universelle. Berlin, 2 vol. [premier vol. par le Prof. Frantz]
10. *Werke des Philosophen von Sans Souci.* Œuvres du philosophe de Sans-Souci. Traduit du français. Erfurt, 1768.
11. *Staatsmagazin, Vierzehn Stücke.* 14 numéros du Magazine politique. Leipzig, 1766-8.
12. *Geschichte der Schiffahrten und Versuche, welche zur Entdeckung des nordöstlichen Wegs nach Japan und China unternommen worden.* Histoire des navigations et tentatives de découverte de la voie du nord-est en direction du Japon et de la Chine. Halle, 1768, in-quarto.
13. *Versuch einer neuen Geschichte des Jesuitenordens.* Essai d'histoire nouvelle de l'Ordre jésuite. 2 vol. Berlin et Halle, 1769-70, in-octo.

---

59 Même si, dans cette bibliographie de 42 titres, les références sont incomplètes et souvent mal orthographiées, et les traductions originales des titres en anglais approximatives, on y trouve la mention de plusieurs ouvrages qui ne figurent dans aucune des autres bibliographies d'Adelung que j'ai pu consulter.

60 Au XVIIIe siècle, l'histoire pragmatique est orientée en priorité vers les conséquences ultérieures des événements historiques.

14. *Natürliche und bürgerliche Geschichte von Californien.* Histoire naturelle et civile de la Californie. 3 vol. Lemgo, 1769-70., in-quarto.
15. *Unterweisung in den vornehmsten Künsten und Wissenschaften, zum Nutzen der niedern Schulen.* Instruction aux principaux arts et sciences, à l'usage des classes élémentaires. Francfort et Leipzig, 1771. In-octo. Réédité en 1775, 1777 et 1789.
16. *Glossarium Manuale ad Scriptores mediae et infimae Latinitatis, ex magnis Glossariis Caroli du Fresne, Domini Ducange et Carpentarii, in conmensium redactum, multique verbis et dicendi formulis auctum.* 5 vol., Halle, 1772-78. « C'est un abrégé utile du Dictionnaire de Ducange [sic], avec les additions de Charpentier » ⇨ § 3.1 ; frontispice : Annexe chap.3.
17. *Versuch eines vollständigen grammatisch-kritischen Wörterbuch der Hochdeutschen Mundart, mit beständiger Vergleichung der übrigen Mundarten, besonders aber der Oberdeutschen.* Essai de dictionnaire grammatical et critique complet du dialecte haut-allemand, le comparant constamment avec les autres dialectes, notamment l'allemand méridional, 1774-86, 5 vols. In quarto ⇨ § 3.3 ; frontispice : chap.3, Annexe 3.
18. *Wallerius Chemie.* La chimie de Waller, traduit du latin [sans date ni localisation]
19. *Allgemeines Verzeichniß neuer Bücher, mit kurzen Anmerkungen, nebst einem gelehrten Anzeiger, auf das Jahr 1776.* Catalogue général des nouveaux livres, avec de brèves notes et un index, pour 1776. Leipzig 1776., in-octavo. En outre la collection annuelle 2-6 du même périodique jusqu'en 1781.
20. *Schauplatz des Beierischen Erbfolge Kriegs, u.s.w.* Théâtre de la Guerre de succession de Bavière, etc. 6 numéros. Leipzig, 1778, 1780, in-quarto.
21. *Militärisches Taschenbuch auf das Jahr 1780.* Calepin militaire pour l'année 1780. Leipzig, in-duodecimo.
22. *J. Williams Ursprung, Wachsthum und Gegenwärtiger Zustand der Nordischen Reiche.* L'origine, la croissance et l'état actuel des royaumes du Nord, traduit de l'ouvrage en anglais de J. Williams avec corrections. Leipzig, 1779-81, 2 vol., in-octavo.
23. *Kurzer Begriff menschlicher Kenntnisse und Fertigkeiten, so fern sie auf Erwerbung des Unterhalts, auf Vergnügen, auf Wissenschaft, und auf Regierung der Gesellschaft abzielen.* Bref traité des dispositions et des connaissances humaines, pour autant qu'elles visent l'acquisition de [l'art de] la conversation, du loisir, de la science et de la gouvernance de la société. Leipzig, 1778-81., 2e éd. 1783-9. 4 vol. in-octavo ⇨ §2.3.
24. *Über die Geschichte der deutschen Sprache, über deutsche Mundarten und deutsche Sprachlehre.* Sur l'histoire de la langue allemande, les dialectes allemands et la grammaire de l'allemand. *Ibid.* 1781, in-octavo ⇨ §2.4. avec frontispice
25. *Über den Ursprung der Sprache und den Bau der Wörter.* Sur l'origine de la langue et la construction des mots. *Ibid.* 1781, in-octavo ⇨ Chap.2, Annexe 3.
26. *Deutsche Sprachlehre, zum Gebrauch der Schulen in den Königl. Preuss. Schulen.* Manuel de la langue allemande, à l'usage des écoles du royaume de Prusse. *Ibid.* 781, in-octavo. ⇨ section 2.5. ; frontispice : Chap.2, Annexe 4.
27. *Auszug aus der Deutschen Sprachlehre für Schulen.* Abrégé du n° 26, 1781. In-octavo.
28. *Umständliches Lehrgebäude der deutschen Sprache, zur Erläuterung der deutschen Sprachlehre für Schulen.* Traité circonstancié de l'enseignement de la langue allemande, en commentaire du Manuel de la langue allemande pour les écoles [sans date ni localisation] ⇨ § 2.5 et Chap.2, Annexe 2 ; frontispice.

29. *Tindals und Sr More Anmerkungen zu Rapins Geschichte von England.* Les remarques de Tindal et More sur l'Histoire de l'Angleterre de Rapin. Traduit de l'anglais [aucune autre référence]

30. *Versuch einer Geschichte der Cultur des Menschlichen Geschlechts.* Essai d'histoire de la civilisation du genre humain. 1782, In-octavo ⇨ § 2.3.

31. *Leipziger Politische Zeitung und Allerley.* Journal politique de Leipzig et miscellanées.

32. *Neues Grammatisch-kritisches Wörterbuch der Englischen Sprache für die Deutschen.* Nouveau dictionnaire grammatical et critique de la langue anglaise pour les Allemands. Leipzig, 1783. In-octavo ⇨§ 3.5.

33. *Beyträge zur bürgerlichen Geschichte, zur Geschichte der Cultur, zur Naturgeschichte, Naturlehre, und dem Feldbaue; aus den Schriften der Akademie der Wissenschaften zu Brüssel.* Contributions à l'histoire civile, à l'histoire de la civilisation, à l'histoire naturelle et à l'agronomie ; extraits des écrits de l'Académie des Sciences de Bruxelles. Leipzig, 1783. In-octavo.

34. *Fortsetzungen und Ergänzungen zu Christ. Gottl. Jöchers allgemeinen Gelehrter-Lexikon.* Continuation et compléments au Dictionnaire général des savants de Jöcher. [Les additions d'Adelung s'étendent les lettres A à K]. Leipzig, 1784, 2 vol., In-quarto.

35. *Über den deutschen Styl.* Sur le style allemand. Berlin, 1785, 3 vol. In-octavo ⇨ § 2.6.

36. *Neue Leipziger Gelehrten Zeitung.* Nouveau journal des savants de Leipzig [Ce journal a été dirigé par Adelung à partir de 1785].

37. *Grundsätze der deutschen Orthographie.* Principes de l'orthographe allemande. Leipzig, 1782. In octavo.

38. *Geschichte der menschlichen Narrheit oder Lebensbeschreibungen berühmter Schwarzkünstler, Goldmacher, Teufelsbanner, Zeichen- und Liniendeuter, Schwärmer, Wahrsager, und anderer philosophischer Unholden.* Histoire de la folie humaine ou biographies de célèbres praticiens de la magie noire, alchimistes, cabalistes et chiromanciens, doux rêveurs, cartomanciens et autres philosophes de pacotille. Leipzig, 1785-87-89. 7 vol.

39. *Geschichte der Philosophie für Liebhaber.* Une histoire de la philosophie pour les amateurs. 1786-87, 3 vol.

40. *Vollständige Anweisung zur deutschen Orthographie, nebst einem kleinen Wörterbuch für die Aussprache, Orthographie, Biegung und Ableitung.* Instruction complète sur l'orthographe allemande, complétée par un petit dictionnaire de la prononciation, orthographe, flexion et dérivation. Leipzig, 1786, 2 vol.. 2e édition 1790 ⇨ §3.4.

41. *Jacob Püterich von Reicherzhausen, ein kleiner Beytrag zur Geschichte der deutschen Dichtkunst im Schwäbischen Zeitalter.* Jacob Püterich, etc., une brève contribution à l'histoire de la poésie allemande à l'époque des trouvères souabes. Leipzig, 1788. In-quarto.

42. *Mithridates, oder Allgemeine Sprachenkunde.* Mithridate, une histoire générale de la science des langues. Berlin, vol.1, 1806 ; vol.2, 1809, vol.3, 1812. Cette grande œuvre a été laissée dans un état inachevé par Adelung ; mais, comme déjà mentionné, elle a été poursuivie par ce philologue émérite, le Professeur Vater de Königsberg, à qui le public doit une excellente Grammaire de l'hébreu ⇨ chap. 4.

Chapitre 2

LA LANGUE ET LA CULTURE : DEUX FACETTES D'UN PROCESSUS ÉVOLUTIF UNIQUE

> « En général, la langue d'un peuple est le meilleur témoin de sa Culture [*Bildung*], de sa Civilisation [*Kultur*] comme de son *Aufklärung*, de leur étendue comme de leur intensité ». (Moses MENDELSSOHN, 1784, in C. Morana dir. 2006 : 33)

C'est autour de 1770 (il avait 38 ans) qu'Adelung concentre progressivement son activité éditoriale, jusque-là disparate, sur la langue allemande et plus particulièrement sur le dialecte de la Haute-Saxe qu'il juge – à tort ou à raison – le plus qualifié pour devenir le « haut-allemand », c'est-à-dire la langue écrite de la nation allemande en voie d'unification. Ce faisant, il élabore une théorie du processus de civilisation des mœurs, dont il estime que son époque représente le point d'orgue et en même temps le moment où ce processus risque de conduire, par un excès incontrôlable (l'*hybris* de la philosophie grecque) à une corruption irrémédiable. Ce processus est corrélé dans son esprit à celui d'élaboration d'une langue écrite, littéraire et scientifique commune, ce qui, dans un pays constitué d'une fédération de principautés autour d'un empereur lointain et impuissant, suppose l'élection et la glorification du meilleur dialecte et l'élaboration de la langue du XIXe siècle sur ce fondement.

Ce chapitre est composé de six sections principales. Il s'agit d'abord de brosser un tableau du « petit monde » d'Adelung (§ 2.1),

- géographiquement la Saxe « élective » (le Duc de Saxe ayant le titre de Prince électeur de l'empereur de la « Nation allemande », incluant l'Autriche et la Bohème) dont il devient en 1787 le conservateur de la bibliothèque princière à Dresde ;
- et historiquement la seconde moitié du XVIIIe siècle, une époque marquée principalement sur le plan politique et culturel par le vieillissement de Frédéric II en Prusse, désormais plus « despote » qu'« éclairé » après s'être brouillé avec les philosophes, notamment français.

Dès ses premiers écrits, Adelung met sa plume au service des Lumières populaires (*Volksaufklärung*), impatient de faire passer dans la bourgeoisie cultivée les thèmes de réflexion des philosophes des Lumières allemandes, particulièrement J.G. Leibniz, Ch. Wolf, I. Kant et M. Mendelssohn (§ 2.2). Et en deux ans (1781-2), Adelung met en place l'essentiel de sa philosophie de la corrélation entre le développement de la culture et celui de la langue (illustrés respectivement par les progrès intellectuels de la bourgeoisie allemande et l'accession du dialecte de la Haute-Saxe au rang de « haut-allemand »). La section 2.3 est consacrée à la composante culturelle, la section 2.4 à l'articulation entre l'histoire de la culture dans les territoires allemands (notamment le déplacement du centre de gravité culturel de la Souabe au Moyen-Âge vers la Saxe à l'époque de Luther) et celle de la langue allemande. La section 2.5 examine les deux traités de la langue allemande d'Adelung : la grammaire didactique [DSL, 1781] et le « livre du maître » [ULG, 1782] exposant la philosophie de la grammaire qui est le fondement de celle-ci. Enfin la section 2.6 explore le traité de stylistique d'Adelung légèrement postérieur (1785) qui a largement contribué à asseoir sa renommée.

Il faut considérer que dans le même temps, Adelung poursuivait la publication en cahiers de son Essai de dictionnaire grammatical et critique du dialecte haut-allemand (1774-1786) et publiait par ailleurs des séries d'articles dans son *Magazin der deutschen Sprache* (Magazine de la langue allemande, 1782-4). Cet ensemble éditorial prodigieux, par son volume et par son unité thématique, lui vaudra à juste titre l'accession au statut enviable de conservateur de la bibliothèque princière de Dresde et de Conseiller aulique du prince-électeur de Saxe, Friedrich-August III, dit *der Gerechte (*le juste).

2.1. Le petit monde de J. Ch. Adelung

Adelung est né en 1730 dans le nord de la Saxe, non loin de la mer Baltique, il est mort à Dresde en 1806 au sud de la Saxe après avoir vécu de nombreuses années dans le centre de la même principauté, notamment à Gotha et à Leipzig. Il aimait sa patrie et ne semble jamais s'en être éloigné. Pour mieux connaître Adelung, deux dimensions de son petit monde méritent un examen approfondi, GEOPOLITIQUE (quelle était la place du territoire du prince électeur de Saxe au XVIIIe siècle ?) et GENERATIONNELLE (quelle est la particularité idéologique de la génération des Allemands nés autour de 1730 ?). Deux sources nous permettront d'y voir plus clair, la contribution de K. Czok à l'ouvrage collectif coordonné par W. Bahner (1984), consacré à « l'évolution du territoire de la principauté élective de Saxe au XVIIIe siècle » pour la première question, et l'article de W. Schneider

(2016) intitulé « Dans la fièvre du changement » et consacré à l'évolution idéologique des Allemands nés respectivement autour de 1730, 1750 et 1770 pour la seconde.

2.1.1. L'environnement géopolitique

Conformément à l'esprit général du recueil coordonné par l'Académie d'État de Saxe en 1984, visant à honorer de grandes figures du *Land* sur fond de la doctrine marxiste, la contribution de K. Czok a l'ambition de réhabiliter l'image des princes électeurs de Saxe « dans l'esprit du matérialisme historique » (1984 : 25). L'auteur rappelle que la Saxe était au XVIIIe siècle l'un des territoires allemands les plus développés économiquement. La production « de tissus de laine, soie, coton, damasquine et futaine et de miroirs, armes et fabrications en métal et orfèvrerie » était assurée par 34 manufactures fondées entre 1660 et 1720. La fabrication des lentilles optiques – illustrée au XXe siècle par la société Zeiss de Iéna avec le célèbre appareil de photo Leica – était déjà florissante. À cela s'ajoutait l'industrie délocalisée dans les foyers (*Heimindustrie*), consacrée notamment à la fabrication de dentelle et d'objets et meubles en bois dans le Massif des minerais (*Erzgebirge*) ou d'instruments de musique dans le *Vogtland* (Baillage autour de Plauen).

Il se trouve que la période d'activité éditoriale maximale d'Adelung correspond exactement à celle de la prospérité industrielle capitaliste en Saxe : 1763-1799. Sur le plan démographique, la Saxe passe de 535 000 habitants en 1650 à plus d'un million un siècle plus tard avec plus d'un tiers de citadins. Aux XVe-XVIe siècles, le commerce international était concentré sur l'industrie textile et dominé par la position clé de Nuremberg entre la Flandre et la Vénétie. Durant la Guerre de Trente ans (1618-1648) les campagnes militaires dévastatrices des Suédois (soutenant le clan protestant) et des Habsbourg (à la tête du clan catholique) avaient ruiné le négoce et laissé l'Allemagne exsangue. Au XVIIIe siècle, la circulation des biens se réoriente selon un axe est-ouest, ce qui confère un rôle de plaque tournante à la foire de Leipzig, en connexion avec celle de Francfort.

L'historien Fritz Kaphahn (cité par K. Czok) qualifie la principauté élective de Saxe de « puissance absolutiste divisée en "états" » (*absolutistischer Ständestaat*) à savoir – comme en France à la même époque – la noblesse, le clergé et la population des villes, bourgeois et artisans. Ces trois états sont cogestionnaires de la Saxe avec le prince électeur, chacun représentant ses intérêts propres face au souverain. On n'est pas encore en présence d'une représentation du « peuple » au sens des XIXe et XXe siècles et K. Czok dresse un tableau saisissant de la disparité sociale de la Saxe (p.33) :

> « Le paysan est devenu le sujet par excellence, même si d'autres couches de la société partagent aussi ce statut. On reconnaît le caractère complexe de ces antagonismes sociaux, politiques et culturels à la quantité de procès devant les tribunaux, aux corvées imposées aux domestiques, aux refus de service, aux interdictions et bien entendu aussi au mode de vie fondamentalement différent »[61].

Le fait que Friedrich August II ait dû se convertir au catholicisme pour accéder à la couronne de Pologne en 1733 a été un facteur majeur de dissension entre la couronne et toutes les classes d'une société traditionnellement luthérienne[62]. Cependant, sur le plan culturel et intellectuel la principauté connaît – toujours dans la terminologie marxiste – une « floraison tardive tandis que le féodalisme se désagrège » (*Spätblüte während des verfallenden Feudalismus*). Et Adelung est représentatif des « agitateurs d'idées » qui profitent du marché éditorial florissant de Leipzig pour tenter de réformer la Saxe dans l'esprit de l'Aufklärung :

> « Son attitude intellectuelle marquée par le rationalisme éclairé et la foi dans le progrès, sa conviction politique et sa conception de l'histoire qui voyait l'évolution du genre humain progresser vers un épanouissement sous l'effet de certaines lois [naturelles], correspondait dans ses fondements à celle des principaux réformateurs de la Saxe »[63] (*ibid.* : 38).

Adelung s'éteint quelques semaines après l'écroulement temporaire de la Prusse à la suite de la défaite d'Iéna-Auerstedt. Il ne vivra pas le bouleversement global de son petit monde avec la dissolution du Saint-Empire. Dans un premier temps, la principauté devient le royaume de Saxe par la volonté de Napoléon auquel Friedrich August II s'est allié, mais cette alliance se révèle fatidique pour le nouveau roi quand il fait le choix funeste de rester aux côtés de l'Empereur des Français en 1813, et dans le prolongement de la « Bataille des peuples » (*Völkerschlacht*, 16-19 octobre 1813) précisément à Leipzig, le Congrès de Vienne permet à la Prusse, remise en ordre de marche par le baron vom Stein et le prince von Harden-

---

[61] "Der Bauer wurde zum Inbegriff des Untertans, obwohl dazu noch andere Bevölkerungsschichten gehörten. An der Vielzahl der Prozesse vor den Gerichten, dem Gesindezwangsdienst, den Dienstverweigerungen, Verboten und natürlich auch an der grundsätzlich unterschiedlichen Lebensweise ließ sich der komplexe Charakter dieser sozialen, politischen und kulturellen Gegensätze erkennen".

[62] L'union personnelle entre le royaume de Pologne et la principauté élective de Saxe s'est achevée à la mort de Friedrich August II en 1763.

[63] "Seine vom aufklärerischen Rationalismus und Fortschrittsglauben geprägte Geisteshaltung, seine politische Überzeugung und Geschichtsauffassung, welche die Entwicklung des Menschengeschlechts unter dem Einfluß gewisser Gesetze sich ständig zum Höheren vollziehen sah, entsprach in den Grundpositionen den führenden sächsischen Reformern".

berg, d'annexer plus de la moitié du territoire saxon et la moitié de ses deux millions d'habitants.

2.1.2. L'environnement générationnel

La prospérité de la Prusse sous Friedrich II et celle de la Saxe sous la dynastie des « Auguste »[64] (malgré la défaite de Lobositz en 1756 contre la Prusse) entraîne une succession de bouleversements historiques telle qu'à peu de distance chronologique (1730-1770) « des Allemands ont vu le jour dans des mondes qui appartiennent à différentes époques » (Schneider 2016 : 22).

– *La génération née avant 1750*

Les Allemands qui ont vu le jour avant 1750 grandissent dans « une fédération d'états dotée d'un cadre politique bien ancré et traditionnel » (*ibid.*). Rappelons que Goethe naît précisément en 1749. Le Saint-Empire est une coquille relativement vide, car l'empereur, élu par les princes mais constamment issu de la lignée de Habsbourg depuis 1508 (élection de Maximilian I, père de Charles Quint) dispose de pouvoirs restreints. L'absolutisme est encore largement représenté parmi le millier de petites principautés qui couvrent le vaste territoire du Saint-Empire. Une disparité criante se fait jour au milieu du XVIIIe siècle entre l'aristocratie au pouvoir et la bourgeoisie qui malgré la puissance économique que lui octroient le négoce et l'industrie, ne bénéficie d'aucun droit de parole politique.

– *La génération née autour de 1770*

À cette époque, après les bouleversements politiques consécutifs à la Guerre de sept ans, l'Allemagne connaît des transformations drastiques :

> « Dans les cercles de lecture, des bourgeois/citoyens[65] éclairés discutent, des revues analysent les faiblesses de l'ordre ancien. Plus de mille magazines, dont de nombreux se consacrent à la politique, à la philosophie et à la culture, paraissent en Allemagne à la fin des années

---

[64] Successivement :

- Friedrich-August der Starke ("le puissant"), né en 1670, prince électeur de Saxe en 1694, roi de Pologne et grand-duc de Lituanie en 1697, meurt en 1733 ;
- Friedrich-August II, né en 1696, héritier des titres de son père en 1733, vaincu en 1756 par Frédéric II durant la Guerre de sept ans à la suite de la bataille de Lobositz, meurt en 1763 ;
- Friedrich-August III der Gerechte ("le juste"), né en 1750, succède à son père en 1763, sous la tutelle du prince Franz Xaver, cède la couronne de Pologne à Stanislas II Auguste Poniatowski en 1765, devient roi de Saxe en 1806 et meurt en 1827.

[65] Le terme *Bürger* combine les deux sens, économique et politique.

> 1780 ; le nombre des plumitifs (*Publizisten*) double entre 1773 et 1787 pour atteindre les six mille »[66] (Schneider 2016 : 22).

Et parmi ces derniers, le jeune Adelung s'illustre particulièrement à Erfurt, Gotha puis Leipzig dans les années 1760-70. Mais la noblesse se raccroche à ses privilèges. Frédéric II de Prusse est le parangon des princes qui se désignent eux-mêmes comme éclairés, mais n'entendent pas céder un pouce de leur pouvoir. Si bien que « lorsque les troupes révolutionnaires françaises occupent à partir de 1792 des parties de l'Allemagne occidentale, on les acclame dans de nombreux endroits » (p.23).

La suite est connue : un an et demi après la victoire d'Austerlitz, Napoléon force seize États allemands, dont la Bavière, le Bade et le Wurtemberg, à sortir du Saint-Empire et à constituer une alliance sous sa férule. Et le 6 août 1806 l'empereur François II se soumet à l'ultimatum de Napoléon et abdique de sa fonction d'empereur romain-germanique pour se contenter de la couronne royale d'Autriche. Le fait qu'Adelung meurt cinq semaines plus tard est peut-être associé à sa prise de conscience que son univers vient de s'écrouler.

– *La génération née vers 1790*

La Révolution française a débouché sur l'hégémonie napoléonienne et de nombreux jeunes Allemands, enflammés par les « Discours à la Nation allemande » de Johann Gottlieb Fichte (1806-8) et le poème nationaliste « La patrie de l'Allemand » (*Des Deutschen Vaterland*, 1814, à la suite de la bataille de Leipzig)[67] de Ernst Moritz Arndt, commencent à se sentir plus que jamais auparavant appartenir à une même nation et s'engagent dans le combat pour la liberté, unis maintenant dans la haine du conquérant. En même temps ils exigent « le droit de prendre la parole, l'égalité devant la loi, la liberté de la presse et une constitution qui mette enfin un terme à l'arbitraire absolutiste » (p.23). Mais une fois le péril de la Grande Armée écarté, les souverains rétabliront leur autorité en fondant la « Fédération allemande » (*Deutscher Bund*) et il faudra encore des décennies avant que cette autorité policière se délite.

---

[66] "In Lesezirkeln diskutieren aufklärerisch gesinnte Bürger, Zeitschriften analysieren die Schwächen der alten Ordnung. Mehr als 1000 Magazine, viele zu Politik, Philosophie und Kultur, erscheinen Ende der 1780er Jahre in Deutschland ; die Zahl der Schriftsteller verdoppelt sich zwischen 1773 und 1787 auf 6000".

[67] Strophe 6 : *Was ist des Deutschen Vaterland? / So nenne endlich mir das Land! / So weit die deutsche Zunge klingt / und Gott im Himmel Lieder singt, / das soll es sein! / das, wackrer Deutscher, nenne dein! / das nenne dein!* [Quelle est la patrie de l'Allemand ? / Nomme-moi enfin ce pays ! Aussi loin que résonne la langue allemande / et là où Dieu entonne des chants dans les cieux / il faut que ce soit là / appelle-le ton pays, vaillant Allemand, / appelle-le tien !]

2.2. Adelung, représentant notoire de la *Volksaufklärung*

Dès 1751, à l'âge de 19 ans, Adelung figure comme l'un des deux collaborateurs du théologien et historien de Leipzig Christian Gottlieb JÖCHER dans sa vaste entreprise de recueil (en quatre volumes) de biographies des savants connus à cette date[68]. Cette collaboration témoigne de l'engagement juvénile d'Adelung pour ce qu'on désigne comme la *Volksaufklärung* (« L'instruction éclairée du peuple »), la composante des Lumières allemandes destinée à l'éducation populaire. Il déploiera un zèle remarquable, voire débridé, dans cette activité éditoriale jusqu'au début des années 1770 (cf. §2.1.2), avant de s'orienter en priorité vers la lexicographie qui le fera réellement connaître à partir de 1774 avec les premiers cahiers de son « Dictionnaire grammatical et critique du dialecte haut-allemand ».

Avant d'évoquer cette activité de polymathe au service d'une philosophie pratique et éducative, il faut cependant clarifier la place de la *Volksaufklärung* dans les Lumières allemandes.

*2.2.1. La philosophie de l'*Aufklärung *entre théorie et pratique, savants et éducation populaire*

- *Trois générations de philosophes de l'Aufklärung*

Il ne peut être question ici d'entrer dans les arcanes de la philosophie des trois principaux promoteurs de l'Aufklärung, Gottfried Wilhelm Leibniz (1646-1716) pour la seconde moitié du XVIIe siècle, Christian Wolff (1679-1754) pour la première et Immanuel Kant (1724-1804) pour la seconde moitié du XVIIIe siècle. Le propos de cette section étant seulement de mieux comprendre les sources de la pensée d'Adelung, il s'agira d'élucider succinctement ce que ces trois penseurs « éclairés » attendent de la Raison.

[68] Le sous-titre explicite l'ambition de cette encyclopédie biobibliographique : "Mentionnant les savants de tous les ordres de sexe masculin aussi bien que féminin, qui ont vécu depuis l'origine du monde jusqu'au temps présent et qui se sont fait connaître au monde savant ; décrits par ordre alphabétique avec leur naissance, vie, évènements remarquables, décès et écrits à partir des auteurs les plus fiables". Considéré encore d'importance pour les historiens, ce dictionnaire encyclopédique a été transféré sur microfiches (dans sa version complétée ultérieurement en sept volumes) dès les années 1980 et a été scanné au début du XXIe siècle par le Centre de numérisation de la Bibliothèque de l'État de Bavière [*https://reader.digitale-sammlungen.de/de/fs1/object/display/bsb106 26914_00477.html*].

– LEIBNIZ ET LA RAISON PACIFICATRICE

Concernant la pensée du concepteur du « meilleur des mondes possibles » raillé par Voltaire, je me contenterai d'extraire deux citations de la notice qu'Heinrich Schepers lui a consacrée en 1985 dans la *Neue Deutsche Biographie*. Celui-ci insiste sur la confiance absolue de Leibniz dans le pouvoir inconditionnel de la Raison, pourvu qu'elle soit « éduquée et éclairée » (*geschult und aufgeklärt*). Toutes les dissensions sont dues selon lui à l'absence de recours à cette Raison souveraine ou à un usage incorrect de celle-ci. Dieu est bienveillant et ne trompe pas les adeptes de la Raison. Et Leibniz se fait son interprète en attendant de la Raison qu'elle répande une paix « catholique » au sens originel, c'est-à-dire universelle, à travers le monde entier :

> « Confiant dans le pouvoir de la vérité reconnue par une raison éduquée et éclairée, Leibniz entendait la philosophie comme un instrument de paix et de réconciliation. Il lui importait de jeter les fondements rationnels propres à renvoyer les sectes de philosophes en conflit à une *philosophia perennis,* à réunir les confessions divisées dans une église catholique-œcuménique, de ramener les États [allemands] en guerre dans le giron du Saint-Empire et celui-ci dans une Europe chrétienne unie, afin d'étendre l'entreprise de christianisation à l'Asie, à l'Afrique et à l'Amérique » [NDB[69], article Johann Gottfried Leibniz par Johann Scheppers, trad. JF].

Leibniz est persuadé que ses *Éléments de la philosophie générale et de la théologie naturelle,* qu'il conçoit comme l'esquisse d'une « encyclopédie démonstrative », fourniront la base d'une « caractéristique » universelle, désignée comme « une méthode de découverte et de jugement » (*ars inveniendi et judicandi*). Celle-ci doit étayer la philosophie et permettre de résoudre mathématiquement tous les questionnements à l'aide d'un calcul logique à élaborer. Leibniz partage d'ailleurs cette conviction avec au moins deux de ses contemporains illustres, Isaac Newton (1642-1727) avec qui il partage la découverte du calcul infinitésimal, et Baruch Spinoza (1632-1677) avec qui Leibniz aimait à débattre de métaphysique et dont l'Éthique rédigée en latin est sous-titrée *more geometrico demonstrata*.

L'idée d'une « caractéristique universelle », c'est-à-dire d'un calcul conceptuel fondé sur des caractères primitifs – explicitement réactualisée au XXe siècle par Anna Wierzbicka dans son « métalangage sémantique naturel »[70] – n'est pas restée une utopie sans lendemain. Leibniz en a effectivement jeté les bases dans *De arte combinatoria* (« Sur la méthode

---

[69] *https://www.deutsche-biographie.de/sfz49946.html#ndbcontent*

[70] Cf. Wierzbicka A. (1996).

combinatoire », 1666) et le logicien Gottlob Frege en a repris le principe dans son « idéographie » :

> « L'idée directrice de sa *Characteristica universalis* implique qu'on parvienne – ce à quoi Leibniz s'est efforcé avec persévérance – à trouver les concepts primitifs à partir desquels tous les autres pourront être composés. Il suffit alors de leur imputer des caractères appropriés pour qu'on puisse reconnaître, comme aujourd'hui dans une formule chimique, quels concepts primitifs ils contiennent ». (*ibid.*)

Pour Leibniz la Raison (lat. *ratio*) garde son sens mathématique originel (nombre, proportion, calcul), ce qui est rationnel est donc calculable et l'homme qui se confie à la Raison assure ainsi son salut.

– WOLFF ET LA RAISON APPLIQUEE A TOUTES LES BRANCHES DE L'ESPRIT HUMAIN

Christian WOLFF, professeur de mathématiques et de philosophie à l'université de Halle, est le principal épigone de Leibniz. Très estimé en son temps, il a eu des disciples, les *Wolffianer*, « dans presque toutes les universités du Saint-Empire »[71]. Wolff partage avec Leibniz et Spinoza l'ambition de mathématiser au maximum la pensée et son expression écrite. « Dans le cas le plus favorable, chaque pensée particulière devait donc figurer sous la forme d'un type de proposition correspondante explicitement définie » (*ibid.*), et il emprunte à Leibniz l'adjectif « démonstratif » pour qualifier un mode de raisonnement composé de manière parfaitement correcte. En outre, l'adjectif *vernünftig* (raisonnable / rationnel) figure systématiquement dans le titre de plusieurs de ses ouvrages, tout comme le fera plus tard Kant. Dans sa notice de l'*Allgemeine Deutsche Biographie* (1898), W. Schrader énumère quatre traités « rationnels » :

- de logique (1712, « Considérations RATIONNELLES sur les forces de l'entendement humain ») ;
- de métaphysique (1720, « Considérations RATIONNELLES sur Dieu, le monde, l'âme de l'homme et toutes choses en général ») ;
- de science de l'État (1721, « Considérations RATIONNELLES sur la vie des hommes en société»)
- et de philosophie naturelle et cosmographie (1723, « Considérations RATIONNELLES sur les effets de la nature »)

que Wolff a publiés en allemand avant d'être expulsé de sa chaire par un édit du roi de Prusse Frédéric Guillaume I pour soupçon d'athéisme à la suite de son « Discours sur la philosophie pratique des Chinois » (tenu à Halle en 1721). Il y commettait en effet le délit de présenter la tradition

---

[71] Notice "https://de.wikipedia.org/wiki/Christian_Wolff_(Aufklärer)"

confucéenne comme la preuve qu'une éthique étrangère à la foi chrétienne avait pu produire une haute culture pendant des millénaires !

Selon le « Mémoire préliminaire sur la philosophie en général » de Wolff (1728, en latin), l'usage éclairé de la Raison permet d'atteindre trois types de connaissances, historique, philosophique et mathématique. Et Wolff ouvre la voie d'une philosophie éclairée par la seule Raison sans compter sur la bienveillance de Dieu (contrairement à Leibniz) en déclarant que « les vérités peuvent être prouvées indépendamment de la volonté divine » (cf. Schrader 1898 : 19), une thèse qui devance de plus d'un demi-siècle le traité de Kant sur « La religion dans les limites de la simple raison » (1793).

– KANT ET L'USAGE CRITIQUE DE LA RAISON

Deux des trois Critiques de Kant portent dans leur titre la mention de la Raison (*Kritik der reinen Vernunft*, 1781 ; *Kritik der praktischen Vernunft*, 1788) ainsi que l'ouvrage mentionné ci-dessus (*Die Religion innerhalb der Grenzen der bloßen Vernunft*). Mais son écrit le plus intéressant par rapport à Adelung, c'est sa réplique à un article du pasteur Johann Friedrich Zöllner, membre de la « Société berlinoise pour l'Aufklärung des savants zélés »[72] dans lequel ce dernier critiquait le projet de reconnaissance de mariages laïcs et déclarait notamment que « ce n'est pas du peuple seul que peut venir la moralisation du corps social » et qu'« une place doit être faite à la religion dans la société si les Lumières veulent continuer de jouer le rôle positif qu'elles ont incarné au moment de leur essor, au milieu du siècle » (Morana 2006 : 7).

Zöllner posait à ce propos la question plus générale : *Was ist Aufklärung ?* (Qu'est-ce que les Lumières ?). Kant intitule donc sa réplique parue en 1784 dans la *Berliner Monatsschrift* (Le mensuel de Berlin), *Beantwortung der Frage ; Was ist Aufklärung ?* (Réponse à la question : Qu'est-ce que les Lumières ?) sans prendre spécifiquement position sur cette question de morale sociale. Il définit l'Aufklärung comme « la sortie de l'homme de sa minorité, dont il est lui-même responsable » et il explicite cette responsabilité :

> « Il est si aisé d'être mineur ! Si j'ai un livre, qui me tient lieu d'entendement, un directeur, qui me tient lieu de conscience, un médecin, qui décide pour moi de mon régime, etc. je n'ai vraiment pas besoin de me donner de peine moi-même »[73] (2006 : 12).

---

[72] *Berliner Gesellschaft für Aufklärung wirkender Gelehrter.*

[73] "Es ist so bequem, unmündig zu sein. Habe ich ein Buch, das für mich Verstand hat, einen Seelsorger, der für mich Gewissen hat, einen Arzt, der für mich die Diät beurteilt usw., so brauche ich mich ja nicht selbst zu bemühen". [I. Kant 1784 : 482]

Loin de préconiser une attitude révolutionnaire (car « une révolution peut bien entraîner une chute du despotisme personnel et de l'oppression intéressée ou ambitieuse, mais jamais une vraie réforme de la méthode de penser »), Kant se contente de distinguer entre un usage public de notre raison, à savoir celui que l'on en fait comme savant devant l'ensemble du public qui lit, et un usage privé, en l'occurrence l'usage qu'on est en droit de faire de sa raison dans un poste civil ou une fonction déterminée qui vous sont confiés (p.15).

Dans le sillage de l'impératif catégorique fondateur de la critique de la raison pratique (« Agis de telle sorte que la maxime de ton action puisse être érigée par ta volonté en une loi universelle »), Kant formule ainsi la question à laquelle doit se confronter tout esprit éclairé : « Un peuple accepterait-il de se donner lui-même pareille loi ? ». Et cette question n'est pas futile dans la Prusse du XVIIIe siècle, car Frédéric II considère à la même époque que son pouvoir lui vient d'un contrat passé avec son peuple. Mais il s'agit plutôt d'un arrangement supposé « gagnant-gagnant » : le souverain affiche une bienveillance libérale « en assurant la liberté de conscience et d'expression, la protection d'un certain nombre de pasteurs "éclairés", et en veillant soigneusement à l'unité du corps social » (Morana 2006 : 42) en échange de la disposition de ce corps social à raisonner en privé et à obéir en public. Kant ne remet pas en cause cet arrangement, mais il rappelle que l'exigence essentielle de l'Aufklärung, c'est la LIBERTE D'ACQUERIR LA CAPACITE DE JUGER PAR SOI-MEME :

> « Un homme peut bien, en ce qui le concerne, ajourner l'acquisition d'un savoir qu'il devrait posséder. Mais y renoncer, que ce soit pour sa propre personne, et bien plus encore pour la postérité, cela s'appelle violer les droits sacrés de l'humanité et les fouler aux pieds. Or, ce qu'un peuple lui-même n'a pas le droit de décider quant à son sort, un monarque a encore bien moins le droit de le faire pour son peuple, car son autorité législative procède justement de ce fait qu'il rassemble la volonté générale du peuple dans la sienne propre » (2006 : 22)[74] .

[74] "Ein Mensch kann zwar für seine Person, und auch alsdann nur auf einige Zeit, in dem was ihm zu wissen obliegt die Aufklärung aufschieben ; aber auf sie Verzicht zu thun, es sei für seine Person, mehr aber noch für die Nachkommenschaft, heißt die heiligen Rechte der Menschheit verletzen und mit Füßen treten. Was aber nicht einmal ein Volk über sich selbst beschließen darf, das darf noch weniger ein Monarch über das Volk beschließen ; denn sein gesetzgebendes Ansehen beruht eben darauf, daß er den gesammten Volkswillen in dem seinigen vereinigt. (Kant 1784 : 489-490)

- MOSES MENDELSSOHN ET L'USAGE PRATIQUE DE LA RAISON

Au moment d'envoyer son texte au Mensuel de Berlin pour le cahier de décembre 1784, Kant prend connaissance du cahier de septembre et constate que Moses Mendelssohn, un penseur juif soucieux de libérer la philosophie de l'Aufklärung du carcan idéologique des rabbins, a lui aussi répondu au questionnement de Zöllner sous le titre « Sur la question : Que signifie "aufklären" ? »[75]. Sa réponse convoque trois notions, la Culture (*Bildung*), la *Civilisation* (Kultur) et l'*Aufklärung*, dont il décrit ainsi l'articulation :

> « La Culture se décompose en Civilisation et Aufklärung. La première semble plutôt incliner au *pratique* : à la bonté, la finesse et la beauté dans l'artisanat, aux arts et aux mœurs sociales (objectif) ; à la dextérité, au zèle, à l'habileté pour l'une, aux inclinations, instincts et à l'habitude pour l'autre (subjectif) [...] *Aufklärung* au contraire semble plus se rapporter au *théorique*, à la connaissance rationnelle (objective) et à l'habileté (subjective) utile à la réflexion rationnelle sur les choses de la vie humaine selon leur importance et influence sur la destination de l'homme »[76].

Je propose de représenter cette articulation sous la forme d'un diagramme hiérarchique à trois niveaux, le niveau supérieur de la Culture, celui de ses deux manifestations, la Civilisation et les Lumières, et le niveau inférieur des aspects objectif et subjectif de ces manifestations (fig. 1) :

---

75 "Über die Frage : was heißt ‚aufklären' ?". Les extraits suivent la traduction de C. Morana (2006).

76" Bildung zerfällt in Kultur und Aufklärung. Jene scheint mehr auf das Praktische zu gehen: auf Güte Feinheit und Schönheit in Handwerken Künsten und Geselligkeitssitten (objektive); auf Fertigkeit, Fleiß und Geschiklichkeit in jenen, Neigungen Triebe und Gewohnheit in diesen (subjektive) (...) Aufklärung hingegen scheinet sich mehr auf das Theoretische zu beziehen. Auf vernünftige Erkenntniß (objekt.) und Fertigkeit (subj.) zum vernünftigen Nachdenken, über Dinge des menschlichen Lebens, nach Maaßgebung ihrer Wichtigkeit und ihres Einflusses in die Bestimmung des Menschen" [Mendelssohn 1784 : 194].

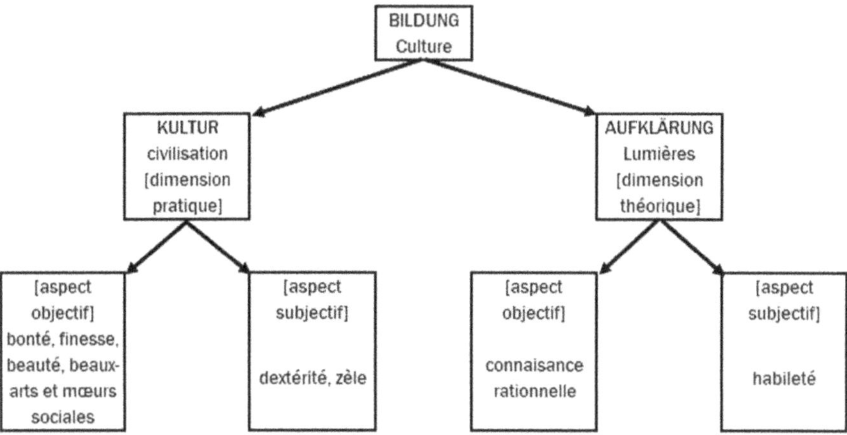

Figure 1 : Culture, Civilisation, Lumières et leurs aspects objectif et subjectif selon Mendelssohn (1784)

La pensée d'Adelung rejoint celle de Mendelssohn, notamment par la place que ce dernier accorde à la dimension linguistique :

> « Une langue acquiert l'*Aufklärung* par les sciences, et la Civilisation [*Kultur*] par le commerce social, la poésie et la rhétorique. La première la rend plus habile pour l'usage théorique, la seconde pour l'usage pratique. Les deux réunies donnent à une langue la Culture [*Bildung*] [...] En général, la langue d'un peuple est le meilleur témoin de sa Culture [*Bildung*], de sa Civilisation [*Kultur*] comme de son *Aufklärung*, de leur étendue comme de leur intensité » (Mendelssohn 1784-2006 : 32-3) [77].

En outre Adelung (cf. Annexe 1) partage explicitement les craintes de Mendelssohn quant aux risques d'un usage excessif des Lumières :

> « L'abus d'*Aufklärung* affaiblit le sentiment moral, conduit à l'entêtement, à l'égoïsme, à l'irreligion et à l'anarchie. L'abus de Civilisation [*Kultur*] crée *opulence, hypocrisie, mollesse, superstition* et *esclavage* [...] Une nation cultivée ne connaît elle-même d'autre danger que la démesure de son bonheur national, tout comme la pleine santé du corps humain peut être déjà en soi et pour soi appelée une maladie ou le passage à la maladie. Une nation qui, par la Culture [*Bildung*], atteint le plus haut degré du

[77] "Eine Sprache erlanget Aufklärung durch die Wissenschaften, und erlanget Kultur durch gesellschaftlichen Umgang, Poesie und Beredsamkeit. Durch jene wird sie geschickter zu theoretischem, durch diese zu praktischem Gebrauche. Beides zusammen giebt einer Sprache die Bildung. (...) Ueberhaupt ist die Sprache eines Volks die beste Anzeige seiner, der Kultur sowohl als der Aufklärung, der Ausdehnung sowohl als der Stärke nach". [Mendelssohn 1784: 195-6]

> bonheur national est, par là même, en danger de s'effondrer parce qu'elle ne peut pas progresser plus haut » (Mendelssohn 1784-2006 : 38-9)[78].

À cette lecture, on constate avec étonnement qu'à cinq ans à peine du déclenchement de la Révolution française, ni Mendelssohn ni Adelung ne s'interrogent sur le degré très variable du bien-être des différents milieux sociaux. Cyril Morana conclut sa postface aux deux écrits de Kant et Mendelssohn en affirmant que les Lumières « sont le lieu d'un extraordinaire retour du philosophe dans l'arène socio-politique afin d'y occuper une fonction d'"éclaireur" » (2006 : 52). Sur le plan de l'éthique et de l'indépendance entre culture et religion, ou philosophie et théologie, c'est exact, mais sur le plan social, l'Aufklärung exclut par nature les illettrés. Avec la fondation des premières Écoles normales en 1750 qui permet à plus de la moitié des jeunes Prussiens d'accéder à la lecture et à l'écriture, l'"éclaireur' le plus efficace a peut-être été finalement Frédéric II. Jochen Schlobach (2005 : 1038) fournit un éclairage – c'est le cas de le dire – sur la limitation géopolitique de l'absolutisme ou despotisme éclairé à la Prusse avec Frédéric II (1712-86, à l'Autriche avec Joseph II (1741-90) et à la Russie avec la Grande Catherine (1729-96) en citant un jugement de K.O. von Aretin (1974 : 43) :

> « Lumières et absolutisme se contredisent dans leurs principes. Leur alliance était donc obligatoirement limitée dans le temps, possible seulement dans une situation historique précise. Contrairement à l'absolutisme et à la monarchie constitutionnelle, l'absolutisme éclairé porte en soi son propre dépassement »[79].

et en notant que « des facteurs objectifs expliquent aussi la disponibilité des princes à certaines idées [...] l'absolutisme éclairé a été motivé par un besoin de rattraper un retard sur ces pays [Angleterre, Hollande, France] et une volonté de modernisation » L'erreur d'Adelung a été de continuer à croire à la perpétuation de l'absolutisme éclairé après que Frédéric II eut coupé tout lien avec les philosophes en faisant paraître en 1770 l'*Examen de l'Essai sur les préjugés* en réponse à un écrit de Dumarsais ou d'Holbach qui défendait le droit à la rébellion populaire si le Prince restait sourd aux

[78] Mißbrauch der Aufklärung schwächt das moralische Gefühl, führt zu Hartsinn, Egoismus, Irreligion, und Anarchie. Misbrauch der Kultur erzeuget Ueppigkeit, Gleißnerei, Weichlichkeit, Aberglauben, und Sklaverei (...) Eine gebildete Nation kennet in sich keine andere Gefahr, als das Uebermaß ihrer Nationalglückseligkeit; welches, wie die vollkommenste Gesundheit des menschlichen Körpers, schon an und für sich eine Krankheit, oder der Uebergang zur Krankheit genannt werden kann. Eine Nation, die durch die Bildung auf den höchsten Gipfel der Nationalglückseligkeit gekommen, ist eben dadurch in Gefahr zu stürzen, weil sie nicht höher steigen kann". [Mendelssohn 1784 : 199]

[79] Traduction de J. Schlobach.

conseils de la philosophie. Comme l'écrit Schlobach en conclusion de sa notice (2005 : 1089), « les idéaux de liberté et de citoyenneté étaient incompatibles avec l'absolutisme. Le combat des despotes éclairés contre la Révolution française en apportera la confirmation ».

2.2.2. La lecture marxiste de la Volksaufklärung

Le recueil d'articles coordonné par Werner Bahner, Président de l'Académie des Sciences de Saxe, en 1984, alors que le Parti communiste de RDA était dirigé par Erich Honecker, rend hommage à l'œuvre d'Adelung à travers le prisme du matérialisme historique. Alors que le régime communiste commence à vaciller en raison du déclin économique de l'Union soviétique et de la prospérité insolente de l'Allemagne de l'ouest, des hommages à des figures notoires de l'histoire de la Prusse et de la Saxe se succèdent : la mémoire de Frédéric II est appelée à la rescousse en 1986 en Prusse et celle de Luther en 1983 en Saxe[80]. C'est sur cet arrière-plan qu'il faut lire la figuration d'Adelung comme un bourgeois cultivé avide de renverser l'ordre aristocratique de la Saxe. Bahner (1984a : 7) écrit dans le chapitre introductif :

> « Cette orientation de la pensée s'étendant aux secteurs de la vie de l'état, de la religion, de la culture et des sciences incarnait [...] un mouvement sociétal qui exprimait avec une cohérence et une insistance variées le combat contre les structures et les institutions féodales et la distribution de la société en "états" [*feudalständische Strukturen und Institutionen*] »[81].

Si les historiens des sciences de RDA s'intéressent à Adelung c'est parce qu'il « a fini par voir le contenu essentiel de l'histoire universelle, et sa compréhension des régularités et des enchaînements de cause à effet affectant le devenir et la progression de la culture matérielle et intellectuelle l'a élevé au statut de FONDATEUR D'UNE CONCEPTION DE L'HISTOIRE A FONDEMENT ECONOMIQUE ET SOCIAL »[82]. Cette aptitude à explorer le mouvement d'émancipation de la bourgeoise, Adelung la partage avec d'autres porte-voix de la *Volksaufklärung*. Leur ambition commune est d'éduquer le peuple à travers une activité fervente d'« éclaireurs » (*Aufklärer*) épris des idées

---

[80] À l'occasion, respectivement, du 200e anniversaire de la mort du premier et du 500e anniversaire de la naissance du second.

[81] « Diese in die Gebiete des staatlichen, religiösen, kulturellen und wissenschaftlichen Lebens hineinreichende Denkrichtung verkörperte zugleich eine gesellschaftliche Bewegung, die letztlich den Kampf gegen feudalständische Strukturen und Institutionen mit unterschiedlicher Konsequenz und Vehemenz zum Ausdruck brachte » (Bahner 1984b : 7).

[82] Cf. Mühlpfropf 1984 : 40, traduction et soulignement JF.

de Leibniz, Wolff, Locke et des déistes britanniques. Bahner insiste sur l'environnement éditorial du dernier quart du XVIIIe siècle qui favorisait ce mouvement :

> « Comme à la suite de la Guerre de sept ans les contraintes corporatives avaient été assouplies en Saxe plus que dans les autres principautés, des entreprises d'édition purent s'épanouir à Leipzig comme Göschen et Breitkopf, lesquelles rassemblaient en une seule firme la fonte des caractères, la reliure, l'entrepôt et la commercialisation des livres »[83].

C'est ainsi que les éditeurs de Leipzig se sont adaptés aux tendances capitalistiques qui commençaient à toucher le commerce des livres, réussissant à s'assurer des positions clés pour dominer le marché. Adelung tire parti de cette ouverture pour gagner sa vie de sa plume en participant à une entreprise éducative qu'il parviendra à mieux canaliser à partir de 1774 avec le début de la parution de son Dictionnaire (cf. section 3.3).

2.2.3. Aperçu des ouvrages d'Adelung dans le champ de la Volksaufklärung

Dans la première phase de sa carrière littéraire (de 1751 au début des années 1770), Adelung, « forcé de gagner sa vie de sa plume » (Bahner 1984b : 9) accompagne le goût du public lettré pour les ouvrages historiques, les compilations et la vulgarisation scientifique. Cette activité de « polymathe » a pour but l'instruction de ce public composé majoritairement de bourgeois soucieux de briller dans la conversation et de s'élever ainsi dans la reconnaissance sociale. Elle participe du développement éditorial des encyclopédies en Allemagne.

Tout au long du XVIIIe siècle, une succession d'encyclopédies voient le jour, toutes destinées à « l'instruction éclairée du peuple » (*Volksaufklärung*) avec une ambition soit universelle comme le *Dictionnaire général des arts et des sciences*[84], le *Grand dictionnaire universel*[85] ou encore l'*Encyclopédie allemande ou dictionnaire encyclopédique de tous les arts et sciences par une société de savants*[86] (première encyclopédie

---

[83] "Da in Sachsen nach dem Siebenjährigen Krieg die Zunftzwänge mehr als in anderen deutschen Territorialstaaten gelockert worden waren, konnten sich in Leipzig Buchhandelsunternehmen wie Göschen oder Breitkopf entfalten, die nunmehr Schriftgießerei, Druckerei, Buchbinderei, Verlag und Buchhandel in einer Firma vereinigten". [Bahner 1984b : 8]

[84] *Allgemeines Lexicon der Künste und Wissenschaften* de Johann Theodor Jablonski (1721; 1748-67) [Dictionnaire encyclopédique général des arts et des sciences].

[85] *Großes vollständiges Universal Lexicon* de J.A. Frankenstein & P.D. Longolius (1732-50; supplément par C.G. Ludovici, 1751-4) [Grand dictionnaire encyclopédique universel].

[86] *Deutsche Encyclopädie oder Allgemeines Realwörterbuch aller Künste und Wissenschaften von einer Gesellschaft von Gelehrten* par H.M.G. Köster & J.F. Roos

en Allemagne à présenter un système de références croisées), soit thématique comme l'« Encyclopédie économique ou système général de l'économie de l'État, de la ville, de la maison et de la campagne »[87].

Le tableau 1 énumère les multiples sujets auxquels Adelung s'est consacré jusqu'en 1770 dans trois domaines du savoir, l'histoire des États et de la civilisation, l'élaboration de compilations thématiques et la littérature de vulgarisation scientifique. À partir de 1772 Adelung abandonne partiellement cette fonction d'« éclaireur du peuple » polyvalent en se concentrant sur son activité de lexicographe.

1751-1770	**Histoire**	**Compilations et ouvrages de vulgarisation scientifique**
à partir de 1751		Collaboration au *Dictionnaire des savants (*Gelehrtenlexikon*)* de Ch.G. Jocher
1761, 2 vol.	*Nouvelles curiosités de l'histoire contemporaine de l'Europe*	
1762, 4 vol.	*Histoire des conflits entre le Danemark et les ducs de Holstein-Gottorp*	
1762-69, 4 vol.	*Histoire pragmatique des états d'Europe depuis la mort de l'empereur Charles VI*	
1763-64, 3 vol.		*Sélection de courriers diplomatiques*
1767, 4 vol.	*Histoire complète des explorations maritimes vers les pays du sud*	
1767-71, 8 vol.		*Divertissements minéralogiques*
1767, 2 vol.		*Introduction à l'histoire générale du monde*
1768		*Œuvres du philosophe de Sans-Souci* (trad. du français)

(1778-1807) 23 volumes dont un de planches) [Encyclopédie ou dictionnaire général de tous les arts et sciences].

87 *Oeconomische Encyclopädie oder allgemeines System der Staats-, Stadt- Haus- und Landwirtschaft* [Encyclopédie économique ou système général de l'économie nationale, communale, familiale et agricole] par Johann Georg Krünitz (1787-91) suivie de *l'Eoconomisch-technologische Encyclopädie* [Encyclopédie économique et technologique].

1766-68, 14 cahiers		*Magazine [de politique] des États*
1768, 4 vol.	*Histoire des explorations maritimes et des tentatives de découverte de la voie du nord-est vers le Japon et la Chine*	
1769-70, 8 vol.	*Essai de nouvelle histoire de l'ordre des Jésuites*	
1769-70	*Histoire naturelle et civile de la Californie*	

Tableau 2 : Les premières œuvres d'Adelung de 1751 à 1770[88]

Selon Günter Mühlpfordt (1984), Adelung reconnaît en Leibniz le père de la « sagesse rationnelle du monde » (*vernünftige Weltweisheit*). Mais c'est surtout à Wolff qu'il doit les fondements de sa philosophie de la société et des sciences :

> « Philosophiquement, Adelung est resté jusqu'à la fin un adepte de troisième génération de la pensée de Christian Wolff, il était un *Spätwolffianer* [disciple tardif de Wolff] indépendant, avec une pensée encyclopédique orientée vers les mathématiques et les sciences de la nature caractéristique de Wolff, en dépit de son attirance vers le sensualisme de Locke »[89].

Chez Wolff, Adelung apprécie notamment son exploitation systématique de fondements mathématiques et naturalistes ainsi que sa limpidité argumentative (*Verständlichkeit*) basée sur l'exploitation systématique d'un vaste savoir mathématique et naturaliste.

Cette inspiration transparaît particulièrement dans le « Bref traité des savoir-faire et connaissances humaines » publié par Adelung entre 1778 et 1881. Le premier volume traite des fondements naturels et économiques de la *Kultur*, c'est-à-dire de la civilisation, attachant un prix particulier à la civilisation matérielle comme le fera deux siècles plus tard Fernand Braudel (1979). Les volumes 2 et 3 explorent les branches de l'activité humaine (*Erwerbstätigkeit*) en quatre stades d'évolution historique :

- 1er stade : celui des professions occupées à l'extraction de produits naturels (l'agriculture, la sylviculture, les mines)
- 2e stade : celui de l'artisanat et de l'industrie de transformation,
- 3e stade : celui du développement du transport des productions,

[88] À partir de la bibliographie de l'article *Adelung* de l'Encyclopedia Britannica (1830), cf. Annexe

[89] "Ein Wolffianer der dritten Generation, ein eigenständiger Spätwolffianer mit dem für Wolff charakteristischen mathematisch-naturwissenschaftlich orientierten enzyklopädischen Denken, ist Adelung philosophisch bis zuletzt geblieben, trotz seiner Neigung zum Sensualismus Lockes". [Mühlpfordt 1984 : 42]

– 4e stade : celui de l'apparition de travailleurs intellectuels dans l'État, l'administration, les arts et les sciences

En ébauchant ainsi un tableau complet des fondements économiques, politiques et intellectuels de la civilisation, Adelung jette les bases de sa vision du progrès civilisationnel comme noyau de l'histoire de l'humanité (cf. Mühlpfordt 1984 : 48).

- *Comment le «* Traité abrégé des savoir-faire et des connaissances de l'humanité » *a débouché sur l'«* Essai d'histoire de la civilisation[90] du genre humain ».

Le quatrième volume de cet ambitieux traité encyclopédique destiné à couvrir l'ensemble des savoir-faire et des connaissances humaines, paru en 1781, une année charnière dans l'œuvre d'Adelung (cf. section 2.2), couvre « les sciences supérieures et l'art du gouvernement »[91]. La conclusion de ce dernier volume s'élève à une dimension réellement philosophique et stylistiquement remarquable, digne du Montesquieu des *Considérations sur les causes de la grandeur des Romains et de leur décadence* (1734) :

> « § 1288. Le mal réside dans les vues et les cœurs de ceux qui sont à la tête du peuple. Tant que l'éducation avisée n'atteint pas le trône, tant que les souverains des États ne seront pas convaincus qu'ils n'ont une place aussi éminente que pour prendre en main le véritable Bien de leur peuple, tant qu'ils ne prendront pas conscience de ce que ce véritable Bien réside dans la quiétude et la sécurité et dans le bien-être obtenu par l'accroissement de l'emploi, tant qu'ils ne sauront pas subordonner leurs projets personnels et leurs passions à cette fin suprême, bref, tant que les gouvernants ne règleront pas leurs mœurs selon le véritable entendement, on ne peut pas s'attendre à ce que les guerres trouvent une fin. Et est-on vraiment en droit de l'espérer, ce changement heureux ? Peut-on l'espérer à un degré aussi général que cela est nécessaire pour accéder à cette fin suprême ? » (*Kurzer Begriff*... 1781, vol.4 : 600)[92].

---

[90] J'ai adopté la traduction de *Kultur* par *civilisation*, privilégiée par Cyril Morana (2006), en admettant que *Kultur* s'interprète dans ce contexte comme synonyme de *Zivilisation* dans le titre du célèbre ouvrage de Norbert Elias (1939), *Der Prozeß der Zivilisation* (trad.fr. *La civilisation des mœurs*, 1973 ; trad.angl. *The civilizing process*, 1978), c'est-à-dire dans une perspective évolutive, ce qui est bien au fond la vision d'Adelung.

[91] Sous-titre : *Vierter und letzter Teil, welcher die höhern Wissenschaften und die Regierungskunst enthält.*

[92] "Das Uebel lieget in den Einsichten und dem Herzen derer, welche Häupter des Volkes sind. So lange die weise Erziehung nicht bis zum Throne dringt, so lange die Beherrscher der Staaten nicht überzeuget sind, daß sie nur darum so hoch erhaben sind, um das wahre Beste ihres Volkes zu handhaben, so lange sie nicht einsehen lernen, daß dieses wahre Beste in der innern Ruhe und Sicherheit und in dem durch Vermehrung der Beschäftigung

Conscient de l'intérêt philosophique et politique particulier de ce quatrième volume, Adelung décide d'en éditer l'année suivante 1782 une « révision plus complète et plus fructueuse » sous le titre *Versuch einer Geschichte der Kultur des menschlichen Geschlechtes* en un seul volume. Cette réédition révisée va effectivement jouer un rôle décisif dans la reconnaissance d'Adelung comme représentant de l'histoire universelle et philosophique, une discipline marquée notamment par Montesquieu avec *L'esprit des lois* (1748) et Friedrich Schiller en 1789 avec son célèbre discours d'accession à la chaire d'histoire de l'université d'Iéna, « Que signifie "histoire universelle" et à quelle fin l'étudie-t-on ? »[93]. Pour Schiller l'étude de l'histoire universelle apprend à philosopher et sept ans plus tôt, Adelung partage la même conviction « éclairée ».

2.3. L'essai d'histoire de la civilisation du genre humain (1782)

L'essai historique de 1782 relève pleinement du genre de l'*Aufklärung* populaire. En 1984 W. Bahner et ses collègues historiens de la RDA ont cru trouver chez Adelung une vision prémonitoire de l'évolution sociale telle que Marx et Engels l'ont théorisée avec le matérialisme historique. Il n'y a pas lieu ici de nous attarder sur la pensée sociale et politique d'Adelung dans la mesure où c'est sa contribution à la grammaire de l'allemand, à sa lexicographie et à la typologie des langues qui nous intéresse en priorité. Cependant Adelung ne cesse d'insister sur la nécessité de concevoir les langues dans leur contexte d'évolution, avec un arrière-plan socio-linguistique. C'est à ce titre que nous allons jeter un regard critique sur la Préface de l'essai et sur l'interprétation que des historiens marxistes en quête de devanciers ont délivrée de la dimension sociale de ses Lumières.

2.3.1. Ce que nous dit la préface de l'essai[94]

On peut dégager six idées principales de cette préface qui nous révèle que « La présente *Histoire de la culture/civilisation du genre humain* [VGC,

---

beförderten Wohlstand bestehet, so lange sie nicht ihre persönlichen Absichten und Leidenschaften diesem höchsten Endzwecke unterordnen lernen, kurz, so lange Regenten nicht selbst im wahren Verstand gesittet werden, so lange ist auch nicht zu erwarten, daß Kriege aufhören werden. Und kann man sie wohl hoffen, diese so glückliche Veränderung ? Kann man sie wohl so allgemein hoffen, als zur Erreichung dieses Endzweckes nothwendig ist ?".

[93] *Was heißt und zu welchem Ende studiert man Universalgeschichte ?*

[94] La Préface de l'Essai d'Adelung n'est pas paginée, mais mon aperçu critique de celle-ci suit pas à pas l'argumentation de l'auteur. J'indique en outre la pagination de l'édition électronique du *Münchner Digitalisierungszentrum* de l'Académie des sciences de Bavière : *https://reader.digitale-sammlungen.de/de/fs1/object/display/bsb10446029_ 000 05. html.*

1782] est une révision un peu plus complète et féconde de la brève esquisse délivrée dans quelques feuillets du vol.4 du *Compendium des savoir-faire et connaissances* [KB, 1780] ».

- L'HISTOIRE DE LA CULTURE/CIVILISATION EST D'UN INTERET SUPERIEUR A CELLE DES ETATS

Adelung insiste d'abord sur le caractère primordial de l'histoire de la culture (*Kulturgeschichte* dans l'orthographe moderne), car « toutes les autres sortes d'histoire ne sont concevables et probantes que sur sa base » :

> « Elle fournit à toute entreprise historique d'un volume important son fondement proprement pragmatique, parce que les causes pour lesquelles le caractère variable d'un peuple livré à lui-même est parvenu à tel résultat et à nul autre ne se laisse jamais dériver ni expliquer par autre chose que la culture et sa marche »[95].

Seule l'histoire de la culture, à l'inverse de celle des états, prend en compte l'ensemble du peuple, et notamment du degré de développement de ses savoir-faire et de ses connaissances.

- L'HISTOIRE DE LA CULTURE/CIVILISATION EST L'ABOUTISSEMENT DE L'HISTOIRE UNIVERSELLE

Le thème de l'histoire universelle est dans l'esprit du temps et l'essai d'Adelung précède de sept ans la Leçon inaugurale de Friedrich Schiller, nommé professeur d'histoire et d'esthétique à l'université d'Iéna en 1789. Pour Adelung « L'histoire de la culture devrait précéder l'histoire dite universelle ou plutôt celle-ci ne devrait être rien d'autre qu'une histoire minutieuse de la culture ». Et cette histoire culturelle est destinée à englober « l'histoire de la religion, des savants et de l'art ». Il prend l'exemple de la Réforme de Luther, particulièrement chère à la mémoire des Saxons, pour annoncer la démonstration (cf. chapitre 8, p. 448-452) qu'elle ne peut être ni le fruit d'une intervention directe de Dieu, ni celui de causes indéterminées. La Réforme a été favorisée par la convergence de plusieurs facteurs, parmi lesquels un facteur technique, le développement de l'imprimerie, a joué un rôle décisif en permettant la diffusion rapide d'une multitude de pamphlets à l'encontre de la politique du Pape et des Habsbourg. On mesure l'influence des philosophies politiques de Locke, Hobbes et Montesquieu et l'attachement d'Adelung à une philosophie de

---

[95] "Sie giebt zu einer jeden Geschichte von beträchtlichem Umfange das eigentliche Pragmatische her, weil die Ursachen, warum das Veränderliche eines sich selbst überlassenen Volkes gerade so und nicht anders erfolget ist, nirgends anders als aus der Cultur und ihrem Gange hergeleitet und erkläret werden kann". [p.8 éd.électr.]

l'histoire qui débouchera dans la première moitié du XXe siècle sur l'œuvre majeure d'Arnold Toynbee, *A study of history*[96].

- LE PROCESSUS DE CIVILISATION DE LA SOCIETE PROCEDE SELON CINQ STADES PROGRESSIFS

Adelung se représente la culture comme « la transition de l'état animal dominé par les sens vers les attachements plus étroits de la vie en société » et ce processus se compose essentiellement de cinq évolutions :

1. La force physique diminue tandis que « la dimension animale » du corps se raffine.
2. La suprématie des notions « dominées par les sens ou obscures » se réduit.
3. Inversement les notions limpides et la « connaissance guidée par la raison » s'accroissent.
4. Les mœurs s'adoucissent et se raffinent.
5. Au stade final de cette progression, le goût devient le moteur privilégié de la culture.

- L'HISTOIRE DE LA CULTURE N'EST RIEN D'AUTRE QUE L'HISTOIRE DE LA PROGRESSION DE LA RAISON

L'accumulation des expériences est la source de la raison (cf. Locke, Hume), produisant « à chaque changement d'importance » la connaissance raisonnée (*vernünftige Erkenntniß*). Celle-ci s'imposera finalement, ou plutôt, elle équilibrera le pouvoir des sens, aboutissant à une relation « qui fait encore tellement défaut à la nouvelle culture, et qui est seule à même de rendre l'être humain durablement heureux » :

> « Ce qui doit influer sur l'homme dans l'état sensuel, ne peut exercer son pouvoir autrement que par la sensation obscure du besoin. Ce qui doit le guider vers la culture ne peut exercer son pouvoir que d'une manière analogue et ce n'est rien d'autre que le volume de la population dans un espace réduit. La culture n'est profitable qu'à celui qui vit dans une société compacte ; seule une telle vie peut faire émerger la culture, et celle-ci dépend à son tour absolument du rapport qui s'établit entre l'état d'une population et l'espace limité qu'elle occupe »[97].

---

[96] Douze volumes entre 1934 et 1961 dans lesquels Toynbee explore l'histoire de 19 civilisations supposées majeures selon une grille de destin préétablie comportant cinq stades : genèse, développement, époque de troubles, accession au statut d'état universel et désagrégation. Une version abrégée en un seul volume est parue en 1960.

[97] "Was auf den Menschen im sinnlichen Zustande wirken soll, kann nicht anders als nach der dunkeln Empfindung des Bedürfnisses auf denselben wirken. Was ihn zur Cultur bestimmen soll, kann nicht anders als auf ähnliche Art auf ihn wirken, und dieses ist denn nicht anders, als Volksmenge in eingeschränktem Raume. Die Cultur wird nur in dem engern gesellschaftlichen Leben brauchbar; dieses allein kann sie veranlassen, und dieses

- LA CORRELATION ENTRE LA PROGRESSION DES POPULATIONS ET CELLE DES RESSOURCES

La pensée d'Adelung est manifestement influencée par deux considérations antithétiques qu'il lui faut pondérer.

– D'une part le souvenir terrifiant, dans l'Allemagne du XVIIIe siècle, des conséquences démographiques cataclysmiques de la Guerre de trente ans (1618-1648) qui avait tellement affaibli les populations dans certaines régions, et notamment en Saxe, qu'elles ont été décimées par des épidémies de peste[98] et que l'économie de l'Allemagne a pris un retard sensible par rapport à celle de la France ou de la Grande-Bretagne.

– D'autre part les progrès des mathématiques dans le calcul des progressions. La théorie de Thomas Malthus sur la progression arithmétique des ressources comparée à la progression géométrique des populations n'a été publiée qu'en 1796, cependant la théorie des progressions arithmétique et géométrique était sans doute appliquée aux sciences sociales avant cette date. Dès le XVIIe siècle on se rend compte que « la théorie des progressions est importante, soit au point de vue purement théorique, soit en ce qui concerne les applications. Les logarithmes en tirent leur origine. Les problèmes relatifs aux intérêts composés, aux annuités et à toutes les questions analogues en font un constant usage »[99]. Et Adelung prouve dans la citation suivante – malgré la référence à la Genèse – qu'il est au fait de ces travaux :

> « L'état présent de la population de la Terre trouve sa source dans un seul couple d'êtres humains, et donc avec l'ensemble le plus petit possible ; de ce fait, la culture et l'expérience rationnelle qui se fonde sur ce couple originel doivent avoir pour point de départ également l'ensemble le plus petit possible, c'est-à-dire la simple faculté appropriée. Dès cet instant premier, l'un et l'autre se sont accrus en progression géométrique et doivent continuer dans la même mesure aussi longtemps qu'il y aura des hommes »[100].

---

hänget ganz wieder von dem Verhältnisse der Bevölkerungsstandes gegen den begränzten Raum ab". [p.11 éd. électr.]

98 "En Saxe, la région de Dresde a été à plusieurs reprises victime d'épidémies de peste à la suite de la Guerre de trente ans (1626, 1632-33, 1637 et 1640). Elle a été confrontée ensuite à une épidémie de peste encore plus dévastatrice en 1680" (cf. https://de.wikipedia.org/wiki/Geschichte_der_Pest#14._bis_19._ Jahrhundert).

99 Cf. http://www.cosmovisions.com/progression.htm.

100 "Der Bevölkerungsstand des Erdbodens fängt sich mit einem einigen Paare Menschen, folglich mit der kleinsten nur möglichen Summe an ; die Cultur und die darauf gegründete vernünftige Erkenntniß muß sich daher gleichfalls mit der kleinsten nur möglichen

Et il conclut en faveur de la théorie mathématique et au détriment du vécu des générations précédentes :

> « Les guerres, les maladies infectieuses, etc. ne perturbent pas cette progression de la population parce qu'elles sont négligeables par rapport à la progression totale » (*ibid.*).

- CE QU'IL FAUT ENTENDRE PAR *'CULTUR'*

Adelung, volontiers hostile à l'excès d'emprunts lexicaux au français, s'excuse auprès de ses lecteurs de ne pas avoir trouvé d'expression allemande équivalente à *Cultur*. Il évoque comme paraphrases possibles « raffinement » [*Verfeinerung*], « Lumières » [*Aufklärung*], « développement des aptitudes » [*Entwickelung der Fähigkeiten*], mais conclut que ces termes « nous disent tous quelque chose, mais aucun n'évoque le tout ». Ce qui retient l'attention dans ces trois paraphrases, c'est qu'elles ont toutes un sens dynamique : la *Cultur* n'est pas une chose, c'est un processus, c'est ce que Norbert Elias (1939) a appelé « le processus de civilisation » (*Prozeß der Zivilisation*)[101]. Adelung décline ce processus en six phases.

i. Au cours des siècles l'espèce humaine s'est progressivement civilisée. Et « on ne doit jamais perdre de vue le degré de culture que l'homme a et peut avoir à une époque déterminée, si l'on veut évaluer correctement ses institutions et ses savoirs à cette époque ».
ii. Globalement la culture est « en progression constante ». Mais « nombre de circonstances peuvent entraîner des exceptions sur des points particuliers ». Adelung concède qu'une grande partie du genre humain a été forcée de négliger pendant des siècles la culture de l'esprit et des mœurs durant le Moyen Âge et a débouché sur un état d'inculture généralisée. Il impute cette négligence aux « durs travaux physiques » auxquels les hommes étaient assujettis, ce qui n'est certainement pas une cause suffisante.

Summe, d.i. mit der bloßen Fähigkeit dazu, anfangen. Beyde haben von diesem ersten Augenblicke an, in geometrischer Progression zugenommen, und müssen nach eben diesem Maße so lange zunehmen, als es Menschen giebt. Kriege, ansteckende Krankheiten u.s.f. stören diesen Fortschritt der Bevölkerung nicht, weil sie gegen das Ganze in keine Betrachtung kommen". [p.11-12 éd.électr.]

[101] Le dictionnaire étymologique de W. Pfeiffer date l'emprunt au français *Zivilisation* de la seconde moitié du XVIIIe siècle et le définit ainsi (dans l'esprit de l'époque) : "temps historique débutant à la suite de la dissolution de la société primitive, mode de vie reposant sur le progrès technique et scientifique et marqué par l'éducation et la culture". À cette époque, l'idée de la diversité des civilisations (ou des cultures dans une terminologie plus récente) n'est pas encore entrée dans les mœurs.

iii. En outre, en dépit de cette concession, il n'hésite pas à considérer que « la culture de l'esprit se transplante d'un siècle à l'autre, d'un peuple à l'autre. C'est pourquoi aucun des arts ni aucune des sciences ne se perdent à proprement parler ». Ce faisant, Adelung imagine audacieusement un processus unique, ininterrompu et parfaitement cumulatif d'épanouissement culturel du genre humain qui nous plonge dans un abîme de perplexité à notre époque obsédée par le multiculturalisme.

iv. Si « la culture est produite par une masse de population confinée dans un espace réduit », il n'en résulte pas que ce processus puisse se poursuivre indéfiniment.

Adelung observe le monde aristocratique dont il ne fait pas encore pleinement partie (il ne devient conseiller aulique du prince électeur de Saxe qu'en 1787) et il ne voit alentour que « luxe et mœurs débridés ». Grand lecteur des auteurs romains, il retrouve l'idée classique que la perte de la vigueur virile chez des aristocrates avides de volupté entraîne celle de la « force virile de l'esprit », mais son inquiétude majeure est que le déclin des mœurs de la société dominante ne se répande dans le peuple :

> « À la place [de la force virile] apparaissent le mot d'esprit, le besoin de briller et le souci de plaire, et si cela se répand peu à peu des classes supérieures vers les inférieures, on assiste à la décadence de l'État »[102].

La solution préconisée suppose un encadrement extrême des populations et de leurs mouvements, qui donne d'Adelung l'image d'un planificateur utopiste :

> « L'affaire la plus importante du gouvernement devrait donc consister, non pas à solliciter l'extension de la population et de la culture sans objectif ni mesure, mais au contraire à étudier le degré viril véritablement propre à chaque pays, et quand ce dernier est atteint, à en proscrire le dépassement. On y accède en contrôlant raisonnablement l'état de la population, en limitant la croissance des villes peuplées, en répartissant les habitants également sur l'ensemble du pays, en favorisant l'émigration, la colonisation, etc. »[103].

v. Et surtout l'accès à la connaissance doit être sévèrement réglementé. Il est vrai qu'historiquement l'émergence de la bourgeoisie cultivée est

---

[102] "an dessen Stelle treten Witz, Verlangen zu schimmern, und Hang zu gefallen, und verbreitet sich dieses von den obern Classen nach und nach zu den untern, so ist der Verfall des Staates da". [p. 18, éd.électr.]

[103] "Das wichtigste Geschäft der Regierung sollte daher darin bestehen, nicht Volksmenge und Cultur ohne Ziel und Maß zu befördern, sondern den einigen wahren männlichen Grad für jedes Land zu studieren, und wenn der einmal erreicht ist, ihn nie überschreiten zu lassen". [p. 18-19, éd. électr.]

venue du développement du négoce et a permis aux communes d'échapper au système féodal, mais en cette fin du XVIIIe siècle, devant le risque de désintégration du corps social, il convient pour Adelung de mettre un terme à la progression sociale et de donner à chacun le degré d'éducation exactement adapté à son rang dans la société :

> « Comme tout État [politique] n'a qu'un degré déterminé de culture, qu'il ne devrait pas outrepasser, de même chaque état [social] a dans chaque État un degré de culture approprié. L'éducation du peuple est un autre hobby des temps nouveaux, lequel peut devenir aussi funeste qu'une population en excès. Une connaissance accrue accroît les convoitises ; plus de convoitises qu'on ne peut en satisfaire dans son milieu social, produit de l'insatisfaction à l'égard de son destin, l'ambition d'accéder aux classes supérieures, l'entorse aux lois, le péché et la dégradation des mœurs »[104].

vi. Dans les dernières pages de sa préface, Adelung applique finalement son raisonnement sur l'éducation à la sphère du religieux. S'il ne convient pas d'offrir aux enfants des classes inférieures une éducation susceptible de les inciter à la révolte, ils ne peuvent accéder à la compréhension d'une religion naturelle et il faut leur inculquer une religion positive (sous-entendu le christianisme et en Saxe ou en Prusse de préférence le protestantisme luthérien).

Le tableau que brosse Adelung est celui d'une religion composée de diverses strates culturelles. La strate inférieure se fonde sur des actes de foi rudimentaires et un encadrement liturgique contraignant. À l'inverse la religion des classes éclairées peut faire l'économie des « traits superflus », ce qui laisse penser qu'Adelung penchait pour un théisme proche de celui de Voltaire, ce que confirme son initiation maçonnique à la loge Philadelphia de Halle dont il était devenu le secrétaire.

> « Dans tout état où les degrés de culture s'échelonnent selon les classes des habitants, la religion dominante peut avoir beaucoup de traits superflus, voire rebutants pour les classes supérieures. Mais vouloir pour cette raison s'en prendre à la religion dominante et imposer ses vues au

[104] "So wie jeder Staat nur einen Grad der Cultur hat, welchen er nicht überschreiten sollte, so hat auch jeder Stand in einem jeden Staate einen ihm angemessenen Grad der Cultur. Aufklärung des Volks ist ein anderes Steckenpferd der neuern Zeiten, welches eben so schädlich werden kann, als Ueberfüllung an Volksmenge; mehr Begierden, als man in seinem Stande bequem befriedigen kann, veranlasset Mißvergnügen mit seinem Schicksale, Drang nach den höhern Classen, Uebertretung der Gesetze, Laster und Zügellosigkeit der Sitten." [p. 19-20, éd. électr.]

peuple, est déraisonnable parce que la culture du peuple ne peut pas être celle des classes supérieures »[105].

2.3.2. Comment les échanges sociaux ont civilisé le genre humain : le jugement des historiens marxistes de RDA

Nous l'avons déjà évoqué, dans le premier chapitre, le recueil d'études édité par W. Bahner en 1984 qui retient toutes les facettes de la personnalité d'Adelung flirte avec l'idée d'un « éclaireur » qui aurait eu la prémonition du matérialisme historique. Bahner lui-même (1984 : 13) va clairement dans ce sens :

> « Il se rend compte que les besoins matériels et leur satisfaction sont des moteurs décisifs de la formation et du développement des capacités humaines ».

Effectivement, pour Adelung, le processus de civilisation, c'est-à-dire le passage graduel de l'état sauvage à l'état civilisé, repose sur un levier essentiel, l'accroissement de la population dans un espace dense[106] :

> « La masse du peuple dans un espace restreint produit la civilisation : celle-ci met en mouvement toutes les aptitudes du corps et de l'esprit et rend les états puissants et prospères » ([VGC], cité par G. Mühlpfordt 1984 : 50).

Ce que W. Bahner reformule ainsi :

> « Plus les membres d'une communauté humaine se sont regroupés, plus ils sont devenus ingénieux dans la découverte de nouvelles voies nutritives, plus les mœurs et les idées se sont raffinées et plus une organisation de l'état s'est mise en place » (Bahner, *ibid.*).

Bahner estime probable qu'Adelung s'est approprié la théorie d'Antoine Yves Goguet (1758) sur les enchaînements internes et les relations mutuelles entre les données sociétales et l'évolution de la science, de

---

[105] "In einem jeden Staate, wo die Grade der Cultur nach den Classen der Einwohner verschieden sind kann die herrschende Religion manches Ueberflüssige, auch wohl anstößige für die obern Classen haben. Aber um deswillen wider die herrschende Religion zu eifern, und seine Einsichten dem Volke aufdringen wollen, ist unweise, weil die Cultur des Volkes nicht die Cultur der obern Classen seyn kann". [p. 21, éd. électr.]

[106] Cette vision assez mécaniste d'Adelung sera développée au milieu du XXe siècle par l'historien américain Vere Gordon Childe (1892-1957), propagateur de la notion de "révolution urbaine". Elle est associée à la découverte de l'écriture en Mésopotamie et en Égypte. On sait que les plus anciennes tablettes d'argile couvertes de signes cunéiformes découvertes à Sumer portaient sur des échanges commerciaux, et en 1962 le canadien Marshall MacLuhan mettait en relation dans *La galaxie Gutenberg* la découverte de l'écriture dans la Mésopotamie du 2e millénaire avant notre ère et celle de l'imprimerie à caractères mobiles dans la civilisation commerçante également urbaine et fluviale de la vallée du Rhin à la fin du XVe siècle.

l'artisanat, de l'industrie et des mœurs et coutumes dans les premiers temps de l'humanité, une théorie qui trouve son épanouissement dans l'anthropologie matérialiste d'un des « éclaireurs » les plus illustres, Adrien Helvétius.

Mühlpfordt qualifie Adelung d'« empiriorationaliste », entendant par ce terme philosophique que pour lui « l'expérience naît de la sommation des effets matériels et des imprégnations intellectuelles ». La science est de l'expérience exploitée (*verarbeitet*) rationnellement. Et il ne tarit pas d'éloges devant cette vision :

> « Une performance absolument originale d'une étendue et d'une acuité du regard étonnante sur la causalité affectant l'histoire universelle et des jugements absolument pertinents sur l'interdépendance des phénomènes historiques. En langue allemande, cette œuvre était exceptionnelle à son époque » (Mülhpfordt 1984 : 49).

L'extrait suivant de l'Essai d'histoire de la culture illustre brillamment l'aptitude d'Adelung à relier en termes de causalité les processus économiques, sociaux et psychologiques :

> « La concentration de la population (*Volksmenge*) incite à réfléchir sur le raffinement et la multiplication des voies d'approvisionnement en nourriture, aiguillonne l'activité et aiguise la capacité inventive. L'ingéniosité et l'accroissement des voies d'approvisionnement produisent le surplus, le surplus libère du temps et, à moins qu'un ciel torride ne laisse s'installer l'apathie, le temps libre favorise la tendance à la spéculation et au travail de l'esprit » (Adelung, VGC : 179, cité par Bahner 1984 : 14).

L'enchaînement des causes et des effets, tel que l'imagine Adelung, peut se résumer ainsi pour la période charnière du XVe-XVIe siècle :

- Le processus de civilisation matérielle entraîne celui de la civilisation spirituelle, dont la Réforme, c'est-à-dire l'appropriation des écrits sacrés par tous les lettrés, est le signe manifeste en Allemagne dans la première moitié du XVIe siècle.
- Dans le même temps, les grandes découvertes permettent une extension multiple des expériences et celle-ci conduit à mettre en doute les opinions traditionnelles.
- Sur le plan matériel, l'exploitation des mines et les progrès de la métallurgie produisent de nouvelles ressources, ce qui donne une place croissante au luxe et au raffinement des mœurs, tandis que sur le plan intellectuel et artistique, le renouvellement des activités, la découverte de l'imprimerie et (facteur externe) l'arrivée en Occident de nombreux savants et artistes byzantins chassés de Constantinople par l'invasion ottomane, favorisent ce que le XIXe siècle a qualifié de « Renaissance ».

Au bout du compte, Mühlpfordt rejette la représentation d'Adelung comme un philosophe « pré-marxiste ». L'apport original de l'Essai d'histoire de la culture/civilisation du genre humain, c'est, selon lui, d'avoir introduit un changement de perspective par rapport à « l'histoire des mœurs »[107], mais il est très improbable qu'Adelung n'ait pas lu et médité sur les *Considérations*... de Montesquieu qui, avant même l'*Esprit des lois*, avaient engagé ce renversement épistémologique bien avant Adelung.

Mühlpfordt (1984 : 53) ne voit pas en Adelung un précurseur du matérialisme historique, car « il met en avant les facteurs démographiques alors que le matérialisme historique part des forces productives et des rapports de production ». En revanche il a été le contemporain et le continuateur de l'œuvre d'August-Ludwig Schlözer (1735-1809) dans son ambition de « fournir un tableau de l'histoire de la civilisation en général et des sciences en particulier, fondé sur la démographie et l'économie sociale ».

Au final, la relecture de l'histoire culturelle d'Adelung à la lumière du matérialisme historique laisse perplexe, quand on constate les jugements extrêmement réactionnaires de « l'éclaireur » en matière d'éducation populaire. Certes, il écrit dans sa Préface :

> « Comme, sous l'effet d'un souci instinctif d'amélioration, les hommes affluent des classes inférieures vers les classes moyennes et supérieures, ils s'y attroupent et accélèrent et élèvent leur culture »[108].

Mais son attitude globale va dans le sens inverse, comme le révèlent les deux citations suivantes de la même Préface :

> « Il convient de donner à chaque classe le degré d'éducation qui lui profite dans son état, et de lui laisser ses préjugés dans tout le reste, parce qu'ils lui sont bénéfiques »[109].

> « Une politique tout aussi déraisonnable consiste à favoriser l'incroyance et l'émancipation des mœurs. Si ces dérèglements s'étendent un jour aux

[107] L'ouvrage d'Adelung présente des analogies avec l'*Essai sur l'histoire générale, et sur les mœurs et l'esprit des nations, depuis Charlemagne jusqu'à nos jours* de Voltaire paru en 1756, soit un quart de siècle auparavant, mais d'un format beaucoup plus vaste avec ses 9 volumes. Cependant la philosophie politique sous-jacente à l'"Histoire culturelle du genre humain" doit sans doute plus à la lecture de l'*Esprit des lois* (1748).

[108] "Da sich die Menschen in bürgerlichen Gesellschaften aus einem natürlichen Triebe der Verbesserung immer aus den untern Classen nach den mittlern und höhern drängen, so häufen sie sich hier und beschleunigen und erhöhen daselbst ihre Cultur". [VGC 1782 : 17, éd.électr.]

[109] "Man gebe einer jeden Classe nur gerade so viel Aufklärung, als sie zu ihrem Stande gebraucht, und lasse ihr in allem übrigen ihre Vorurtheile, weil sie ihr wolhtätig sind". [VGC 1782 : 21, éd.électr.]

classes inférieures, plus rien n'est en mesure de maintenir la dépendance et l'ordre (p.xx) »[110].

2.4. L'Introduction au langage, à la langue allemande et à la grammaire de 1781, clé de voûte de l'œuvre ultérieure[111]

En 1781, soit la même année que le « Traité de la langue allemande » [DSL 1781], Adelung fait paraître un opuscule de 117 pages qui constitue le programme de son œuvre ultérieure. Il paraît curieusement sous deux titres. Le frontispice primaire est intitulé « Sur l'histoire de la langue allemande, les dialectes de l'allemand et la grammaire allemande » ([ÜGDS 1781] *Über die Geschichte der Deutschen Sprache, über Deutsche Mundarten und Deutsche Sprachlehre*). Mais il est suivi d'un frontispice secondaire (ci-après) intitulé « Introduction au langage, à la langue allemande et à la grammaire / à son enseignement » (*Einleitung über Sprache, deutsche Sprache und Sprachlehre*)[112].

La préface explique l'ambition de l'auteur dont le Traité [DSL] répondait à une commande du ministère de l'Éducation de Prusse :

> « Quand, il y a plus d'un an, j'ai eu l'honneur insigne d'être invité à composer un manuel d'enseignement de la langue allemande pour les écoles [du royaume de Prusse], je me suis vite aperçu que je ne pourrais me conformer qu'à moitié à la motivation méritoire de cette commande si je n'adossais pas le manuel à un ouvrage plus ambitieux destiné à contenir les démonstrations et les fondements détaillés d'un tel sujet, lesquels ne peuvent être qu'effleurés et présentés succinctement dans le premier.
>
> De ce travail plus ample [ULG 1782], les cahiers qui suivent sont l'introduction et je crois que leur publication sera utile pour elle-même, en donnant autant que possible l'éclairage qui convient à plusieurs objets d'étude sur lesquels on écrit et on discute tellement aujourd'hui » [113] (Préface, p.1-2).

---

[110] "Eben so unweise handelt diejenige Politik, welche Irreligion und Zügellosigkeit der Sitten begünstiget. Verbreiten diese sich einmal bis auf die untern Classen, so ist nichts mehr im Stande, Abhängigkeit und Ordnung zu erhalten" ". [VGC 1782 : 22-23, éd.électr.]

[111] Concernant l'opuscule sur l'origine de la langue et la formation des mots de la même année, pré-édition du chap. 2 du grand traité grammatical [ULG], voir l'Annexe 2.

[112] Dans *Sprachlehre*, *Lehre* désigne aussi bien l'enseignement que la théorie ou la doctrine.

[113] "Als ich vor mehr als einem Jahre eine sehr verehrungswürdige Aufforderung zu einer Deutschen Sprachlehre für Schulen erhielt, sahe ich gar bald, daß ich die preiswürdige Absicht dieses Befehles nur halb erfüllen würde, wenn ich nicht neben derselben auch Hand an ein größeres Werk legte, welches die Beweise und weitern Ausführungen solcher Gegenstände enthielt, welche in jener nur berührt, und als kurze Sätze vorgetragen werden können.

über
die Geschichte
der
Deutschen Sprache,
über
Deutsche Mundarten
und
Deutsche Sprachlehre.
Von
Johann Christoph Adelung.

Leipzig,
verlegts Joh. Gottl. Immanuel Breitkopf,
1781.

Frontispice primaire : « Sur l'histoire de la langue allemande, les dialectes allemands et la grammaire allemande ». Cet intitulé disparaîtra dans la 1ère partie du « livre du maître » [ULG 1782]

Einleitung.
über
Sprache, Deutsche Sprache
und
Sprachlehre.

Frontispice secondaire : « Introduction au langage, à la langue allemande et à la grammaire ».

L'objet d'étude a dévié : il est désormais question de la faculté de langage et non de l'histoire de la langue allemande, et de la philosophie de la grammaire en général, ce qui rapproche cet opuscule de l'Histoire de la culture du genre humain éditée l'année suivante.

Figure 2 : Les deux frontispices, externe et interne, de l'Introduction de 1781

Et Adelung ajoute à la toute fin de cette préface :

> « Concernant le projet d'une histoire de la langue allemande, qui constitue la première moitié de cette introduction, j'ajoute que j'ai l'intention de le développer ultérieurement et de donner des extraits substantiels de la langue à chaque époque, dès que j'aurai pu rassembler des informations complémentaires sur de nombreux monuments

---

Von dieser größern Arbeit sind gegenwärtige Bogen die Einleitung, und ich glaube, daß ihre Bekanntmachung auch für sich allein nützlich seyn wird, indem sie manche Gegenstände in ihr wahres Licht zu stellen sucht, worüber gegenwärtig so vieles geschrieben und gesprochen wird."

manuscrits de la langue conservés dans les bibliothèques » (Préface, p. 5-6)[114].

Ce projet s'apparente par anticipation à celui de Ferdinand Brunot avec sa vaste *Histoire de la langue française des origines à 1900*, poursuivie entre 1905 et 1938 et achevée par Charles Bruneau. Mais il vole en éclat dès l'année suivante :

– D'un côté, Adelung publie – en marge des deux tomes du « livre du maître » [ULG 1782] débutant par l'Introduction en cause – l'« Histoire culturelle du genre humain » (cf. Section 2.3) qui défend et illustre la thèse centrale de l'auteur, à savoir le caractère indissociable de la double évolution de la culture et de la langue qui la véhicule, thèse qui anticipe sur la notion de « forme interne des langues » mise en place par Humboldt (1836) et développée par Steinthal (1848, 1860).
– D'un autre côté, il repousse jusqu'en 1806 (un quart de siècle plus tard, l'année de sa mort) l'engagement du projet d'histoire de la langue allemande, dont il ne peut achever que le premier volume et qui n'aura pas de repreneur, contrairement au Mithridate achevé par J.S. Vater. Il est hautement vraisemblable que ce sont la révision du Dictionnaire grammatical et critique du dialecte haut-allemand (1793-1801) et la composition du premier volume du Mithridate (1806) qui l'ont empêché de donner une suite plus substantielle à son projet initial.

On est donc assez surpris de se trouver en présence de deux intitulés successifs, dont le premier donne l'impression d'un programme qu'Adelung annonce en 1781, mais qu'il révisera dès 1782.

2.4.1. Le langage en général

La première section de cette Introduction a une ambition généraliste, déclinée en huit points.

[§ 1] *« Ce que c'est que l'acte de parole et le langage »*

Adelung commence par distinguer le pouvoir d'exprimer des sensations internes dont disposent « les hommes et les animaux » et celui d'exprimer des sensations externes par des sons intelligibles (*durch vernehmliche*

[114] "In Ansehung dieses Entwurfs einer Geschichte der Deutschen Sprache, welcher die erste Hälfte dieser Einleitung ausmacht, bemerke ich noch, daß ich gesonnen bin, denselben ein Mahl weitläufiger auszuarbeiten, und von der Sprache in jedem Zeitraume beträchtliche Proben zu geben, so bald ich nur von manchen hin und wieder noch in den Bibliotheken befindlichen handschriftlichen Denkmählern der Sprache umständliche Nachricht eingezogen habe. Leipzig den 6ten Dec. 1780."

Töne)[115] qui est propre au genre humain « parce qu'il implique la réflexion » et il fait référence au mémoire de J.G. Herder « Sur l'origine du langage » (*Über den Ursprung der Sprache)* couronné par l'Académie de Berlin en 1770, ce qui le range dans le camp de ceux qui, tels Herder et Condillac, rejettent l'idée d'un Dieu créateur des langues, et mettent ainsi en cause l'hypothèse, en vogue à l'époque, de l'hébreu comme langue la plus ancienne. Par ailleurs il joue sur les modes de perception en définissant l'écriture comme « un moyen auxiliaire pour porter à la VUE des sons distinctibles et les rendre ainsi AUDIBLES à l'entendement » (p.5, soulignement JF).

[§ 2] *« Peuple, communauté de peuples* (Völkerschaft*), langue maternelle »*

La variété des langues est rapportée à celle des moyens d'expression des représentations, mais Adelung va plus loin en adoptant une thèse explicitement relativiste. Il y est question de « la diversité des sortes de représentations, des mœurs et de la culture » et il ajoute dans un esprit anti-cartésien :

> « ...un langage universel, s'il ne doit pas se réduire à un grillon chez un savant de cabinet, mais pouvoir s'employer en tout temps et sous tous les azimuts, c'est une chimère (*Unding*)» [116] (§2, p. 5).

L'argumentation d'Adelung en faveur d'une définition linguistique du « peuple » (*Volk*) est particulièrement séduisante, car elle se fonde sur le constat qu'un peuple qui, délibérément ou par la contrainte, change de langue, devient une autre entité psycho-sociale. Il en fournit une double illustration dans les deux espaces germanique et slave, celle de deux peuples, les Wendes et les Boïens (p.6). Les premiers étaient des Slaves qui vivaient sur le territoire de la future Saxe avant l'invasion des Saxons et qui n'ont survécu qu'en adoptant le dialecte germanique de ces derniers et en s'incorporant au peuple envahisseur « jusqu'à en devenir indissociables ». Les seconds étaient un peuple celte dont il restait encore

[115] Compte tenu de l'évolution sémantique du verbe *vernehmen* (percevoir > comprendre, cf. Dictionnaire des frères Grimm [*http://germazope.uni-trier.de:8080/Projekte/DWB*], article *vernehmen*), je propose d'éviter aussi bien *perceptible* que *compréhensible* comme traduction de l'adj. *vernehmlich* et j'opte pour *intelligible*, qui implique un signifiant associable à un signifié.

[116] "...eine allgemeine Sprache ist, wenn sie keine Grille des Stubengelehrten bleiben, sondern zu allen Zeiten und unter allen Himmelsstrichen brauchbar seyn soll, ein Unding." Contrairement à la *Characteristica universalis* de son maître Leibniz, qui ne devait s'appliquer qu'au langage de la logique et des mathématiques, la langue universelle qu'Adelung présente comme une chimère serait destinée à traduire aussi bien les passions de l'âme que la froide raison.

un reliquat en Bohème au XVIIIe siècle, mais qui avait perdu « toute marque distinctive jusqu'à la plus infime trace » en adoptant le dialecte slave de Bohème.

[§ 3] *« Langue vivante, morte et de culture »*

Ce qu'Adelung entend par « langue de culture » (*gelehrte Sprache*) équivaut à nos « langues classiques », le latin, le grec classique et l'hébreu. Il considère, à juste titre sans doute, que les peuples qui parlaient et écrivaient ces langues continuent à vivre à travers notre culture classique et tout le lexique que nous leur empruntons. Bien entendu, l'arabe classique est aussi étranger à cette conception de la culture que le chinois, le japonais classique ou l'ancien indien, bien que, sur ce point, Adelung ait lu avec intérêt (il en témoigne dans le volume 1 du Mithridate) le mémoire de William Jones (1786) qui allait susciter l'engouement de Friedrich Schlegel, suivi d'un cénacle d'indianistes, pour « la langue et la sagesse des Indiens » (1808).

[§ 4] *« La langue découle de la culture »*

La partie de cette première section la plus instructive sur le plan théorique introduit l'idée d'une corrélation indissociable entre culture et langue. J'en fournis la traduction intégrale dans l'ANNEXE 1 à ce chapitre et j'en retiens ici quatre extraits significatifs.

> [1] « Les origines des mots plongent toujours dans les temps les plus grossiers de chaque peuple, à une époque où il n'avait et ne pouvait avoir d'autres représentations que purement sensibles et où par conséquent l'interprétation sensible est toujours la plus vraisemblable »[117] (p. 7).

La thèse de l'origine sensible des représentations abstraites, empruntée à John Locke et à l'abbé de Condillac est à la base du classement des entrées dans le *Dictionnaire grammatical et critique* [VGKW 1774, GKW 1793]. Elle s'est imposée de manière générale au XVIIIe siècle comme l'« ordre naturel » des entrées.

> [2] « Tout cela se produit très lentement et peu à peu sous l'effet du peuple[118] et de ses notions régénérées, et non sous l'influence de maîtres

[117] "Die Ursprünge der Wörter fallen allemahl in die rohesten Zeiten jedes Volkes, wo es keine andern als ganz sinnliche Vorstellungen hatte und haben konnte, wo folglich die sinnlichste Erklärung allemahl die wahrscheinlichste ist".

[118] Cette mention du "peuple" comme promoteur de l'enracinement propice de la langue donne l'impression d'un grand écart entre Adelung et Vaugelas (1647) dans leur conception de "l'usage" destiné à faire progresser la langue. Cependant Adelung fait référence un peu plus loin à "la meilleure partie du peuple", l'assimilant à "la partie d'une nation qui pratique l'écriture". Ce sont donc seulement les rédacteurs compétents qui peuvent contribuer à l'évolution de la langue. La différence essentielle entre Adelung et Vaugelas, c'est d'une part l'arrière-plan du protestantisme luthérien et l'importance qu'il

> de langue, lesquels ont toujours la contribution la plus limitée au perfectionnement de la langue »[119] (p. 8).

Cette assertion rappelle la querelle entre Adelung et Wieland, à laquelle G. Lerchner a consacré un article en 1984. Selon Wieland, ce sont les écrivains notoires qui affermissent la langue et guident son évolution. Adelung considère inversement que si ces écrivains sont considérés comme notoires, c'est parce qu'ils s'empressent de refléter l'usage unanime des classes supérieures de la nation, lequel est le véritable moteur de son évolution.

> [3] « ... l'inclination au vrai et au bien incontestables s'efface devant la passion pour la nouveauté et le changement, et quant à la langue, elle devient dès lors aussi licencieuse, alanguie et fastueuse que le peuple qui la parle »[120] (§4, p. 8).

Adelung s'emploie ici à critiquer le maniérisme en art (évident, dans les pays germaniques notamment, avec l'évolution de l'art baroque en rococo) et dans les langues, d'où sa réticence affichée à l'égard de la prise en compte d'une trop grande quantité d'emprunts, notamment au français, dans son Dictionnaire grammatical et critique (cf. section 3.3) :

> [4] « ...vouloir fixer à soi seul la langue vivante d'un peuple entier implique de vouloir imposer des limites au renouvellement perpétuel de la nature. Seule la langue écrite se laisse fixer, une fois que la partie d'une nation qui pratique l'écriture est assez avisée pour se rendre compte du déclin de son bien-être et assez patriotique pour sauver au moins un reste de son éclat d'antan[121] » (*ibid.*).

Ce dernier extrait fait une impression ambivalente. D'un côté la langue est un objet vivant appelé à se renouveler perpétuellement et il n'appartient pas au grammairien de chercher à la ligoter. La langue appartient à la

---

accorde à la formation de la pensée individuelle par la lecture des Écritures, et d'autre part l'absence en Allemagne d'un centre incontesté du "bel usage" comparable à Versailles et à son magnétisme pour quiconque rêve d'entrer dans l'univers des Grands en singeant leur langage, qu'il soit sensé ou absurde.

[119] "All dieses geschiehet sehr langsam, und nach und nach von dem Volke und dessen erweiterten Begriffen selbst, nicht von Sprachlehrern, welche an der Ausbildung der Sprache immer den geringsten Antheil haben".

[120] "...die Neigung zum erkannten Wahren und Guten der Liebe zur Neuheit und zu Veränderungen, und die Sprache wird nunmehr so schlüpfrig, weich und üppig, als das Volk, welches sie spricht."

[121] "... allein die lebendige Sprache eines ganzen Volkes fixiren wollen, heißt der immer fortschreitenden Natur Gränzen setzen wollen. Nur die Schriftsprache läßt sich fixiren, wenn der schreibende Theil einer Nation weise genug ist, den Verfall ihres Wohlstandes zu empfinden und patriotisch genug, wenigstens ein Überbleibsel ihres ehemahligen Glanzes zu retten."

« nature », l'écriture – dans le sens orthographique, grammatical et rhétorique – appartient à la « culture », la première est comparable à un espace végétal en friche, la seconde à un jardin rationnellement aménagé. La fonction du grammairien est d'attirer l'attention de l'élite de la société sur le déclin des mœurs qui la menace[122] et sur la nécessité d'un patriotisme linguistique caractérisé par la redécouverte (deux siècles et demi après Luther) de la grandeur de la langue et de la pensée allemandes (ou simplement saxonnes !).

[§ 5] *« Les dialectes ou* Mundarten *»*

Adelung a l'intuition de ce qu'Eugenio Coseriu (1988) appellera la dimension « diasystémique » de la langue, notamment diachronique et diatopique, et il appelle à l'identification de ce que sont « un dialecte, une langue parente et une langue distincte » (p.9). Il voit l'origine de la variété des dialectes dans celle des peuples qui appartiennent désormais à une même *Völkerschaft* (communauté de peuples) et anticipe ainsi sur la notion de substrat, telle qu'elle sera développée au XXe siècle par Walter von Wartburg (1939|1950) :

> « La raison première et majeure de l'éventail des dialectes est certainement à rechercher dans celle des origines ; dans la mesure où chaque peuple d'une certaine importance est composé à l'origine de plusieurs tribus parentes qui se distinguent finalement les unes des autres comme tout être humain se distingue l'un de l'autre »[123] (§5, p. 9-10).

Et il défend l'idée que « la plupart des langues du monde sont apparues de cette manière », sans que cela implique nécessairement l'adhésion à une théorie de la monogénèse linguistique.

---

[122] Adelung est-il conscient qu'une société aussi scandaleusement inégalitaire est en péril et que toute l'Europe va connaître un bouleversement majeur, avec l'écroulement du Saint-Empire l'année de sa mort ? Cf. J. Schneider (2016 : 22-23) : "même des monarques qui se désignent eux-mêmes comme éclairés, ne veulent pas céder un pouce de leur pouvoir (…) Quand les troupes révolutionnaires françaises occupent à partir de 1792 des parties de l'Allemagne occidentale, on les acclame dans de nombreux endroits. (...) Finalement l'empereur François II abdique le 6 août 1806 à la suite d'un ultimatum de Napoléon. Deux mois plus tard le souverain français soumet aussi la Prusse qui perd la moitié de son territoire".

[123] "Der erste und vornehmste Grund der verschiedenen Mundarten ist denn doch wohl in der verschiedenen Abstammung zu suchen; indem jedes nur irgend beträchtliche Volk ursprünglich aus mehrern verwandten Stämmen bestehet, die sich im Ganzen eben so von einander unterscheiden, als jeder einzelne Mensch von dem anderen verschieden ist."

[§ 6] « *Quelle a été la première langue ?* »

Si l'hébreu est « la langue la plus ancienne dont nous conservons les restes les plus significatifs »[124], il n'en découle pas nécessairement qu'elle soit la langue primitive car (remarque originale pour l'époque, qui laisse soupçonner la lecture de Buffon) :

> « L'intervalle entre elle [la langue hébraïque] et l'origine du genre humain est trop éloigné et dissimulé dans un brouillard de nombreux changements »[125] (p.11).

Adelung se refuse à croire que « la langue hébraïque, telle que nous la connaissons, soit exactement la même que celle que Moïse [auteur supposé du Pentateuque, les cinq premiers livres de l'Ancien Testament] et ses successeurs les plus proches ont écrite » (*ibid.*). Si la langue de la Bible présente une unité, ce n'est pas un effet de la permanence de la langue, mais de sa réécriture, une thèse éminemment « éclairée » qui animera l'exégèse biblique au XIXe siècle, notamment en Allemagne avec David Friedrich Strauss et en France avec Ernest Renan, tous deux auteurs d'une *Vie de Jésus* (respectivement en 1835 et 1863) deux ouvrages qui ont suscité des scandales analogues dans les deux pays.

[§7] « *Les anciennes langues de l'Europe* »

Adelung consacre ce paragraphe à la justification du rejet d'une dichotomie originelle imaginée entre langues Scythes à l'est et langues Celtes au centre et à l'ouest, se partageant l'espace européen jusqu'aux grandes migrations des IVe-Ve siècles. Cette vision avait pour effet de présenter les peuples germaniques comme une sous-classe des Celtes[126]. Mais, toujours fidèle à son argumentation linguistique, Adelung s'appuie sur une indication de César dans *La guerre des Gaules*, pour rappeler qu'Arioviste, chef du peuple germanique des Suèves (ancêtres des Souabes) avait dû apprendre le gaulois et donc que les Suèves étaient un peuple germanique distinct des Celtes que César combattait en Gaule.

[§ 8] « *Les traces actuelles de ces langues* »

Enfin, il propose un classement des langues européennes actuelles qui reste partiellement valide, notamment pour les langues romanes et germaniques, mais il ignore complètement les langues finno-ougriennes, bien que son contemporain János Sajnovics (1735-1785) ait démontré dès

---

[124] Ce qui a été bien sûr invalidé avec notamment la découverte des dialectes mycéniens et crétois, du hittite, du sumérien, etc.

[125] "Der Abstand von ihr bis zum Ursprunge des menschlichen Geschlechts ist zu weit, und mit zu großen Veränderungen durchwebt."

[126] Ce qui n'était pas absurde puisqu'on continue actuellement à parler de populations nordiques "germano-celtes" comme les Teutons.

1770 la parenté entre le finnois et les langues sam de Laponie. Son patriotisme linguistique et l'amertume causée par la faible considération de l'allemand en Europe refont finalement surface dans les deux dernières phrases :

> « Seule la langue allemande a su se maintenir avec ses sœurs nordiques dans leur pureté originelle et elle s'est mieux enrichie et cultivée par ses propres trésors qu'en mendiant ceux des autres. Mais, en contrepartie, elle a dû essuyer plus d'une fois de la part de ses voisins écervelés le reproche d'être une langue barbare »[127].

2.4.2. La langue allemande

Le titre de cette seconde section devrait être « Histoire de la langue allemande » car c'est bien de cela qu'il s'agit. Le § 9 est consacré à la périodisation de cette histoire :

1. De l'origine des communautés de peuples allemands jusqu'à la grande migration.
2. De la grande migration jusqu'à Charlemagne.
3. De son règne jusqu'aux empereurs souabes.
4. Des empereurs souabes jusqu'au milieu du XIVe siècle.
5. De cette époque à la Réforme.
6. De la Réforme à l'époque contemporaine.

L'intérêt d'Adelung porte essentiellement sur l'antiquité et le Moyen-Âge, ce que traitent les §§ 10-25, alors que les trois derniers siècles tiennent dans les seuls §§ 26-27 avant une conclusion prospective. Il ne peut être question ici d'entrer dans le détail des développements d'Adelung, bien que son illustration de l'évolution de l'allemand, notamment à l'époque des trouvères (*Minnesänger*) glorifiés par Richard Wagner dans ses opéras Tannhäuser et Les maîtres-chanteurs de Nuremberg (*Die Meistersinger von Nürnberg*), présente un intérêt notable, et je me contenterai d'évoquer les §§ 26-28.

[§ 26] *« Réforme et haut-allemand »*

Adelung se représente la Réforme comme un bouleversement dont la composante religieuse[128] est centrale, mais enserrée entre un amont et un

---

[127] "Nur die deutsche Sprache hat sich mit ihren nördlichen Schwestern in ihrer alten Reinigkeit zu erhalten gewußt, und sich mehr durch ihre innern Schätze bereichert und ausgebildet, als von andern erbettelt. Aber dafür hat sie von ihren leichtsinnigern Nachbaren auch mehr als einmahl den Vorwurf einer barbarischen Sprache hören müssen".

[128] Époque marquée essentiellement par l'affichage des thèses réformatrices de Luther sur le portail de l'église de Wittenberg en 1517, la rédaction de ses écrits théologiques à partir de cette date, la confrontation avec le légat du Pape à la Diète d'Empire de Worms en 1522 suivie de la mise à l'abri de Luther dans la forteresse de la Wartburg et de la traduction

aval qui impliquent des découvertes techniques, des évolutions économiques, des affrontements sociaux et des conflagrations guerrières aux conséquences humaines considérables jusqu'à la tragédie de la Guerre de Trente ans qui laisse l'Allemagne exsangue en 1648 :

> « Les découvertes effectuées à la fin du XVe siècle sur les mers accrurent et enrichirent encore plus les connaissances jusque là très limitées et la Réforme fut le premier et le plus remarquable fruit de ces notions progressivement étendues. Elle devint en même temps une réforme de toutes les sciences, et l'éclaircissement de l'entendement répandit une lumière inaccoutumée jusqu'à cette date sur tout ce qui était un objet de réflexion. La langue connut en même temps un changement très important et le dialecte de l'Allemagne du sud raffiné et enrichi dans les territoires de la principauté élective de Saxe par la science et la prospérité, prit la place de l'ancien dialecte délaissé et devint peu à peu la langue de cour de toute l'Allemagne instruite et moralement purgée[129] » (§26, p. 61).

Si la Saxe a exercé une fonction réformatrice aussi brillante au XVIe siècle, c'est en raison de sa prospérité économique due à l'exploitation de ses mines, à ses manufactures et fabriques et à son poids commercial, laquelle a favorisé le développement scientifique et artistique. Et le perfectionnement de la langue a découlé aussi de l'engagement des pasteurs réformés à instruire le peuple en langue vernaculaire. Adelung prend l'exemple concret de l'évolution de la langue de Luther lui-même entre ses premiers écrits autour de 1517 et les derniers à la veille de sa mort en 1546 et conclut qu'« on ne pourra qu'admirer le grand progrès que sa langue a connu en si peu de temps sur le plan de la finesse, de la flexibilité et de l'euphonie » (p. 62). Les éditions successives de sa traduction de la Bible reflètent la substitution graduelle du dialecte de Haute-Saxe (dit de Meissen, la bourgade rendue célèbre par ses porcelaines) au dialecte de l'Allemagne du sud. Mais il n'y a pas lieu d'en

---

en allemand, plus précisément en dialecte saxon, du Nouveau Testament à partir du grec en 1522, puis de l'Ancien Testament en 1534 à partir de l'hébreu.

[129] "Die zu Ende des funfzehnten Jahrhunderts gemachten Entdeckungen zur See erhöheten und bereicherten die bisher noch immer sehr eingeschränkten Kenntnisse noch mehr, und die REFORMATION war die erste und vornehmste Frucht dieser stufenweise erweiterten Begriffe. Sie ward zugleich Reformation aller Wissenschaften, und die Aufklärung des Verstandes verbreitete ein bisher ungewohntes Licht über alles, was nur ein Gegenstand desselben war. Mit der Sprache ging zugleich eine sehr wichtige Veränderung vor, und die in den Chursächsischen Landen durch Wissenschaft und Wohlstand verfeinerte und bereicherte Oberdeutsche Mundart trat in die Stelle der vernachlässigten alten, und war nach und nach die Hofsprache des ganzen gelehrten und gesitteten Deutschlandes."

conclure que Luther a modelé de toutes pièces ce nouveau dialecte destiné à devenir le Haut-allemand :

> « Il a été suffisamment modeste pour suivre la voie de la culture linguistique, laquelle progressait de manière naturelle et par elle-même. Il a été en même temps le premier à commencer à réfléchir sur la langue, prenant soin non seulement de la pureté et de l'exactitude grammaticales tellement négligées jusqu'alors, mais aussi de l'orthographe qui suivait la prononciation rude et boursouflée de l'Allemagne du sud, lui appliquant des règles plus raisonnables et la corrigeant en fonction de la prononciation plus douce de la Haute-Saxe »[130] (p. 65).

Dans ce jugement sobre, Adelung exprime deux aspects saillants de sa pensée : sur le plan religieux, il tempère l'adulation dont jouit Luther dans l'Allemagne protestante et qui pourrait l'assimiler à un saint, et sur le plan linguistique il reste fidèle à sa conception du corps social cultivé comme rénovateur de la langue au détriment des grands esprits, quel que soit leur talent. Et, un peu plus loin, il développe sa vision d'une Saxe dont la prospérité matérielle, intellectuelle et artistique à l'époque tient à la qualité de ses manufactures et de sa position commerciale favorable, lesquelles tiennent à leur tour aux traités de Münster et Osnabrück qui ont mis un terme en 1648 à l'effroyable Guerre de trente ans.

> « Dans la première moitié de ce siècle tout prit enfin une nouvelle allure. L'Allemagne commença à se rétablir après de longues guerres et effusions de sang ; plusieurs princes s'étaient jusque là efforcés de faire prospérer le commerce et les arts dans leurs territoires, et la cour resplendissante des Auguste soutint ces derniers de son mieux. La richesse et le bien-être modelèrent le goût et la philosophie rationnelle renouvelée par Leibniz et Wolff guida ceux-ci. Celle-ci répandit sa lumière sur toutes les sciences, lesquelles la renvoyèrent sur la langue et les beaux-arts, d'autant plus que Wolff choisit la langue allemande pour exposer des vérités philosophiques et contribua ainsi très profondément à son évolution. Comme cela touchait en priorité les provinces de la Haute-Saxe, lesquelles continuaient à être le siège de prédilection des arts et de l'érudition, la langue haut-allemande participa le plus brillamment et rapidement à ce processus »[131] (p. 68).

---

130 "Er war dabey bescheiden genug, der natürlicher Weise und von sich selbst immer weiter gehenden Cultur der Sprache zu folgen. Er war zugleich der erste, der über die Sprache nachzudenken anfing, und sich nicht nur der bisher so sehr vernachlässigten grammatischen Reinigkeit und Richtigkeit befliß, sondern auch die Rechtschreibung, welche nach der harten und überfüllten Oberdeutschen Aussprache gebildet war, auf vernünftigere Regeln zurück führte, und sie der Obersächsischen sanftern Aussprache gemäß machte."

131 "In der ersten Hälfte des gegenwärtigen Jahrhunderts bekam endlich alles eine andere Gestalt. Deutschland fing nach langen blutigen Kriegen an, sich wieder zu erhohlen;

§ 28. *La langue allemande « peut-elle se perfectionner ? »*[132]

La fin de la préface est consacrée à la question du destin de la langue allemande, maintenant que la Saxe lui a donné un format digne des langues de culture qui l'environnent. Adelung montre son talent de rhétoricien dans une superbe période à la Cicéron qui impute le risque de décadence linguistique à deux tendances pernicieuses,

- celle du culte de la forme et des émotions au détriment du respect de la substance et de la raison,
- et celle de la prédilection pour le vocabulaire emprunté (notamment au français), quitte à sombrer dans la stupidité :

> « Quand d'un côté l'attention apportée aux sciences fondamentales passe pour surannée ; quand la philosophie s'avilit en vains bavardages ou en rêveries tonitruantes, quand, au lieu de privilégier des notions claires, on cherche à attraper des images et des figures, quand, mû par le seul désir de paraître et de dire quelque chose de nouveau, on tombe dans le sentimentalisme, les fantaisies artistiques et les plaisanteries faciles, et qu'on se met à l'écart de toutes les règles et prescriptions par la démangeaison du génie ; quand d'un autre côté on trouve la langue et l'expression trop indigentes et que, sous le prétexte d'enrichir la langue, l'on emprunte à des langues et dialectes étrangers pour exhiber du bavardage quotidien, des représentations obscures, occasionnellement même du non-sens, quand le goût dégénère au point que les muses ne rougissent plus en parlant la langue de la populace, quand tout cela en vient à représenter le goût général, alors, je le dis, la langue est bien menacée de décadence »[133].

Le passage qui suit est guidé par une confiance absolue dans la fonction directrice du goût qui montre à quel point Adelung croit à la possibilité de

---

mehrere Fürsten hatten sich bisher beeifert, die Handlung und Künste in ihren Staaten blühend zu machen, und der glänzende Hof der Auguste unterstützte die leztern mit vollen Händen. Reichtum und Wohlstand bildeten den Geschmack, und die von Leibnitzen und Wolfen wieder hergestellete vernünftige Philosophie leitete ihn. Diese verbreitete ihr Licht über alle Wissenschaften, welche es wieder auf die Sprache und schönen Künsten zurück warfen, zumahl da Wolf die Deutsche Sprache zum Vortrage philosophischer Wahrheiten wählte, und dadurch überaus viel zu ihrer Ausbildung beytrug. Da dieses vornehmlich in den Obersächsischen Provinzen geschahe, welche doch immer der vorzügliche Sitz der Künste und Gelehrsamkeit waren, so hatte auch die Hochdeutsche Sprache den vornehmsten und schnellsten Antheil daran".

[132] Le goût (*Geschmack*) est une référence omniprésente dans ce paragraphe. On trouvera en Annexe 2 l'articulation de l'article consacré à ce substantif crucial dans le Dictionnaire grammatical et critique du dialecte haut-allemand.

[133] "Wenn auf der einen Seite die Neigung zu den gründlichen Wissenschaften veraltet, wenn Philosophie in leeres Geschwätz oder brausende Schwärmerey ausartet, wenn man,

préserver l'ordre culturel, social et donc politique dont il participe en tant que conseiller aulique de l'un des souverains les plus puissants du centre de l'Europe, aveugle aux bouleversements qui se profilent et qui vont finir par entraîner la Saxe comme la Prusse dans le bruit et la fureur.

> « La langue est l'expression des notions et des représentations : celles-ci font sa richesse, comme la finesse, la souplesse et l'euphonie de l'expression dépendent du goût. Aussi longtemps qu'une nation peut accroître ses connaissances et son goût, sa langue est également apte à atteindre un degré supérieur de perfection. Si les connaissances et le goût s'étiolent, alors la langue aussi décline. Le degré le plus haut de perfection auquel un peuple peut accéder, ce n'est pas l'observateur contemporain, mais seulement son descendant qui peut le déterminer au terme d'un laps de temps considérable, d'autant que cet apogée dépend de très nombreuses circonstances extérieures aléatoires qu'aucun esprit fini ne peut prédire »[134].

2.4.3. Qu'est-ce que le haut-allemand ?

La 3e partie de l'Introduction de 1781 porte sur les dialectes allemands et le § 32 spécifiquement sur la thèse controversée d'Adelung sur ce qu'il convient d'entendre par « dialecte haut-allemand ». Cette section mérite une attention particulière pour deux raisons :

- Le dictionnaire qui a fait l'essentiel de la renommée d'Adelung (cf. section 3.3) est intitulé *Grammatisch-kritisches Wörterbuch der hochdeutschen Mundart* (Dictionnaire grammatical et critique du dialecte haut-allemand) et il importe donc de savoir en quoi consiste ce

---

anstatt sich deutlicher Begriffe zu befleissigen, nach Bildern und Figuren hascht, wenn man, bloß um neu zu scheinen, und was Neues zu sagen, auf Empfindeley, Künsteley und Witzeley verfällt, und sich aus Geniekitzel über alle Regeln und Vorschriften hinaus setzt; wenn man auf der anderen Seite Sprache und Ausdruck zu arm findet, und, unter dem Vorwande, die Sprache zu bereichern, aus fremden Sprachen und Mundarten borgt, alltägliches Geschwätz, dunkle Vorstellungen, mit unter auch wohl Unsinn, zur Schau auszulegen, wenn der Geschmack so weit verfällt, daß die Musen nicht mehr erröthen, die Sprache des Pöbels zu reden, wenn das alles, sage ich, allgemeiner Geschmack wird, dann ist der Verfall der Sprache da".

134 "Die Sprache ist Ausdruck der Begriffe und Vorstellungen : diese machen ihren Reichthum aus, so wie die Feinheit, die Biegsamkeit und der Wohllaut des Ausdruckes von dem Geschmacke anhängt. So lange eine Nation noch an Kenntnissen und Geschmacke wachsen kann, so lange ist auch ihre Sprache einer immer größern Vollkommenheit fähig. Nimmt sie an beyden ab, so geräth auch diese in Verfall. Den jedem Volke möglichen höchsten Grad der Vollkommenheit kann kein Zeitgenoß, kann nur der Nachkömmling in einem beträchtlichen Zeitraume bestimmen, zumahl da derselbe von so vielen zufälligen äußern Umständen abhängt, welche kein endlicher Geist vorher sagen kann".

dialecte et ce qui lui vaut selon Adelung la dignité de langue écrite de référence.

- Le terme *hochdeutsch* est ambigu et Adelung joue habilement sur cette ambiguïté. Deux thèses s'affrontent sur le classement des dialectes allemands : la première distingue deux classes superordonnées, le bas-allemand (*NIEDERDEUTSCH*) des plaines de l'Allemagne septentrionale et l'allemand méridional montagneux (*OBERDEUTSCH*) au sud du Main, tandis que la seconde, celle d'Adelung, considère que la région comprise entre le Main à l'ouest et le cours moyen de l'Elbe à l'est, constitue historiquement une entité intermédiaire entre nord et sud, et couvre linguistiquement les dialectes franconiens à l'ouest et saxons à l'est auxquels s'applique la désignation « haut-allemand » (*HOCHDEUTSCH*). Si Adelung adopte cette tripartition, c'est parce que la langue de nombreux écrivains de renom depuis le XVIe siècle, et en premier lieu Luther, est le saxon, et que cette aire dialectale a des caractères propres d'ordre phonétique, lexical et stylistique qui la désignent naturellement comme l'allemand raffiné méritant d'accéder au rang de langue de la future nation allemande, d'où le second sens évaluatif de *hochdeutsch*.

En faveur du sens évaluatif (ou fonctionnel) de l'adjectif *hochdeutsch*, il est symptomatique que dans son Histoire de la culture (VGC, cf. § 2.3), Adelung glorifie la génération des poètes souabes du Moyen-Âge, notamment à la cour des ducs et empereurs de la lignée Hohenstaufen, dont le plus illustre était Frédéric Ier dit « Barbarossa », devenu empereur en 1155 jusqu'à sa mort par noyade durant la troisième croisade en 1190. Or, dans son Histoire du Wurtemberg, Wilhelm Zimmermann (1836 : 334) applique l'adjectif *hochdeutsch* au dialecte souabe des trouvères (*Minnesänger*) de cette époque, adoptant donc le sens évaluatif de l'adjectif sans connotation géolinguistique :

> « On appelle "trouvères souabes" et "époque de la poésie souabe" ces poètes et cette époque [...] parce que leurs chants en dialecte souabe, ou HAUT-ALLEMAND, sont nés à l'époque et sous l'influence des empereurs souabes »[135].

Du point de vue de la géolinguistique, le dialecte souabe relève de l'allemand des montagnes (*oberdeutsch*), mais Adelung voit dans cette variante méridionale de l'allemand, un groupe dialectal arriéré en raison de son retard culturel depuis le XVIe siècle :

---

135 "Die schwäbischen Minnesänger und die Zeit der schwäbischen Poesie werden jene Sänger und jene Zeit genannt [...], wie die Gesänge in schwäbischer, oder hochdeutscher Mundart, zur Zeit und unter dem Einfluß der schwäbischen Kaiser entstanden".

« Si cette richesse [lexicale], outre sa sonorité pleine et sa splendeur quand l'une et l'autre n'outrepassent pas les limites convenables, suffit à faire sa renommée, elle ne peut cependant pas excuser la faute de négliger ses manières. C'est une richesse dénuée de goût, une dissipation sans discernement et une dépense sans finesse. L'Allemagne du Sud a pris du retard sur le plan culturel, alors que la culture progressait très vite dans d'autres provinces ; c'est pourquoi sa langue a conservé les duretés et des caractères rudes qui portent encore tellement la marque du XVe siècle »[136].

Quant au dialecte bas-allemand (*niederdeutsch*), Adelung lui reconnaît des qualités phonétiques et « il ne lui manque rien d'autre qu'une culture délicate et judicieuse pour en faire la langue la plus riche, agréable et florissante »[137]. Cette culture « délicate et judicieuse », Adelung estime que c'est, à son époque, celle de la Haute-Saxe, de sa capitale princière Dresde – où il rêve de poursuivre sa carrière – et de sa métropole culturelle, Meissen. Et, empruntant une comparaison forgée par le théologien et pédagogue Friedrich Gedieke, il voit dans le haut-saxon l'équivalent pour l'Allemagne du XVIIIe siècle du dialecte attique (celui d'Athènes et de Démosthène) dans la Grèce classique. Le bas-allemand est supposé correspondre au dialecte ionien et l'allemand des montagnes au dialecte dorien. La comparaison s'entend à un triple point de vue : géographique, phonétique et surtout culturel, puisque l'attique était la langue de la plus haute culture de l'antiquité classique.

« Il en est exactement de même pour le haut-allemand, qui au fond n'est rien d'autre que le dialecte allemand des montagnes adouci par le haut-saxon et raffiné par le goût et les sciences. À l'origine [de cette évolution] il y a le franconien, l'un des parlers septentrionaux du dialecte des montagnes, qui se répandit avec les colons franconiens que Henri Ier déplaça au XXe siècle entre l'Elbe et la Saale. Ceux-ci se mêlèrent aux Slaves autochtones, lesquels adoptèrent la langue des nouveaux arrivants et ils fusionnèrent en un seul peuple »[138].

---

136 "Gereicht ihr dieser Reichthum, nebst ihrer Volltönigkeit und Pracht, wenn beyde in den gehörigen Gränzen bleiben, zum Ruhme, so kann sie doch den Fehler der Nachläßigkeit in ihrem Putze nicht entschuldigen. Es ist Reichthum ohne Geschmack, Verschwendung ohne Klugheit, und Aufwand ohne Feinheit. Oberdeutschland blieb in der Cultur zurück, als selbige in andern Provinzen sehr schnell fortschritt, daher behielt auch dessen Sprache alle die Härten und rauhe Eigenheiten, welche noch so sehr das Gepräge der funfzehnten Jahrhunderts an sich tragen". [Einleitung 1781 : 76]

137 "Es fehlt ihr weiter nichts, als eine sorgfältige und verständige Cultur, um die zu der reichsten, angenehmsten und blühendsten Sprache zu machen". (1781 : 79)

138 "Gerade so die hochdeutsche, welche im Grunde nichts anders ist, als die durch das Obersächsische gemilderte, und durch Geschmack und Wissenschaften ausgebildete Oberdeutsche Mundart. Den Grund dazu hat das Fränkische, einer der nördlichen Oberdeutschen Dialekte, gegeben, welches mit den Fränkischen Colonisten, die Heinrich

Adelung explique ensuite que le franconien parlé en Haute-Saxe à partir du XIe siècle a été adouci phonétiquement par le substrat « raffiné et agréable à l'oreille » du slave, que la prospérité commerciale de la région de Meissen a apporté le bien-être et raffiné le goût et les moeurs, et que l'affirmation du nouveau dialecte a profité à la restauration des arts et des sciences dans ces territoires au XVIe siècle. Il va de soi que les Allemands du sud (Souabe et Bavière) ont pesté à cette époque contre la prétention des Franconiens devenus Saxons à parler le haut-allemand et à représenter le zénith de la culture allemande ;

> « La grande sœur fanée lorgna dès le début sur tout cela [la floraison de la culture et de la langue saxonne en rapport avec la Réforme de Luther], envia ses charmes à la cadette et chercha de désespoir à la rendre odieuse en la taxant d'hérésie »[139].

Mais le temps des empereurs de la lignée Hohenstaufen était loin, l'industrie minière était florissante dans le Massif des minerais (*Erzgebirge*) à la frontière avec la Bohème, le commerce est-ouest passait en priorité par Leipzig, Dresde était devenu un haut-lieu de l'art baroque et le haut-allemand avait définitivement quitté la Souabe pour la Haute-Saxe.

2.5. Le Manuel de la langue allemande et sa philosophie

2.5.1. La préface du Manuel de la langue allemande (1781)

À la suite de la présentation détaillée du contenu de l'Introduction au langage, à la langue allemande et à la philosophie de la grammaire (cf. § 2.4), on constate sans surprise que la préface du Traité de la langue allemande, publié la même année 1781, partage des points communs avec l'Introduction. Je n'évoquerai ici que les notations originales, en préservant cependant l'articulation manifeste de la préface en sept grandes questions.

I. *La communication linguistique (§§ 1-2)*

Adelung établit une corrélation forte entre langue (maternelle, à l'exclusion d'une langue seconde de communication formelle), peuple et nation :

I. im zehnten Jahrhunderte zwischen die Elbe und Sale versetzte, dahin gebracht wurde. Diese vermischten sich mit den einheimischen Slaven, welche endlich die Sprache der neuen Ankömmlinge annahmen und mit ihnen zu einem Volke vereinigt wurden." [*Einleitung* 1781 : 81-82]

139 "Die verblühete ältere Schwester sahe vom Anfange an scheel dazu, beneidete die jüngere wegen ihrer Reitze, und suchte sie aus Verzweiflung durch den Vorwurf der Ketzerey verhaßt zu machen" [*Einleitung* 1781 : 83, Adelung faisant rarement preuve d'humour, ce passage n'en est que plus savoureux !]

> « La foule des hommes qui, issus d'une origine commune, exprime certaines représentations par certains sons et d'une certaine façon, est appelée un peuple ou une nation »[140] (§ 2).

Cependant, considérer la communauté linguistique comme la base de la nation est incompatible avec l'intitulé du Saint Empire (*Heiliges Römisches Reich deutscher Nation*) qui embrasse notamment le royaume de Bohème diglossique, fondamentalement slavophone et dont l'allemand n'est que la langue de l'administration et des classes supérieures. Même si l'inclination d'Adelung va à la principauté de Saxe et s'il ne rêve pas politiquement d'une « nation allemande » qui mettrait inévitablement la Saxe sous la coupe de la Prusse[141], cette prise de position anticipe sur les « Discours à la nation allemande » de J.G. Fichte tenus entre 1806 et 1808 pour exalter la résistance à l'Empire napoléonien à la suite de la défaite de la Prusse à la bataille d'Iéna-Auerstedt (14 octobre 1806) et au-delà sur la « question des nationalités » qui allait enflammer l'Europe centrale tout au long du XIXe siècle avant de déboucher sur la Grande guerre.

II. *La qualité diverse des langues, leurs variétés chronologiques et locales (§§ 3-6)*

Adelung réaffirme ici sa vision cyclique du destin des civilisations, manifestement inspirée par la lecture du philosophe de l'histoire universelle Gianbattista Vico[142] :

> « Chaque langue entretient le rapport le plus étroit avec le savoir d'un peuple particulier et sa façon de penser. Chez un peuple pauvre, grossier et inculte, elle est pauvre, grossière et limitée aux seuls objets sensibles ; chez un peuple doté d'un sens moral, prospère et cultivé, elle a un riche lexique, elle est flexible, apte à exprimer toutes les notions et leurs figurations ; mais chez un peuple qui a perdu son énergie par la faute du luxe, elle est amollie, boursouflée et amorphe, comme le peuple lui-même »[143] (§ 4).

---

[140] "Diejenige Menge Menschen, welche bey einer gesellschaftlichen Abstammung einerley Vorstellungen durch einerley Laute und auf einerley Art ausdruckt, heißt ein Volk oder eine Nation (...)" [*Einleitung* : 3]

[141] Durant la Guerre de sept ans, l'armée saxonne avait dû capituler face à l'armée prussienne à la bataille de Lobositz (16 octobre 1756).

[142] Dans son ouvrage majeur, *La Science Nouvelle relative à la Nature commune des nations* (1744), Vico élabore une conception cyclique du destin des civilisations en trois phases inspirées des cycles biologiques : (1) barbarie, (2) civilisation, (3) retour à la barbarie. La même inspiration animera plus tard la "morphologie culturelle" d'Oswald Spengler dans Le déclin de l'occident (*Der Untergang des Abendlandes*, 1918-1922).

[143] "Jede Sprache stehet mit der Erkenntniß eines Volkes und dessen Art zu denken, in dem genauesten Verhältnisse. Bey einem armen, rohen und ungesitteten Volke ist sie arm, rauh und ganz auf sinnliche Gegenstände eingeschränkt; bey einem gesitteten, blühenden

III. *La langue allemande, ses variétés et l'origine mixte du haut-allemand (§§ 7-11)*

Adelung n'affirme pas que le « haut allemand » est simplement le dialecte haut-saxon, c'est le fruit savoureux d'une greffe, celle entre « l'allemand des montagnes » (*Oberdeutsch*), « rude et boursouflé » et le bas-allemand « indolent et velouté »[144].

> « Aux côtés de ses sœurs aînées, les dialectes franconien, thuringien et haut-saxon, elle [la langue contemporaine de l'écrit] n'a emprunté à la langue indolente, veloutée et brève du bas-allemand que le nécessaire pour adoucir l'allemand des montagnes, rude et boursouflé ; et depuis la Réforme elle n'est pas seulement devenu la langue des livres de tous les écrivains doués de goût, mais aussi la langue pratiquée à la cour pour un commerce cultivé et raffiné »[145] (§ 10).

Mais conformément à sa vision cyclique de l'histoire culturelle et linguistique, Adelung voit s'amonceler à son époque les premiers signes d'une prochaine décadence[146].

> « Comme son aspect extérieur dépend entièrement de l'état de l'éducation et du goût, et que ce dernier ne cesse de croître et de décroître dans les classes supérieures de la nation, elle est elle aussi, comme on l'a vu précédemment, largement soumise à des variations. Elle croîtra aussi longtemps que la nation progresse dans ses connaissances fondamentales et dans le bon goût, et elle chutera dès qu'elle régresse dans ces domaines »[147] (§11).

---

und ausgebildeten Volke wortreich, biegsam, aller Begriffe und ihrer Schattierungen fähig, bey einem durch den Luxus entnervten Volke aber, so weich, üppig und kraftlos, als das Volk selbst" [*Einleitung* : 3-4]

[144] Sur les conditions historiques de cette greffe, voir la section 2.4.3.

[145] "Sie hat nebst ihren ältern Schwestern, den Fränkischen, Thüringischen und Obersächsischen Dialecten von der weichen, schlüpfrigen und kurzen Sprache des Niederdeutschen nur gerade so viel angenommen, als zur Milderung der rauhen und schwülstigen Oberdeutschen nöthig war, und ist seit der Reformation nicht allein die Büchersprache aller Schriftsteller von Geschmack, sondern auch die Hofsprache des gesittetern und verfeinerten Umganges geworden". [*Einleitung* : 5-6]

[146] Cf. Annexe 1, §4 *La langue se conforme à la culture*, de l'Introduction de 1781, notamment : " Le bien-être le plus élevé possible est simultanément le premier pas vers la décadence, car toute chose finie soit s'accroît soit décroît. Cela vaut aussi pour le langage".

[147] "Da ihr Äußeres ganz von dem Zustande der Cultur und des Geschmackes abhängt, und dieser in den oberen Classen der Nation beständig entweder steigend oder fallend ist, so ist sie, wie aus dem vorigen erhellet, auch gar sehr der Veränderung unterworfen. Sie wird steigen, so lange noch die Nation in gründlichen Kenntnissen und im guten Geschmacke wächset, und wird fallen, so bald sie darin abnimmt". [*Einleitung* : 6]

IV. *Régularités de l'allemand pur, le haut-allemand, à base d'analogies unanimes ou diversifiées (§§ 12-14)*

Dans le sillage des grammairiens romains Donat et Priscien et de leurs émules français (cf. Colombat 2013), Adelung affirme la place centrale de l'analogie comme ciment de la grammaire (plus exactement de la morphologie) :

> « Ces règles [celles de la grammaire] ne sont en rien arbitraires, elles se fondent au contraire d'abord sur l'analogie (ou *Sprachähnlichkeit*), c'est-à-dire sur des procédés unanimes dans de tels cas [...] Quand une analogie est dominante, c'est-à-dire quand la plupart des cas d'un certain type suivent celle-ci, elle fournit la règle, mais une autre analogie inverse qui rend compte d'un nombre inférieur de cas fournit l'exception à la règle »[148] (§ 13).

L'originalité de son raisonnement tient cependant à la prise en compte d'un éventail de parcours analogiques qui peuvent expliquer des variations interlangues, mais qui interviennent aussi dans une même langue :

> « [...] la différence considérable entre tellement de langues de par le monde et autant de dialectes et de parlers dans chacune ne se fonde que sur différentes analogies qui s'appliquent dans des cas semblables de l'une ou l'autre sorte. Même dans une seule et même langue il existe plusieurs analogies applicables à chaque cas particulier »[149] (§ 14).

Il prend ici l'exemple des modèles de conjugaison faible (majoritaire) *vs* forte (minoritaire et plus ancien) en allemand. Pour tout nouveau verbe, les locuteurs sont appelés à choisir collectivement l'un des deux modèles, mais en fait ce choix est factice, car la nomenclature des « verbes forts » est close depuis le vieux-haut-allemand[150].

---

148 "Diese Regeln sind nun nichts weniger als willkürlich, sondern sie gründen sich zunächst auf die Analogie oder Sprachähnlichkeit, d.i. auf das übereinstimmige Verfahren in ähnlichen Fällen [...] Wenn nun eine Analogie die herrschende ist, d.i. wenn die meisten ähnlichen Fälle Einer Art derselben folgen, so macht sie die Regel, eine andere entgegen stehende Analogie aber, welche weniger Fälle unter sich begreift, macht die Ausnahme von der Regel".

149 "[...] die ganz große Verschiedenheit so vieler Sprachen in der Welt, und so vieler Mund- und Sprecharten in jeder, gründet sich bloß auf verschiedene Analogien, welche in einerley ähnlichen Fällen befolget worden". [*Einleitung* : 6-7]

150 Adelung aurait pu prendre un exemple bien connu des germanistes, la régularisation par analogie des formes du prétérit singulier *vs* pluriel des verbes forts durant l'époque du moyen-haut-allemand. Ainsi le vocalisme de *ich bant* (j'ai lié) et celui de *wir bunden* (nous avons lié) varie comme celui de *ich half* (j'ai aidé) par rapport à celui de *wir hulfen* (nous avons aidé). Le nombre des verbes affectés par cette alternance vocalique étant relativement important, le vocalisme du singulier l'a emporté, donnant en allemand moderne *ich band / wir banden*, *ich half / wir halfen*. En revanche l'alternance touchait aussi au présent les verbes modaux dits prétérito-présents, ex. *ich kann* vs *wir können*

V. *L'usage de la langue est constitué de l'ensemble des analogies adoptées par un peuple dont les meilleurs écrivains sont les porte-voix (§§ 15-17)*

Si Adelung éprouve une aversion marquée à l'égard du « génie artistique » (cf. § 2.6.2), il n'hésite pas à employer cet emprunt au grec par l'intermédiaire du français pour désigner « la spécificité d'une langue » :

> « [...] l'usage de la langue [...] est l'essence de l'ensemble des analogies adoptées une fois par un peuple et il s'étend à tout ce qui est variable dans la langue. [...] Dans la mesure où cet usage s'écarte de celui d'autres langues, il constitue le génie, c'est-à-dire la spécificité d'une langue, jusqu'à produire dans certains cas leurs idiotismes, c'est-à-dire leurs tournures propres »[151] (§ 15).

Mais, contrairement à son contemporain Christoph Martin Wieland, il considère que les « meilleurs écrivains » ne modèlent pas la langue par leur génie littéraire, mais seulement qu'ils sont à l'écoute de l'usage dans « les conversations quotidiennes », qu'ils reproduisent pour fournir un miroir sociolinguistique de leur temps :

> « Dans une langue ordonnée par l'écriture et le goût, comme l'est le haut-allemand, cet usage linguistique est assuré au mieux par l'habitude dominante et unanime des meilleurs écrivains représentant le goût le plus décent ; ce n'est pas comme s'ils fondaient et déterminaient l'usage, mais parce que ceux-ci, s'ils possèdent la finesse convenable, dégagent la meilleure et la plus exacte part de la langue des conversations quotidiennes »[152] (§ 16).

VI. *La prise en compte ciblée de l'étymologie et la nature des règles de langue (§§ 17-19)*

Adelung plaide en faveur d'un recours modéré et circonstancié à l'étymologie qui « n'a rien à faire là où l'usage a tranché » (§ 18). Il en donne un exemple limpide. Supposant qu'un rédacteur s'interroge sur l'orthographe de *algemein / allgemein* (général), il fait appel à l'étymologie

(je peux / nous pouvons), *ich mag* vs *wir mögen* (j'aime / nous aimons), mais comme ces verbes sont en nombre très restreint, la régularisation du vocalisme entre le singulier et le pluriel ne s'est pas effectuée.

[151] "[...] der Sprachgebrauch [ist] eigentlich der Inbegriff sämmtlicher von einem Volke nun einmahl angenommenen Analogien [...], und [erstrecket] sich über alles [...], was in der Sprache nur veränderlich ist". [*Einleitung* : 7-8]

[152] "In einer durch Schrift und Geschmack ausgebildeten Sprache, dergleichen die Hochdeutsche ist, wird dieser Sprachgebrauch am sichersten aus der herrschenden und übereinstimmigen Gewohnheit der besten Schriftsteller von dem richtigen Geschmack erkannt ; nicht als wenn sie den Sprachgebrauch machten und bestimmten, sondern weil sie, wenn sie die gehörige Feinheit und Richtigkeit des Geschmackes besitzen, das beste und richtigste aus der Sprache des täglichen Umganges ausheben". [*Einleitung* : 8]

immédiate, c'est-à-dire à la décomposition morphologique qui dégage deux adjectifs *all* (tout/tous) et *gemein* (commun). L'orthographe commune est donc ici *allgemein*, conformément au processus compositionnel. En même temps, il insiste sur le risque d'une confiance excessive dans l'analogie. Il imagine un locuteur ignorant si le verbe *flehen* (implorer) suit le modèle de conjugaison faible ou forte. Par analogie avec *sehen* (voir, prét. *sah*), *stehen* (être debout, prét. *stand*) et *geschehen* (se produire, prét. *geschah*), celui-ci pourrait imaginer un prétérit fort **flah* (au lieu de *flehte*). Mais *flehen* est un « verbe faible » et dans ce cas, l'analogie est trompeuse.

VII. *Le maître de langue, porte-parole et interprète de la nation (§§ 20-22)*

La dernière question qu'Adelung aborde en conclusion de sa préface est celle des attentes à l'égard des « maîtres de langue ». Comme Vaugelas avant lui, Adelung conteste à ces derniers le droit de prescrire un usage selon leur intuition. Le seul prescripteur étant l'usage (voir le point V), le maître de langue est là pour enregistrer et diffuser les choix de la « nation ». Celle-ci est omniprésente dans l'extrait qui suit : elle imagine des lois grammaticales en concurrence et en en choisissant une, elle court le risque de « transgresser ses propres lois » et il appartient au maître de langue de contrôler la cohérence du corps des lois grammaticales, comme un haut fonctionnaire de la langue. Le peuple a en quelque sorte délégué à la nation son pouvoir législatif en matière de grammaire et le dispositif évoqué par métaphore a déjà une connotation révolutionnaire !

> « Il [le maître de langue] n'est pas le législateur de la nation, mais seulement son porte-parole et interprète. Il ne lui impose aucune instruction, mais il se contente de collecter les lois qu'elle a imaginées au fil du temps et qu'elle a fini par retenir, il explore leurs fondements et leurs limites, note des cas où elles se contredisent ou semblent le faire, il montre à la nation les points sur lesquels elle a transgressé involontairement ses propres lois par empressement, par inattention ou par ignorance, et finalement il confie le tout à la décision des voix les plus nombreuses et les plus sages »[153] (§ 20).

[153] "Er ist nicht der Gesetzgeber der Nation, sondern nur ihr Sprecher und Dolmetscher. Er dringet ihr keine Vorschriften auf, sondern sammelt nur die von ihr von Zeit zu Zeit gemachten und in dem Herkommen aufbehaltenen Gesetze, spüret ihren Gründen und Grenzen nach, bemerkt die Fälle, wo sie sich widersprechen oder zu widersprechen scheinen, zeigt der Nation, wo sie aus Übereilung, aus Mangel der Aufmerksamkeit oder aus Unkunde wider Willen ihre eigenen Gesetze übertreten, und überläßt endlich alles der Entscheidung der meisten und weisesten Stimmen" [*Einleitung* : 10]

2.5.2. Adelung entre le point d'orgue de la grammaire générale et la prémonition du génie de la langue

Trois des contributions au recueil de W. Bahner paru en 1984 délivrent trois facettes complémentaires du Manuel de la langue allemande (1781) et de son commentaire, le Traité circonstancié de l'enseignement de la langue allemande (1782). Erika Ising propose une synthèse convaincante de la théorie de la langue écrite développée par Adelung dans le sillage de la grammaire générale d'inspiration française, Gotthard Lerchner s'attache particulièrement à l'un des points retenus par Ising, l'identification des acteurs du changement linguistique, et Hartmut Schmidt souligne, contrairement à Ising, l'influence de J.G. Herder sur Adelung et le pressentiment chez celui-ci d'un « génie » propre à chaque langue.

Le résumé synthétique de Ising (1984 : 200-1) met en valeur six premiers points que je reproduis *in extenso* :

1. « Dans toutes les langues écrites nationales des régularités générales sont à l'œuvre. Celles-ci dépendent des rapports concrets respectifs entre groupes sociaux.
2. Toute langue écrite passe par différentes périodes de développement historique ; cependant chacune d'entre elles a ses propres caractères.
3. La langue écrite développe une langue nationale unifiée à partir de plusieurs sous-systèmes (les dialectes / *Mundarten*) concurrents. Ce développement subit essentiellement l'empreinte du centre politique, économique et/ou intellectuel du pays.
4. Les deux variantes écrite et parlée de la langue se différencient dans leur fonction et leur structure (langue des livres *vs* langue de la communication en société). Leur description doit s'effectuer en synchronie.
5. Seule la langue écrite est codifiée (*fixiert*).
6. La langue écrite est diffusée dans son histoire par différentes strates de diffuseurs qui appartiennent aux classes des puissants (*herrschende Klassen*). L'influence de personnalités individuelles dotées d'une créativité langagière (écrivains, linguistes) est limitée ».

La dimension sociolinguistique de la théorie d'Adelung est explicite dans les points 1 (ce sont les rapports entre groupes sociaux qui régulent les langues écrites), 3 (l'unification de la langue nationale à partir de ses dialectes se fait à partir d'un centre qui peut être politique, économique ou intellectuel[154]) et 6 (le rôle des classes des puissants, qui ne se limite pas

[154] Adelung pense certainement à la concurrence entre Dresde, capitale politique de la principauté de Saxe, Leipzig, principale place économique avec sa foire d'importance

à l'aristocratie, mais inclut la haute bourgeoisie). Elle sous-tend aussi la distinction entre les caractères et les fonctions des deux facettes de la langue, parlée et écrite. La première n'est pas codifiée, elle se disperse entre plusieurs dialectes, elle est le moteur du changement linguistique. La seconde a pour fonction de sélectionner et de pérenniser les changements éphémères des parlers dans un corpus codifié et cohérent.

L'œuvre grammaticale d'Adelung est généralement vue comme représentant « la pensée accomplie de son siècle dans la forme la mieux articulée et la plus mûre » (Lerchner 1984 : 111, citant A. Scaglione), mais en même temps « il n'a pas saisi les principes internes formant le soubassement et l'arrière-plan de la langue » (*ibid.*). Scaglione entend par là qu'Adelung est resté sourd à l'émergence du nationalisme linguistique des dernières décennies du XVIIIe siècle. Cependant, résidant à Leipzig jusqu'à sa nomination en 1787 comme conservateur de la bibliothèque princière de Dresde, Adelung était bien informé de la progression rapide des ventes de librairie durant les foires de Leipzig. Les bilans archivés des foires de 1740, 1770 et 1800 révèlent une expansion brutale du lectorat, notamment pour la littérature d'édification scientifique ou morale. Désormais la culture de la classe moyenne se distingue de celle de l'aristocratie et Adelung sait bien cibler ses lecteurs les plus influents.

Erika Ising poursuit sa synthèse avec quatre points complémentaires :

7. « Dans la langue écrite il se produit un échange constant de formes de langue vieillissantes et en renouvellement ; on peut y distinguer un noyau et des zones périphériques.
8. La langue écrite est structurée en plusieurs strates de fonctions stylistiques[155].
9. La langue écrite englobe un vocabulaire général et des langues spécialisées. La langue poétique possède une qualité esthétique particulière.
10. La langue écrite se distingue par un certain niveau qualitatif de la langue parlée ; elle est une forme linguistique cultivée ».

La distinction entre un centre et des zones périphériques (point 7) peut se comprendre d'un point de vue linguistique soit « interne » (les régularités grammaticales et les domaines lexicaux résistant au changement) soit « externe » (les dialectes les plus proches du centre étant plus sensibles au changement parce que pratiqués par des classes urbaines et éduquées, tandis que les dialectes éloignés pratiqués par des

---

internationale, Halle, cité universitaire de premier plan, et Wittenberg, centre de la réforme luthérienne.

[155] Voir le § 2.6.

classes paysannes ou artisanales sont plus conservateurs). Quant au « niveau qualitatif » propre à la langue écrite, il est naturellement dû à la pérennité de ses produits qui permet de l'évaluer à travers l'espace et le temps.

La question posée par G. Lerchner (Adelung se situe-t-il au terme du parcours de la linguistique générale et prescriptive ou annonce-t-il aussi une dimension au moins de la linguistique moderne ?) est reprise par H. Schmidt qui donne de la pensée d'Adelung une image assez différente de celle privilégiée par E. Ising. H. Schmidt (1984 :140) observe qu'Adelung réoriente l'observation de la langue du plan de la logique (privilégié par la grammaire philosophique) vers celui de la psychologie. Il conçoit la langue comme un individu, c'est-à-dire qu'il « porte le regard plus intensément vers la particularité de la langue individuelle dans son rapport à la communauté qui la porte concrètement au fil de l'histoire, qu'aux propriétés universelles du langage privilégiées par la grammaire philosophique comme objet d'étude », ce que Schmidt interprète comme la prémonition du génie de la langue (*Sprachgeist*) et de la forme interne de la langue (*innere Form der Sprache*) selon Humboldt.

En outre Adelung « insiste plus sur les traits de la langue qui suggèrent un système auto-régulé, que sur son caractère d'outil au service de l'individu et de la société » (*ibid.*). Et Schmidt cite à ce propos une phrase de la préface du Traité de la langue allemande déjà mentionnée (§ 2.5.1) : « Dans la mesure où l'usage d'une langue diverge de celui d'autres langues, il constitue le génie ou la spécificité d'une langue » (DSL : 8). Enfin la représentation de la langue comme un être vivant annonce les métaphores vitalistes en vogue tout au long du XIXe siècle, avec notamment l'organicisme de Karl Ferdinand Becker et d'August Schleicher que combattra vigoureusement Heyman Steinthal.

2.6. Le couronnement de l'édifice : la stylistique (1785)

2.6.1. Les prolégomènes à la théorie du style

La théorie du style, qu'Adelung publie en 1785 comme troisième volet de son entreprise doctrinale, s'ouvre sur des « prolégomènes » (*Vorbereitung*) dont le sous-titre est intitulé « Remarques générales sur la langue et la grammaire dans l'absolu, et sur la transition vers la théorie du style »[156]. Cette préface organisée en 28 paragraphes numérotés se laisse décomposer assez aisément en neuf points.

---

156 "Allgemeine Bemerkungen über Sprache und Grammatik überhaupt, und Uebergang zur Lehre vom Styl".

I. *Points de vue subjectif* vs *objectif sur la langue « en mots » (§§ 1-4)*

Adelung commence par distinguer deux modalités du langage humain, le langage des gestes et celui des mots. La langue « en mots », ou langue proprement dite, peut être considérée d'un double point de vue, soit subjectif, soit objectif (§2).

– Du point de vue subjectif, elle est vue comme l'expression d'une aptitude propre à l'espèce humaine, consistant à désigner les sentiments et les représentations par des productions vocales intelligibles (*vernehmlich*), c'est-à-dire structurées et interprétables.
– Du point de vue objectif, il s'agit d'un objet indépendant des locuteurs constitué « de toute l'essence des mots et de leurs modes de combinaison possibles, par lesquels un peuple rend ses sentiments et ses représentations AUDIBLES entre les uns et les autres » (*ibid.* : 1).

Il existe une série de conversions entre les sensations auditives, les représentations et les concepts : la sensation auditive est perçue par « l'âme », laquelle « cherche à distinguer quelque chose dans cette sensation » (§ 3). Si cette quête est efficace, une représentation est née. Mais :

> « Les représentations ont différents degrés de clarté, selon que l'âme distingue plus ou moins de traits d'une chose. Si cette clarté est telle que l'on saisit les propriétés de la sensation et de sa cause et donc que l'on associe en un tout plusieurs représentations qui ont à voir ensemble et qui se fondent les unes sur les autres, c'est ainsi que naît un CONCEPT » (§ 4 : 2)[157].

II. *Les interjections à la source des langues (§§ 5-6)*

Une simple sensation est exprimée en tant que telle par une interjection ou « mot de sensation » (*Empfindungswort*, § 5); mais un « mot dans le sens étroit » ne peut désigner qu'une représentation claire. Généalogiquement, toute langue est issue d'interjections, de même que toute connaissance raisonnée est issue de sensations (§ 6). Il semble que pour Adelung tous les mots simples soient issus d'interjections, car il précise que c'est le nombre limité de ces dernières qui nécessite la création de nouveaux mots par dérivation et composition. Toute production d'un apprenti locuteur interprétée par son entourage comme désignant une chose, une situation ou un affect entre donc apparemment dans la

[157] "Die Vorstellungen haben verschiedene Grade der Klarheit, je nachdem die Seele mehr oder weniger an einem Dinge unterscheidet. Ist diese Klarheit so, daß man die Art und Weise der Empfindung und ihrer Ursache einsieht, und also mehrere zusammen gehörige, in einander gegründete Vorstellungen mit einander zu einem Ganzen verbindet : so entsteht ein BEGRIFF".

catégorie des « mots de sensation » (par exemple *vroum !* pour une voiture de course ou *paf !* pour un choc).

III. *Quelle relation peut-il y avoir entre nos représentations et les mots, comme leurs signes ? (§§ 7-10)*

Pour répondre à cette question on doit distinguer l'état originel du langage de son développement ultérieur. Adelung retient *a priori* deux possibilités : la relation est soit nécessaire (ou essentielle), soit arbitraire (ou aléatoire). Mais après réflexion, ni l'une ni l'autre ne se révèle correcte :

> « [§ 9] Le langage et la connaissance ne peuvent se constituer que dans la vie sociale et ils dépendent du pouvoir de la sensibilité, lequel est différemment déterminé parmi toutes les communautés d'êtres humains selon les circonstances du lieu, du temps et de l'occasion, de l'activité et de l'alimentation [... § 10] Pour autant que le signe est issu de l'impression que nous fait l'objet désigné, il y a dans les mots quelque chose de nécessaire ; mais dans la mesure où, parmi plusieurs impressions d'un objet sur les sens, un peuple a choisi celle-ci et un autre celle-là, la relation entre les représentations et les signes est plus arbitraire ou aléatoire. Nous considérons cette sorte de relation comme conventionnelle c'est-à-dire convenant à une société [particulière] »[158].

La figure 3 résume le raisonnement d'Adelung dans cet extrait. Le schéma de gauche illustre la convergence des représentations de deux individus X et Y appartenant à un même peuple à propos d'un objet, d'une situation, d'un affect, etc. Les échanges langagiers entre les individus assurent la similarité et la pérennité des représentations, l'unicité de la notion construite collectivement et le choix d'une seule désignation (ou d'une désignation la mieux adaptée). Le schéma de droite illustre inversement la divergence des représentations entre deux communautés constituées des individus X, X', X", etc. pour le peuple X et des individus Y, Y', Y", etc. pour le peuple Y. Faute de contacts langagiers entre les deux peuples, les représentations ne convergent qu'au sein des deux communautés séparément, lesquelles construisent deux notions différentes et choisissent des désignations distinctes. Dans tous les cas, le lien entre les représentations et leurs signes définit l'« usage de la langue ».

---

[158] "Sprache und Erkenntniß können nur im gesellschaftlichen Leben gebildet werden, und hängen von dem Empfindungsvermögen ab, welches unter jeder beisammen lebenden Anzahl von Menschen nach den Umständen des Orts, der Zeit und Gelegenheit, des Gewerbes und der Nahrung verschieden gestimmt ist. (...) In so fern nun das Zeichen von dem Eindrucke des bezeichneten Gegenstandes auf uns hergenommen ist, liegt auch in den Worten etwas Nothwendiges: sofern aber unter mehrern Eindrücken eines Gegenstandes auf die Sinne, ein Volk diesen, ein anderes jenen Eindruck wählte, ist die Verbindung zwischen Vorstellung und Zeichen mehr willkürlich oder zufällig. Wir betrachten diese Art der Verbindung als CONVENTIONELL oder GESELLSCHAFTLICH-ZUTREFFEND.

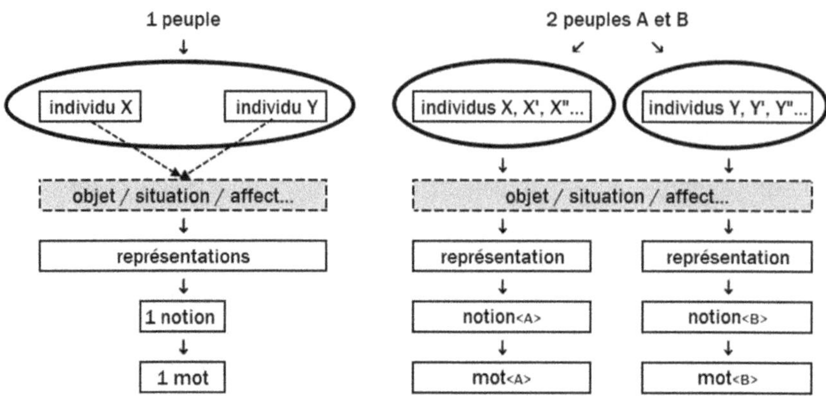

Figure 3 : L'effet de l'appartenance de deux individus à un même peuple ou à deux peuples distincts sur l'unicité *vs* diversité des notions et des mots

IV. *Culture et génie de la langue (§§ 11-13)*

Pour Adelung, « la langue, comme expression distinctement perceptible des sensations et des représentations doit être conforme à la culture particulière d'un peuple ». Un peuple rude, aux passions fortes, ne peut pas disposer d'un riche éventail d'expressions dédiées aux objets non sensibles et abstraits. La puissance des organes des sens et du langage de ses membres exclut toute finesse, leur langue n'est pas « élaborée ». Mais ce ne sont pas les prescriptions de mentors doués d'une sensibilité exceptionnelle qui contribuent le plus à l'élaboration de la langue :

> « Celle-ci est le produit d'un raffinement et d'une éducation graduels, et elle ne progresse qu'en fonction de la diminution dans un peuple de la sauvagerie et de la force physique et inversement de l'accroissement des représentations claires, des connaissances et du goût »[159].

V. *De l'éloquence à la verve (§§ 14-17)*

Une fois qu'un peuple a atteint un degré notable d'éducation et qu'il parvient à ressentir le beau, l'adéquat et le convenable dans la nature et dans les arts, autrement dit, une fois qu'il a du goût, il ne lui suffit plus d'être compris, mais il veut l'être favorablement et c'est ainsi qu'apparaissent d'abord l'éloquence (*Beredsamkeit*), puis la verve (*Wohlredenheit*)[160].

---

[159] "Sie ist ein Werk allmähliger Verfeinerung und Kultur, und steigt nur in eben dem Grade, in welchem ein Volk an Wildheit und Stärke ab- und an klaren Vorstellungen, Kenntnissen und Geschmack zunimmt". [*Vorbereitung*, §13 : 5]

[160] Ces deux substantifs dérivés partagent la même racine *-red-* (parole, discours) : l'adj. *be+red+sam* (éloquent) désigne l'usage efficace de la parole, tandis que l'adj. *wohl+redend* (litt. parlant bien) est défini dans le dictionnaire allemand-italien de Matthias Kramer (1700, cité par le Deutsches Wörterbuch des frères Grimm) comme "*un huomo*

> « § 15. L'éloquence est l'aptitude à persuader et à émouvoir agréablement, tandis que la verve est l'aptitude à s'exprimer dans toutes les circonstances de manière à être compris favorablement. La première est toujours plus ancienne que la seconde, parce que le besoin l'exige en premier et que ses beautés sont plus flagrantes. La verve est plus souveraine et elle suppose une éducation plus éminente »[161].

VI. *L'épanouissement de la « verve » sur le sol allemand (§ 18)*

La verve s'est répandue d'abord en Italie, puis en France et en Angleterre. Elle ne s'est épanouie que plus tard chez les Allemands.

> « Transplantée sur le sol allemand par des nations étrangères et peu entretenue, elle est longtemps passée inaperçue et elle accusait toujours un retard sur les magnifiques floraisons de l'étranger. C'est seulement sous les empereurs souabes que le goût et la poésie ont fleuri, mais ils ont à peine dépassé un niveau médiocre »[162].

Au milieu du XVIe siècle, la Réforme luthérienne avait donné « un vernis un peu plus fin au sentiment et à la langue », mais à la fin du siècle suivant la langue allemande est passée d'un excès de rudesse à un excès inverse de maniérisme par une prédilection funeste pour le goût italien avide de « figures raffinées et aventureuses ». C'est finalement Auguste le fort (*August der Starke*, prince électeur de Saxe puis roi de Pologne, 1670-1733) qui par sa fièvre de bâtisseur et son mécénat, réoriente le goût aristocratique du côté de la France de Louis XIV et fournit un cadre favorable à l'épanouissement de la littérature dans la principauté avec notamment Johann Christoph Gottsched (1700-1766), Christian Fürchtegott Gellert (1715-1769) et Christian Felix Weiße (1726-1804).

VII. *Les deux sciences de la pensée et de l'expression, logique et rhétorique (§§ 19-21)*

Face au romantisme du mouvement *Sturm und Drang* (Tempête et passion) incarné par le jeune Johann Wolfgang Goethe et son *alter ego*

---

che parla … con eleganza e con facondia". Le TLF définit la *verve* comme la "qualité brillante d'une personne qui s'exprime oralement ou par écrit." Ce terme semble donc traduire au plus près *die Wohlredenheit*.

161 "Beredsamkeit ist die Fertigkeit, mit Wohlgefallen zu überreden und zu rühren ; Wohlredenheit aber die Fertigkeit, sich in allen Fällen so auszudrucken, daß man mit Wohlgefallen verstanden werde. Jene ist immer älter als diese, weil das Bedürfniß sie eher erfordert, und ihre Schönheiten hervorstechender sind. Wohlredenheit ist weitumfassender, und setzt einen höhern Grad von Kultur voraus" [*Vorbereitung* : 5]

162 "Durch fremde Nationen auf deutschen Boden verpflanzt, und wenig gepflegt, blieb sie lange unbemerkt, und stand immer den besseren Gewächsen des Auslandes nach. Erst unter den Schwäbischen Kaisern bildeten sich Geschmack und Dichtkunst, aber erhoben sich kaum über das Mittelmäßige". [*Vorbereitung* : 6]

Friedrich Schiller, Adelung est une figure conservatrice qui est convaincu que le goût « doit être formé, conforté et préservé de la confusion », qu'il existe des « lois inaltérables du Beau » et que Homère et Shakespeare ne peuvent pas constituer des modèles parce qu'ils s'en sont affranchis. Le bon usage de la pensée et de son expression réclame une expertise scientifique, celui de la logique pour la pensée et celui de la rhétorique pour l'expression écrite :

> « § 21. Les pensées ou représentations font l'objet de deux sciences, la logique qui nous apprend à penser de manière correcte, cohérente et fondée, et la rhétorique qui nous dit comment nous devons inventer et ordonner les pensées d'une manière adéquate et efficace »[163].

VIII. *Théorie de la langue* vs *théorie du style (§§ 22-24)*

L'expression (ou « forme de la parole ») fait l'objet de deux théories à deux niveaux superposés, celle de la langue (*Sprachlehre*) et celle du style (*Lehre vom Styl*). La première n'est concernée que par « l'exactitude de l'expression en mots », tandis que la seconde porte sur « l'expression adéquate et élégante » :

> « § 23. Le mot "style" désigne en général la manière particulière d'écrire ou d'exprimer à autrui ses pensées par des paroles écrites ; mais dans un sens plus étroit on entend par là la manière d'exposer à autrui ses pensées de manière adéquate et avec une tournure élégante, si bien que l'expression orale y a aussi sa place »[164].

Mais « style » et « manière » ne sont pas synonymes, car le premier substantif désigne « une façon de procéder devenue un savoir-faire de l'artiste », tandis que le second désigne seulement un « ensemble de procédés mécaniques trop visibles ».

IX. *La diversité des styles et les caractères généraux* vs *particuliers du beau style (§§ 25-28)*

« Le style est l'homme même » énonçait Buffon[165] en 1753, ce que confirme Adelung en déclarant que « puisque la manière de penser et de

---

[163] "Die Gedanken oder Vorstellungen sind der Gegenstand zweier Wissenschaften, der Logik, welche uns richtig, zusammenhängend und gründlich denken lehrt, und der Rhetorik, welche uns sagt, wie wir die Gedanken auf eine zweckmäßige und wirksame Art erfinden und anordnen sollen". [*Vorbereitung* § 21 : 8]

[164] "Das Wort Styl oder Schreibart bezeichnet überhaupt die eigenthümliche Art und Weise, wie man schreibt, oder Andern seine Gedanken durch geschriebene Worte ausdruckt ; im engeren Sinne aber versteht man darunter die Art, Andern seine Gedanken zweckmäßig und schön durch Worte vorzutragen, so daß auch der mündliche Ausdruck dazu gehört." [*Vorbereitung* § 23 : 8]

[165] Le 25 août 1753, dans son discours de réception à l'Académie française, intitulé *Sur le style*.

ressentir est très variable, la manière de s'exprimer doit aussi différer chez chaque être particulier, c'est-à-dire que chaque homme doit avoir un certain style, qui lui appartienne en propre »[166] (§ 25 : 9). Mais, s'agissant d'un homme de lettres, c'est aussi le propos qui oriente son style, selon qu'il souhaite « former et instruire, persuader et convaincre, émouvoir et exciter les passions, entretenir l'imagination ou divertir »[167] (§ 26 : *ibid.*).

Au final, la théorie du style ne peut pas se réduire à un catalogue de procédés adaptés à chaque personnalité et à chaque propos. Il faut, pour ordonner le tout, « des règles générales définissant les propriétés supérieures générales qui réunissent tous les styles en dépit de leur diversité » :

> « § 28. De ce fait la théorie du style se décompose en deux parties, la première couvrant les propriétés générales de tout style de qualité, et la seconde les propriétés particulières de celle-ci, montrant quel aspect de chacune de ces propriétés générales l'expression peut et doit préserver dans chaque circonstance particulière. À cela on doit adjoindre encore une troisième partie destinée à traiter des exigences et des accessoires du bon style et donc à montrer de quels savoir-faire naturels et acquis le bon style ne peut se dispenser et comment on peut alléger l'application des règles »[168].

On comprend, en lisant ces lignes, la pertinence du titre savoureux de l'article de Ludwig Eichinger (2008) évoqué dans la section suivante, « Du bonheur de suivre des règles – Adelung dans le style du XVIIIe siècle ». En d'autres termes, la liberté du littérateur consiste à bien choisir les règles qu'il s'impose !

---

[166] "Ist dies, so folgt ganz natürlich, daß, da die Art zu denken und zu empfinden sehr verschieden ist, auch die Art des Ausdrucks bei jedem einzelnen Menschen verschieden seyn oder, daß jeder Mensch seinen besonderen, ihm eigenthümlichen Styl haben müsse".

[167] "Diese [Absichten des Schreibenden] können sehr verschieden seyn, je nachdem er belehren und unterrichten, überreden und überzeugen, rühren und Leidenschaften erregen, die Einbildungskraft unterhalten oder belustigen will".

[168] "Es zerfällt daher die Lehre vom Styl in zwei Theile, von denen der erste die allgemeinen Eigenschaften jeder guten Schreibart in sich faßt, und der zweite die besondern Eigenschaften derselben, worin gezeigt wird, wie viel der Ausdruck in jedem einzelnen Falle von jeder dieser allgemeinen Eigenschaften besitzen kann und muß. Hiezu läßt sich noch ein dritter Theil fügen, der von den Erfordernissen und Hülfsmitteln der guten Schreibart handelt, und also zeigt, welche natürliche und erworbene Fähigkeiten zur guten Schreibart nöthig sind, und wie man sich die Anwendung der Regeln erleichtern könne".

2.6.2. La stylistique d'Adelung entre caractères généraux et caractères individuels

Dans la conclusion de son article consacré aux « caractères généraux » et aux « modalités particulières » du style selon Adelung, Wolfgang Fleischer (1984 : 189-190) impute à Adelung des « considérations de théorie linguistique », sous la forme de trois intuitions :

- celle de « la manière dont le système de la langue et l'expression langagière se différencient »,
- celle du « caractère sociétal de la langue »
- et celle de « sa détermination par les facteurs particuliers de chaque société » ainsi que par « le caractère évolutif du changement linguistique et la concurrence transitoire entre des doublets langagiers ».

Les extraits traduits dans la section précédente lui donnent certainement raison, même si l'expression « système de la langue » ne figure pas aussi explicitement chez Adelung que chez Saussure. Ce qui est sûr, c'est qu'Adelung cherche à intégrer la belle ordonnance du haut-allemand (qu'il s'agisse du dialecte souabe au Moyen-Âge, ou de celui de la Haute-Saxe depuis le XVIe siècle) et ses bases culturelles au sens large (incluant de manière décisive la culture matérielle, d'où l'attention particulière des historiens marxistes), lesquelles sont conçues comme dépendantes de la prospérité économique et de la stabilité politique.

Fleischer recourt également à la terminologie marxiste en parlant d'un « rapport dialectique » d'une part entre la pensée et la mise en forme linguistique et d'autre part entre les traits généraux[169] de la communication et les traits stylistiques particuliers. Mais dans quelle mesure ces deux rapports sont-ils effectivement « dialectiques » ? C'est assez limpide pour le premier, puisque la langue converge au fil des échanges langagiers par la mise en résonnance des deux opérations de production et d'interprétation des tours de parole, lesquels impliquent chaque interlocuteur à tour de rôle. Concernant le second rapport, il me semble qu'il peut donner lieu à deux types d'interactions langagières opposées : dans un échange qui fait usage d'un registre particulier (formel *vs* familier, conformiste *vs* anticonformiste, etc.), l'un des interlocuteurs peut décider de s'intégrer au groupe en adoptant le registre commun (le rapport est

---

[169] Fleischer emploie à ce propos l'adj. *übereinzelsprachlich*, qu'on pourrait traduire par *plurilingue*, puisqu'il désigne un niveau de généralité intermédiaire entre les caractères propres à une langue particulière et ceux, extralinguistiques, qui ont un caractère universel.

dialectique parce que l'interlocuteur singulier trouve intérêt à renoncer à sa singularité) ou inversement de se singulariser en adoptant un registre distinct, voire opposé (cette fois l'effet dialectique consiste dans la prise de conscience chez un interlocuteur de la singularité de son point de vue, ce qui l'incite à se dissocier du groupe).

Cette lecture marxiste d'un linguiste foncièrement conformiste, conservateur et hostile à l'éducation des enfants des « classes inférieures », ouvre des perspectives surprenantes, mais on peut y voir aussi une surinterprétation favorisée par la nécessité, dans la RDA en voie de désagrégation cinq ans avant la chute du mur de Berlin, de se trouver des devanciers dans l'histoire intellectuelle de l'Allemagne, même là où on s'y attendrait le moins.

De son côté, Ludwig Eichinger (2008) s'intéresse particulièrement à l'animosité d'Adelung vis-à-vis de l'étendard du « génie » de la nouvelle génération littéraire brandi par Goethe. Gero von Wilpert (2007) éclaire ainsi la conception naturaliste du génie que Goethe privilégiait dans son œuvre de jeunesse :

> « Sous l'influence de Herder et tout particulièrement de la représentation chez Shaftesbury de l'artiste comme second créateur doté d'une autonomie d'ordre divin, Goethe compare le génie à la nature qui s'organise par elle-même, qui crée elle aussi selon une forme interne que lui offrent ses propres lois et normes artistiques »[170].

À l'inverse, Adelung voit dans le génie de l'artiste « un don supérieur qui ne peut pas être mis sur le compte de la raison proprement dite, qui relève des forces inférieures de l'homme dont on a besoin pour la poésie, mais pas des forces de l'entendement qui caractérisent à proprement parler l'être humain selon l'avis d'une Aufklärung rationaliste ». L'inconscient relève de ces « forces inférieures », c'est-à-dire rebelles à la raison et Goethe est bien de cet avis lorsqu'il écrit à Schiller en avril 1801 : « Je crois que tout ce que le génie fait en tant que génie, a lieu inconsciemment »[171].

Alors que le goût a la propriété positive de s'apprendre, le génie qui s'affranchit des règles a finalement un caractère décadent. Comme les critiques français de l'époque, Adelung trouve les pièces de Shakespeare

---

[170] "Unter dem Einfluß Herders und insbesondere von Shaftesburys Vorstellung vom Künstler als zweitem Schöpfer von gottgleicher Autonomie vergleicht Goethe das Genie mit der sich selbst organisierenden Natur, die auch nach einer inneren Form schafft, die ihre eigenen Gesetze und Kunstregeln bieten". [Wilpert, 2007 : 22].

[171] "Ich glaube, daß alles, was das Genie als Genie tut, unbewußt geschehe". [Goethe J.W. *Briefe, An Friedrich Schiller*, 3 ou 4 avril 1801].

« trop longues et mélangeant de manière répugnante le comique et le tragique » alors que le jeune Goethe, devançant Musset avec *Lorenzaccio* et Hugo avec *Cromwell*, s'écrie à 22 ans :

> « Debout, mes seigneurs ! Au son du clairon, sortez-moi toutes les nobles âmes du prétendu bon goût de l'Élysée où ivres de sommeil et dans un crépuscule léthargique elles sont pour moitié, et pour moitié ne sont pas, des passions dans le cœur et pas de moelle dans les os, et parce qu'elles ne sont pas assez fatiguées pour se reposer et pourtant trop fainéantes pour s'activer, elles passent leur vie fantomatique à flâner et à bailler sans but entre myrtes et buissons de laurier »[172].

Eichinger insiste (208 : 264) sur le cercle vicieux de l'argumentation d'Adelung à propos de la qualité des écrivains : le meilleur écrivain ne peut être que « celui qui écrit comme Adelung le juge bon », mais le même Adelung « a déjà défini par avance qui il tient pour un bon écrivain, à savoir celui qui écrit de la manière qu'il juge bonne » ! Et le style qu'il préconise n'a rien d'exaltant, car c'est celui des chancelleries, de la cour et des tribunaux, caractérisé par deux critères :

- la limpidité (*Deutlichkeit*) de l'expression
- et la précision (*Bestimmtheit*), c'est-à-dire l'ambition de parvenir, au terme d'une série de commentaires, au point où le lecteur ne risque plus aucun malentendu[173].

Bien que l'objectif qu'Adelung offre aux apprentis rédacteurs soit déjà suranné en 1785, il « restera pour des décennies le garant dans les questions grammaticales et stylistiques » (Eichinger 2008 : 267) parce que ses lecteurs laissent volontiers le génie aux artistes d'exception et se contentent d'acquérir le style recherché dans les administrations où ils souhaitent être employés. Et Eichinger conclut par une pirouette : « Sa performance appartient au XVIIIe siècle – ce qui est quand même un éloge pour le XVIIIe siècle ».

---

[172] "Auf, meine Herren! trompeten Sie mir alle edle Seelen, aus dem Elysium, des sogenannten guten Geschmacks, wo sie schlaftrunken, in langweiliger Dämmerung halb sind, halb nicht sind, Leidenschaften im Herzen und kein Marck in den Knochen haben, und weil sie nicht müde genug zu ruhen und doch zu faul sind um thätig zu seyn, ihr Schatten Leben zwischen Myrten und Lorbeergebüschen verschlendern und vergähnen". J.W. Goethe, *Zum Shakespears Tag* (1771).

[173] Il est à noter que si cette "précision" n'est guère mobilisatrice dans un traité de stylistique, en revanche elle est parfaitement adaptée à ce qui va devenir l'activité principale d'Adelung, à savoir l'art de la définition lexicographique (cf. Section 3.3).

2.7. Conclusion

Dans ce second chapitre, j'ai tenu à suivre pas à pas le développement de la pensée d'Adelung au fil de cinq ouvrages publiés en seulement quatre ans (le Manuel de la langue allemande et l'Introduction au langage, à la langue allemande et à la grammaire parus en 1781 ; le Traité circonstancié de l'enseignement de la langue allemande et l'Essai d'histoire de la culture du genre humain, parus en 1782 ; enfin le Traité du style, paru en 1785). Cette approche a l'inconvénient de laisser place à des redites ou à des reformulations étroitement apparentées[174], mais elle rend compte de l'ébullition de l'esprit d'Adelung pendant ces quelques années où il réunissait également plusieurs articles majeurs dans le Magazine de la langue allemande (1781-82) et où il poursuivait la rédaction de son Essai de dictionnaire grammatico-critique complet de la langue allemande (1774-1786).

Cette composante de son œuvre a moins bien résisté au temps que ses dictionnaires, car la philosophie sous-jacente, notamment dans sa stylistique, fleurait trop l'Ancien régime. En outre, Adelung ne cherchait pas à être adoubé par les esprits supérieurs, mais, conformément à l'idéal de la *Volksaufklärung*, il s'adressait en priorité à la classe sociale qui commençait à se constituer comme une nouvelle force sociale avec laquelle il faudrait bientôt compter, la bourgeoisie cultivée (*Bildungsbürgertum*). Au centre de cette classe figuraient notamment les enseignants, et dans ce milieu ses ouvrages de grammaire, de stylistique et d'histoire de la culture sont longtemps restés à l'honneur, parce qu'ils formaient un tout cohérent et qu'ils se prêtaient excellemment à une vision philosophique de l'enseignement.

[174] Essentiellement à propos de la question du haut-allemand qui constitue un leitmotiv de l'argumentation d'Adelung à travers toute sa production éditoriale des années 1781-1785.

ANNEXE 1

Extrait (§ 4) de l'Introduction au langage, à la langue allemande et à la philosophie de la grammaire

§4. LA LANGUE SE CONFORME A LA CULTURE

La langue et la connaissance ou la culture entretiennent mutuellement la relation la plus étroite, voilà une proposition que la simple notion de langue suffit à avérer. Celle-ci est une expression distinctement audible des représentations, un peuple ne peut donc exprimer d'autres représentations que celles qui sont à sa disposition et il peut les exprimer seulement comme il en dispose. Un peuple grossier, sauvage ou semi-sauvage vit complètement selon ses sens, de ce fait il n'a que peu de notions, sa langue s'étend rarement au-delà des limites des objets et des changements sensibles qui l'environnent et son mode d'expression de ceux-ci est aussi rude et mal dégrossi que ses outils sensitifs et ses organes linguistiques. Cette simple observation devrait nous retenir de rechercher, dans les expressions de tant de peuples de culture rudimentaire, les notions fines et les modes de représentation abstraits que beaucoup croient y trouver : une erreur qui est trop souvent commise à propos des mots dérivés et de leur signification. Les origines des mots plongent toujours dans les temps les plus grossiers de chaque peuple, à une époque où il n'y avait et ne pouvait y avoir d'autres représentations que purement sensibles et où par conséquent l'interprétation sensible est toujours la plus vraisemblable.

Dès qu'un peuple franchit les étroites limites des besoins rudimentaires, dès qu'il commence à s'élever au-dessus du sensible, dès qu'il se raffine et acquiert le goût des usages, des arts et des sciences, aussitôt sa langue s'étend et se raffine aussi, parce qu'elle acquiert de nouvelles notions et corrige les anciennes. Simultanément l'aspect extérieur de la langue se raffine, tandis que les usages et le mode de vie deviennent plus flexibles ; les sons gutturaux sont remplacés par des sons plus doux chargés du même sens, avec la multiplication des particules, la langue devient moins anguleuse, plus pleine et plus flexible, elle se régularise graduellement, à force d'être écrite, et parce que la bouche n'est plus surchargée d'une accumulation de sons[175]. Tout cela se produit très lentement et peu à peu sous l'effet du peuple et de ses notions régénérées, et non sous l'influence de maîtres de langue, lesquels ont toujours la contribution la plus limitée au perfectionnement de la langue.

Le bien-être le plus élevé possible est simultanément le premier pas vers la décadence, car toute chose finie soit s'accroît soit décroît. Cela vaut aussi pour le langage. Le confort extérieur engendre le luxe ; la finesse virile des mœurs laisse la place à la sensiblerie féminine, la pénétration cède le pas à l'apparence et au

[175] Adelung illustre cette thèse (cf. "Was ist hochdeutsch ?" 1783) en comparant le caractère boursouflé de la parole des locuteurs de l'Allemagne du sud, notamment bavarois, moins influencés par la pratique de l'écrit et le caractère perfectionné de celle des locuteurs de Haute-Saxe supposés pratiquer le Haut-Allemand par excellence.

brillant, et l'inclination au vrai et au bien incontestables s'efface devant la passion pour la nouveauté et le changement, et quant à la langue, elle devient dès lors aussi licencieuse, alanguie et fastueuse que le peuple qui la parle.

Cela permet en même temps de mesurer jusqu'à quel point une langue peut être stabilisée. En soi, une langue morte est déjà suffisamment stabilisée ; mais vouloir fixer la langue vivante d'un peuple entier implique de vouloir imposer des limites au renouvellement perpétuel de la nature. Seule la langue écrite se laisse fixer, une fois que la partie d'une nation qui pratique l'écriture est assez avisée pour se rendre compte du déclin de son bien-être et assez patriotique pour sauver au moins un reste de son éclat d'antan. C'est le cas en Italie, où la meilleure partie du peuple se forme à la lecture des écrivains des XVe et XVIe siècles, l'époque où la richesse, le goût, les arts et les sciences avaient atteint en Italie une excellence qui n'a plus jamais été égalée par la suite.

ANNEXE 2

Composition de l'article GESCHMACK ('le goût') dans le Dictionnaire grammatical et critique du dialecte haut-allemand (1793-1801)

[612] **Der Geschmack**, des -es, *plur. inus.* von dem Zeitworte schmecken.	[...] dérivé du verbe *schmecken*[176]
1. **Objective**, die Eigenschaft der Körper, vermittelst deren sie durch die Auflösung ihrer Theilchen eine gewisse Empfindung auf der Zunge verursachen.	1. **Objectivement**, la propriété des corps en raison de laquelle ceux-ci produisent une certaine sensation par la désagrégation de leurs particules.
1) **Eigentlich**. *Diese Speise hat einen guten, einen angenehmen, einen bittern, einen widrigen Geschmack*	1) **Au sens propre**. *Ce plat a un bon goût, un goût agréable, amer, répugnant.*
2) **Figürlich**. Die Eigenschaft einer Sache, nach welcher sie angenehme oder unangenehme Empfindungen in uns erwecket.	2) **Au sens figuré**. La propriété d'une chose en raison de laquelle celle-ci éveille en nous des impressions agréables ou désagréables.
2. **Subjective**, die Empfindung, welche die aufgelösten Theile der Körper auf der Zunge verursachen, und das Vermögen, diese Veränderung zu empfinden.	2. **Subjectivement**, l'impression que les particules désagrégées des corps produisent sur la langue, et la capacité de ressentir ce changement.
1) **Eigentlich**, wo der Geschmack einer der fünf Sinne ist, dessen Werkzeuge die auf der Zunge vertheilten Nervenwärzchen sind. *Keinen Geschmack haben.*	1) **Au sens propre**, où le goût est l'un des cinq sens, dont les outils sont les papilles nerveuses réparties sur la langue. *N'avoir aucun goût.*
2) **Figürlich.**	2) **Au sens figuré.**
(a) Die Empfindung des Guten und Schönen an einer Sache. *Seinem Geschmacke folgen.*	(a) La sensation du bien et du beau dans une chose. *Suivre son goût.*
(b) Das Vermögen, und in engerer Bedeutung die Fertigkeit, das Gute und Schöne oder Häßliche an einer Sache leicht zu entdecken und zu empfinden. *Einen guten, einen feinen, einen schlechten Geschmack in der Musik, in der Dichtkunst, in der Mahlerey haben.*	(b) La faculté, et dans un sens plus étroit l'aptitude, à découvrir aisément et à ressentir le bon et le beau ou le laid dans une chose. *Avoir bon / mauvais goût, un goût raffiné en musique, en poésie, en peinture.*

[176] « avoir du goût » / « goûter ».

(c) In weiterer Bedeutung ist der Geschmack die auf den Geschmack, oder die Empfindung des Schönen gegründete Art zu denken und zu handeln. *Ein Gemählde in Rubens Geschmack.*	(c) Dans un sens étendu, le goût désigne la manière de penser et d'agir fondée sur le goût ou l'impression du beau[177]. *Un tableau dans le goût de Rubens*
Anm. [...] Die Figur, den eigentlichen Geschmack auf die Empfindung des Schönen anzuwenden, ist schon bey den Hebräern, [613] Griechen und Römern vorhanden. Unter den neuern Völkern haben die Spanier diese Metapher zuerst wieder angenommen, denen hierauf die Franzosen mit ihrem *Gout,* und bald nach dem Anfange dieses Jahrhunderts auch die Deutschen gefolget sind.	Remarque [...] La figure de rhétorique consistant à appliquer [le mot désignant] le goût à la sensation du beau se rencontre déjà chez les Hébreux, les Grecs et les Romains. Parmi les peuples modernes, cette métaphore a été reprise en premier par les Espagnols, suivis par les Français avec leur *goût* et peu après le début de ce siècle par les Allemands.

[177] C'est ici la seule définition dans laquelle Adelung (pour filer la métaphore picturale) "s'emmêle les pinceaux" en mentionnant fâcheusement le terme à définir (*definiendum*) dans la définition (*definiens*).

ANNEXE 3

Le mystérieux opuscule de 1781 sur « L'origine de la langue et la formation des mots »

La bibliographie de l'Article « Adelung » de l'*Encyclopedia Britannica* (édition de 1830, cf. Annexe au chap.1) mentionne au numéro 25 un opuscule *in-octavo* paru en 1781 et intitulé « Sur l'origine de la langue et la construction des mots, particulièrement en allemand – un essai » (*Über den Ursprung der Sprache und den Bau der Wörter, besonders der Deutschen – ein Versuch :* USBW), lequel ne figure sur aucune des autres bibliographies d'Adelung que j'ai pu consulter.

La Bibliothèque numérique de l'université de Halle-Wittenberg donne effectivement accès à cette plaquette assez mystérieuse[178]. Adelung débute le *Vorbericht* (rapport préliminaire) de cet opuscule de 68 pages par cette phrase :

> « Le bref essai qui suit constitue le second chapitre de ma grande grammaire et j'ai plus d'une raison, sans cet ouvrage et indépendamment de ce dernier, de lui souhaiter des lecteurs et particulièrement des lecteurs qui sont à même d'examiner et d'évaluer le contenu de celui-ci sans être accoutumés à lire aisément des grammaires »[179].

Après vérification, il s'agit effectivement de la pré-édition du chapitre 2 du grand traité grammatical [ULG] qui paraîtra l'année suivante. Toutefois le sommaire de l'une et l'autre édition diffère dans sa « granulation ». Le sommaire de la pré-édition de 1781 mentionne 29 sections, celui de l'édition définitive de 1782 indique seulement sept intertitres pour les sections 50 à 78 (voir le tableau de correspondances ci-après).

Il est à noter qu'en dépit du flou de l'expression *Ursprung der Sprache* (origine du langage ou de la langue ?), Adelung n'aborde pas ici l'origine du langage, contrairement à l'introduction de [ULG], section *Von der Sprache überhaupt* (À propos du langage en général). Dans ce chapitre, il revient – à la suite de l'introduction à son manuel de grammaire [DSL, 1781] – sur sa vision assez fantasque de l'origine idéographique des mots-racines (*Stammwörter*, cf. section 2.5), mais il développe une théorie

---

[178] Cf. *https://digitale.bibliothek.uni-halle.de/vd18/content/...*

[179] "Gegenwärtiger kurzer Versuch macht das zweyte Kapitel meiner größern Sprachlehre aus, und ich habe mehr als eine Ursache, ihm auch ohne dieses Werk und außer demselben Leser zu wünschen, besonders solche Leser, welche den Inhalt desselben zu prüfen und zu beurtheilen im Stande sind, und doch wohl nicht leicht Sprachlehren zu lesen pflegen".

cohérente de ce qu'il appelle « l'étymologie immédiate » c'est-à-dire la formation des mots complexes par dérivation et composition, dont l'aboutissement sera en 1788 son dictionnaire de la prononciation, l'orthographe, la flexion et la dérivation (*Kleines deutsches Wörterbuch für die Aussprache, Rechtschreibung, Biegung und Ableitung* […], cf. section 3.4).

Sommaire du chap.2 de [ULG 1782]		Composition [USBW]	Pagination [ULG]
Was Sylben und Wörter sind	Ce que sont les syllabes et les mots	§ 1	§ 50, p.177
Erklärung und Geschichte der Etymologie	Explication et histoire de l'étymologie	§ 2	§ 51, p.179
Ursprung der Sprache	Origine de la langue	§§ 3-13	§§ 52-62, p. 183
Biegung und Ableitung der Wörter : Vorsylben, Nachsylben	Flexion et dérivation des mots : syllabes initiales et finales	§§ 14-26	§§ 63-75, p. 212
Zusammensetzung der Wörter	Composition des mots	§ 27	§ 76, p. 236
Folgen aus dem vorigen	Conséquences de ce qui précède	§ 28	§ 77, p.237
Was Mundarten und verwandte Sprachen sind	Ce que sont dialectes et langues parentes	§ 29	§78, p.239

Über den
Ursprung der Sprache
und
den Bau der Wörter,
besonders
der Deutschen.
Ein Versuch.
Von
Johann Christoph Adelung.
Leipzig,
verlegts Joh. Gottl. Immanuel Breitkopf,
1781.

ANNEXE 4

Frontispices des œuvres principales examinées dans le chapitre 2

Kurzer Begriff
menschlicher
Fertigkeiten
und
Kenntnisse
so fern sie
auf Erwerbung des Unterhalts,
auf Vergnügen, auf Wissenschaft, und auf
Regierung der Gesellschaft
abzielen.
In vier Theilen.

Für
Realschulen und das bürgerliche Leben,

von
dem Verfasser der Unterweisung
in Künsten und Wissenschaften.

Zweyter Theil,
welcher die letzte Hälfte der Handwerke und
Handarbeiten enthält.

Leipzig
bey Christian Gottlieb Hertel.
1779.

[KB 1779]

Le titre intégral est « Bref traité des dispositions et des connaissances humaines, pour autant qu'elles visent l'acquisition de [l'art de] la conversation, du loisir, de la science et de la gouvernance de la société » / En quatre tomes / pour les collèges et la vie sociale / par l'auteur des « Leçons sur les arts et les sciences ». Le frontispice est celui du deuxième tome, paru à Leipzig en 1779.

Versuch
einer
Geschichte
der Cultur
des menschlichen Geschlechts.

Von dem Verfasser
des Begriffs menschlicher Fertigkeiten und
Kenntnisse.

Leipzig
bey Christian Gottlieb Hertel
1782.

[VGC 1782]

« Essai d'histoire de la culture du genre humain ». Le frontispice de l'édition numérique du MDZ ne mentionne pas le nom de l'auteur et indique seulement « par l'auteur du Bref traité des dispositions et connaissances humaines », qui était paru trois ans auparavant. Il s'agit manifestement de la page de titre interne. Cette mention révèle que le précédent traité a rencontré un vif succès.

Johann Christoph Adelungs

deutsche

Sprachlehre.

Wien,

gedruckt bey Johann Thomas Edlen von Trattnern,
kaiserl. königl. Hofbuchdruckern und Buchhändlern,

1782.

[DSL 1782]

Exceptionnellement, le frontispice du « Manuel de la langue allemande » est sobre, dénué de sous-titre, sans doute parce que le volume est destiné aux écoles.

Umständliches

Lehrgebäude

der

Deutschen Sprache,

zur

Erläuterung

der

Deutschen Sprachlehre

für Schulen.

Von

Joh. Christoph Adelung.

Erster Band.

Leipzig,
verlegts Johann Gottlob Immanuel Breitkopf,
1782.

[ULG 1782, tome 1]

« Traité circonstancié de l'enseignement la langue allemande ». Le frontispice précise qu'il s'agit du « commentaire pour les écoles [le livre du maître] du Manuel de la langue allemande » [DSL 1781]. Édité à Leipzig, il renferme en deux volumes (l'art de bien parler, suivi de l'art de bien écrire) la philosophie grammaticale d'Adelung.

Ueber den

Deutschen Styl,

von

Johann Christoph Adelung.

Erster Theil.

Berlin,

bey Christian Friedrich Voß und Sohn,

1785.

[ÜDS 1785]

Contrairement à celui du dictionnaire grammatical et critique (cf. Annexe au chap.3), le frontispice du traité de stylistique d'Adelung est assez austère et le contenu du premier tome n'est pas précisé. Ce traité n'est pas publié comme précédemment à Leipzig ou à Vienne, mais à Berlin, peut-être pour convaincre les Berlinois que selon Adelung, c'est la Saxe qui est destinée à définir le bon usage stylistique.

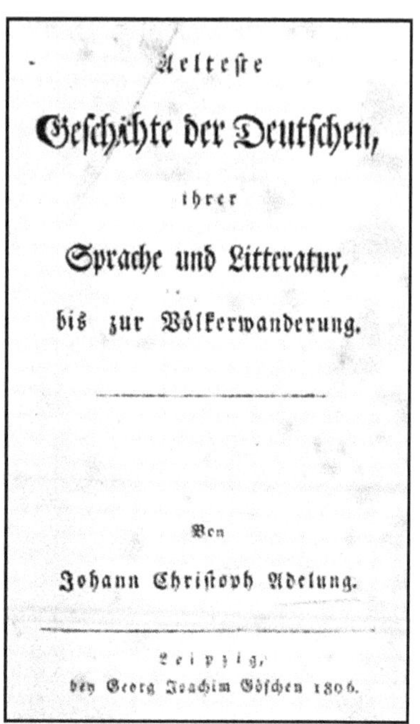

Aelteste

Geschichte der Deutschen,

ihrer

Sprache und Litteratur,

bis zur Völkerwanderung.

Von

Johann Christoph Adelung.

Leipzig,

bey Georg Joachim Göschen 1806.

[ÄGD 1806]

Le frontispice de l'édition originale du dernier ouvrage d'Adelung (à Leipzig, l'année de sa mort), son « Histoire la plus ancienne des Allemands, de leur langue et littérature jusqu'aux grandes migrations » est extrêmement dépouillé, Adelung étant connu entretemps de tous les Allemands cultivés. L'ouvrage était conçu comme le premier tome d'une vaste histoire linguistique et littéraire de l'Allemagne. Mais la même année Adelung faisait paraître le 1er volume du Mithridate et à 74 ans il avait présumé de ses forces.

Chapitre 3

L'ŒUVRE LEXICOGRAPHIQUE

L'œuvre lexicographique (ou « dictionnairique » puisqu'il s'agit essentiellement d'une collection de dictionnaires de diverses natures) d'Adelung est certainement ce qui a le mieux résisté au temps, mais en fait seul le « Dictionnaire grammatical et critique du dialecte haut-allemand » a réellement retenu l'attention des usagers, lexicologues et historiens de la linguistique, alors qu'Adelung a composé d'autres dictionnaires qui constituent un amont et un aval de l'*opus major*.

En premier lieu, Adelung se « fait la main » dans un domaine très délicat, celui du latin médiéval qui était illustré depuis 1678 par le Glossaire de la latinité médiévale (*Glossarium mediae et infimae latinitatis*, 3 volumes) de Du Cange, complété en 1733-1736 par des bénédictins de la congrégation de Saint-Maur et en 1766 par un autre bénédictin, Pierre Carpentier (4 volumes d'articles). Adelung estime que cet ensemble hétéroclite n'est pas aisément consultable et il entreprend de réviser le Glossaire sous la forme d'un objet cohérent et maniable, connu comme le *Glossarium manuale* (1772)[180]. En 1875 dans sa notice de l'Allgemeine Deutsche Biographie, W. Scherer juge que cette révision est réussie et honore la mémoire d'Adelung (§ 3.1).

En tant que bibliothécaire à la cour de Gotha (1763-65), puis de Dresde (1787-1806), il a tout loisir de commander et de consulter les grands dictionnaires de langue parus d'abord en France à partir du *Thrésor de la Langue Françoise* de Jean Nicot (1606), puis en Espagne (*Tesoro de la lengua castellana o Española* (1674), en Italie (*Compendio del vocabolario degli accademici della Crusca*, 1732) et en Allemagne (notamment le *Teutsch-lateinisches Wörterbuch* de J.L. Frisch, 1741). Il ne fait pas de doute qu'Adelung a tiré profit de la plupart de ces ouvrages (§ 3.2).

Mais c'est au *Dictionary of the English Language* (1755) de Samuel Johnson qu'Adelung s'attache plus particulièrement. Comme pour le *Glossarium* de Du Cange, Adelung voit des qualités dans le dictionnaire de

---

[180] Les avatars du Glossarium ne s'arrêtent pas là. Plusieurs autres éditions complétées verront le jour au cours du XIXe siècle (cf. § 3.1.1), prenant toutes en compte la contribution notoire d'Adelung.

Johnson mais il l'estime amendable, notamment pour les usagers germanophones. Il consacre un essai à la critique des principes sur lesquels s'est fondé Johnson[181] et il compose sur cette base un dictionnaire bilingue anglais-allemand d'une qualité exceptionnelle et bien plus instructif que l'original. La rédaction du « Nouveau dictionnaire grammatical et critique de la langue anglaise pour les Allemands » (§ 3.5) attendra cependant 1796 et entre-temps Adelung se lance à partir de 1774, soit deux ans à peine après sa révision du *Glossarium*, dans la publication de son « Essai de dictionnaire grammatical et critique du dialecte haut-allemand », lequel rencontre un beau succès éditorial qui conforte Adelung dans l'idée qu'il a trouvé sa voie et l'incite à procéder à une révision de l'ouvrage qui commence à paraître à partir de 1793 (§ 3.3). Entre-temps il apporte en 1788 un complément pédagogique à l'« Essai de dictionnaire… » sous la forme d'un « Petit dictionnaire de l'orthographe, des flexions et dérivations de l'allemand »[182] accompagné la même année d'une « Instruction complète sur l'orthographe allemande »[183] qui connaîtra une première réédition dès 1790 et restera la principale référence en matière d'orthographe jusqu'à la parution en 1880 du « Dictionnaire orthographique complet de la langue allemande »[184] de Konrad Duden, constamment réédité et mis à jour depuis près de 140 ans (§ 3.4).

3.1. La révision du « Glossaire du latin médiéval » de Du Cange (1772) : un galop d'essai

3.1.1. Le Glossarium *avant Adelung*

La notice en allemand de la ressource encyclopédique Wikiwand consacrée au *Glossarium*[185] fournit un ensemble précieux de données bibliographiques sur l'historique de ce dictionnaire résultant d'une accumulation d'ajouts au fil des siècles à partir de l'édition originale (1678, en trois volumes) de Charles du Fresne, sieur du Cange (1610-1688) sur commande de Jean-Baptiste Colbert. Il s'agissait pour Du Cange d'enregistrer tous les mots nouveaux du latin médiéval, considérés comme corrompus (*corrupta latinitas*), afin de faciliter le travail des historiens.

---

[181] "On the relative merits and demerits of Johnsons's English Dictionary". Cité d'après l'édition de 1798 (*Three philological essays, chiefly translated from the German*. Londres : Longman). Je n'ai cependant retrouvé, dans les bibliographies consultées, aucune mention d'un original en allemand.

[182] *Kleines Wörterbuch für die Aussprache, Orthographie, Biegung und Ableitung*. Leipzig, 1788.

[183] *Vollständige Anweisung zur deutschen Orthographie.* Leipzig, 1788.

[184] *Vollständiges orthographisches Wörterbuch der deutschen Sprache.*

[185] *https://www.wikiwand.com/de/Glossarium_ad_scriptores_mediae_et_infimae_ latinitatis.*

Comme le *Glossarium* était destiné en priorité à ces derniers et non à des philologues, le dictionnaire devait fournir des commentaires encyclopédiques, mais il laissait de côté les aspects grammaticaux, notamment morphologiques. Le titre original complet, logorrhéique comme toujours à l'époque, était :

> « Glossaire des auteurs de la latinité moyenne et récente, dans lequel on explique des mots latins dotés d'un sens nouveau ou rarement employés, incultes et exceptionnels, où l'on élucide leurs désignations et leurs origines ainsi que de nombreux us et coutumes, lois et mœurs des citoyens, et où l'on enregistre, énumère et commente des formulaires de la science juridique récente ainsi que des désignations obsolètes du domaine religieux comme du laïc, de dignités, de fonctions et de tout ce qui est digne d'intérêt ».

Dix ans plus tard, en 1688, Du Cange étend sa recherche au lexique du grec médiéval et les deux glossaires sont réunis par un éditeur de Francfort sur le Main en 1710 (six volumes). Entre 1736 et 1740 paraît à Paris et à Venise une révision et extension du *Glossarium* due à quatre moines bénédictins de la congrégation de Saint-Maur. Et en 1766 un autre bénédictin, Pierre Carpentier, bâtit une nouvelle édition en quatre volumes.

3.1.2. Le **Glossarium manuale** *d'Adelung*

Les révisions effectuées par les moines bénédictins avaient un inconvénient funeste pour les utilisateurs, à savoir leur caractère d'ajouts cumulés sans recomposition ordonnée du tout. Adelung considère, six ans après la parution de la version de Pierre Carpentier, que les historiens n'ont pas besoin d'une foule d'informations encyclopédiques s'ils ne parviennent pas à accéder immédiatement à l'ensemble des informations lexicographiques et des citations sur chaque mot de cette « latinité corrompue ». Il se décide donc à écarter une large partie des informations accumulées d'une édition à l'autre pour produire un *Glossarium manuale*, c'est-à-dire maniable, bien que copieux (en six volumes). L'apport d'Adelung consiste aussi dans une recomposition systématique non seulement de la macrostructure (l'ordre de présentation des articles), mais aussi de la microstructure :

> « [Désormais] les articles sont composés systématiquement, en allant du concret à l'abstrait, du particulier au général, et ils anticipent ainsi sur les grandes théories de Littré (Armogathe 1984 : 223) »[186].

---

[186] "[die Artikel] sind synthetisch aufgebaut, indem sie vom Konkreten zum Abstrakten, vom Besonderen zum Allgemeinen führen, und kündigen auf diese Weise bereits die großen Theorien von Littré an".

Avec l'ordre qu'il a introduit dans le *Glossarium*, Adelung en a donc fait un véritable dictionnaire.

3.1.3. Le destin du **Glossarium** *après Adelung*

Entre 1840 et 1850, le lexicographe français Louis Henschel synthétise les éditions précédentes, celle encyclopédique de Carpentier et celle linguistique d'Adelung, et produit un nouveau *Glossarium* en sept volumes avant que le latiniste allemand Lorenz Diefenbach n'apporte de nouveaux compléments en 1857, puis 1867. Dernier stade de cette saga lexicographique, le français Léopold Favre produit à Niort entre 1883 et 1887 l'édition de référence qui sera rééditée entre autres à Paris entre 1937 et 1943.

Une question reste toutefois pendante, celle de la place revenant à Adelung parmi les contributeurs à cette révision successive du *Glossarium*. Son nom figure effectivement dans le titre des éditions de Henschel et de Favre. Cependant l'intervention d'un savant allemand n'était sans doute pas du goût de tous ses « confrères » français, si l'on en juge par le commentaire d'Hercule Géraud en 1840 dans son « Historique du Glossaire de la basse latinité de Du Cange » publié par la Bibliothèque de l'École des chartes :

> « Les passages nombreux, donnés par les précédents éditeurs à l'appui de leurs interprétations, furent réduits au simple nécessaire, et la substance des dix volumes in-f°, augmentée de quelques additions au [sic] travaux de la critique germanique, fut concentrée en six volumes in-8° à deux colonnes, qui parurent à Halle, de 1772 à 1784, sous le titre de Glossarium manuale [...]. Cet abrégé ne pouvait comme on voit, tenir lieu du grand glossaire, aussi ce dernier n'a-t-il cessé d'être recherché, et les exemplaires complets en ont aujourd'hui dans le commerce une valeur exorbitante » (Géraud 1840 : 506-7).

Ainsi, pour Hercule Géraud, le nom d'Adelung ne mérite même pas d'être cité, le *Glossarium manuale* n'est rien d'autre qu'une ingérence déplaisante de la « critique germanique » ! Il faut se souvenir que c'est l'époque de la première synthèse en romanistique, la Grammaire des langues romanes de Friedrich Diez (1836-1843), et de la concurrence entre les romanistes allemands et François Raynouard sur ce que Walter von Wartburg appellera plus tard la « fragmentation de la Romania » (*Ausgliederung der romanischen Sprachräume*, 1939) (cf. François 2016).

3.2. Le format des articles lexicographiques en France, Espagne, Italie et Allemagne aux XVIIe-XVIIIe siècles, illustré par les articles fr. *cœur*, esp. *coraçon*, it. *cuore*, all. *Herz*

Pour comparer les options des lexicographes français, espagnols, italiens et allemands de l'âge classique dans la mise en forme des articles de leurs dictionnaires de langue, le plus simple est d'examiner des extraits d'articles comparables. J'ai porté mon choix sur l'article *cœur* en français et les articles de traductions de *cœur* dans les trois autres langues, car je reviendrai plus en détail dans la section 3.4 sur la comparaison entre les deux articles *heart* dans le dictionnaire de Samuel Johnson et dans le dictionnaire bilingue anglais-allemand qu'Adelung a édité en 1783 sur la base de ce dernier.

3.2.1. Lexicographie française : cueur/cœur *dans les dictionnaires de Nicot, Richelet et Furetière*

- Jean Nicot: *Le Thresor de la langue francoyse* (1606) – article CUEUR (limité à son début)

Le Trésor de Jean Nicot, premier dictionnaire de la langue française, se caractérise pour chaque article par un bref commentaire introductif, des traductions en latin classique en guise de définition et une absence de structure et de motivation de l'ordre des entrées (*cf.* Tableau 1).

Cueur, *Semble plus raisonnable d'escrire, Coeur comme Bœuf, sœur, MŒURS,* [lat.] Cor.	
Cueur et courage	Animus, pectus.
Un cueur loyal	Fidelis animus, Fidum pectus.
Un cueur aisé à se courroucer et à laisser son courroux	Mollis animus ad accipiendam et deponendam offensionem.
Cueur felon et orgueilleux, et insupportable	Impotens animus.
Cueurs fiers et orgueilleux	Pectora violenta.
Ami de cueur	Amicus ex animo.
De cueur deliberé	Alacriter.
(...)	(...)

Tableau 1 : Début de l'article CUEUR dans le Trésor de Jean Nicot (1606, disposition JF)

C'est un premier stade de la lexicographie du français qui donnera lieu ensuite à des améliorations avec les dictionnaires de Richelet (1680) et surtout de Furetière (1690), d'une facture bien supérieure à la première édition du Dictionnaire de l'Académie (1694).

- César-Pierre Richelet : *Dictionnaire François* (1680) – article CŒUR (limité à son début)

Le dictionnaire de Richelet, publié vingt ans après la montée de Louis XIV sur le trône de France, se caractérise par sa nomenclature épurée (limitée, dans la terminologie de E. Coseriu, au diasystème du parler châtié de la classe supérieure, à l'exclusion des termes dialectaux, archaïques et triviaux), ce qui en fait un dictionnaire prescriptif. On voit clairement dans l'article *cœur* que celui-ci est organisé en un sens propre introduit par le lemme en petites capitales, suivi de quatre sens dérivés introduits par un alinéa, un astérisque et la répétition du lemme en italiques, mais dénués de numérotation et de datation, ce qui ne permet pas de savoir si l'auteur les considère tous comme dérivés directement du sens propre ou en cascade, et si l'ordre choisi est historique ou rhétorique (guidé par des enchaînements 'tropiques'). Les exemples figurent entre crochets, accompagnés d'une référence simplifiée.

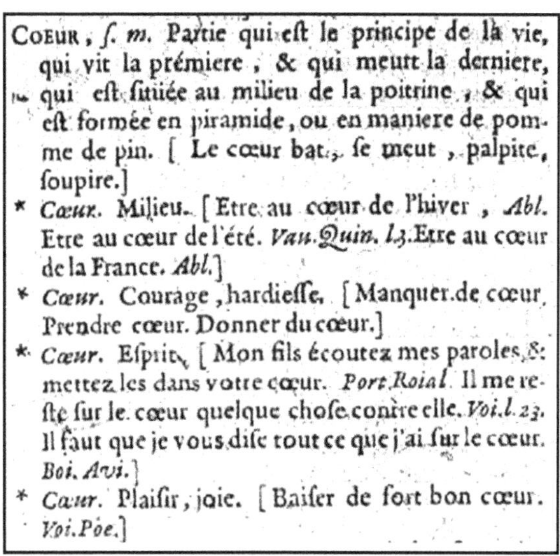

COEUR, *ſ. m.* Partie qui eſt le principe de la vie, qui vit la prémiere, & qui meurt la derniere, qui eſt ſituée au milieu de la poitrine, & qui eſt formée en piramide, ou en maniere de pomme de pin. [Le cœur bat, ſe meut, palpite, ſoupire.]

* *Cœur.* Milieu. [Etre au cœur de l'hiver, *Abl.* Etre au cœur de l'été. *Vau.Quin. l.3.* Etre au cœur de la France. *Abl.*]

* *Cœur.* Courage, hardieſſe. [Manquer de cœur. Prendre cœur. Donner du cœur.]

* *Cœur.* Eſprit. [Mon fils écoutez mes paroles, & mettez les dans votre cœur. *Port Roial.* Il me reſte ſur le cœur quelque choſe contre elle. *Voi.l.23.* Il faut que je vous diſe tout ce que j'ai ſur le cœur. *Boi. Avi.*]

* *Cœur.* Plaiſir, joie. [Baiſer de fort bon cœur. *Voi.Poe.*]

Tableau 2 : Début de l'article CŒUR dans le dictionnaire de Richelet (1680)

- Antoine Furetière, *Dictionnaire universel* (1690)

Le Dictionnaire de Furetière a vu le jour deux ans après la mort de l'académicien, exclu d'ailleurs de l'Académie française en 1685 pour crime de 'lèse-académie' à la suite de la publication d'un extrait de son dictionnaire. Cet extrait annonçait un dictionnaire plus complet que celui de l'Académie dont la première édition attendra cependant jusqu'en 1694. Il a pour ambition de réunir des données encyclopédiques et des données proprement linguistiques, ce qui en fait un dictionnaire ambivalent, tout comme le Dictionnaire des jésuites de Trévoux, directement inspiré du

Furetière et paru à partir de 1704. Les sections de l'article *cœur* sont introduites par une phrase spécifiant une condition d'emploi (soulignée, JF), à l'exception de la définition primaire :

> « CŒUR, s.m. Partie noble de l'animal, qui est le principal organe de la faculté vitale, qui est le principe & le siège de la chaleur naturelle, & de l'humidité radicale qui le fait vivre, languir ou mourir, & le premier auteur du pouls & de la respiration par le moyen des artères dont il est la source [...]
>
> On appelle *cœur* chez les botanistes, le fond ou le milieu de la fleur [...]
>
> CŒUR, signifie quelque fois, Vigueur, force, courage, intrepidité. [...]
>
> CŒUR, se dit figurément en choses spirituelles & morales, & signifie l'ame, & les principales fonctions, parce que quelques Medecins, & entre autres Fernel, ont crû que les principales parties de nôtre esprit résidoient au cœur, comme l'entendement, la volonté, la mémoire. [...]
>
> CŒUR, se dit aussi des passions de l'ame. [...]
>
> CŒUR, se dit particulièrement de l'affection, de l'amitié, de l'amour, de la tendresse [...] ».

Dans chaque section, une sélection d'emplois de la vedette (figurant en italique) est intégrée au commentaire sans donner lieu (contrairement au dictionnaire de Richelet) à une distinction formelle, comme le montre cet extrait de la section mentionnée ci-dessus en dernier :

> « [...] Le prophète David était selon le *cœur* de Dieu, les Rois doivent s'efforcer d'avoir toujours l'affection, le *cœur* de leurs peuples. Il faut aimer Dieu de tout son *cœur*, un mari & une femme ne doivent estre qu'un *cœur*, qu'une ame, se doivent aimer du bon du *cœur*, de tout leur *cœur*, de *cœur* & d'affection ».

Cette microstructure est globalement identique à celle de la première édition du Dictionnaire de l'Académie (1694), laquelle sera préservée dans les éditions suivantes[187].

3.2.2. Lexicographie espagnole : coraçon *dans le* Tesoro *de 1674*

L'article *CORAÇON* du *Tesoro de la lengua castellana o Española* (publié en 1674 par Don Sebastian de Covarruvias Orozco) ne présente encore aucune des qualités qui caractériseront graduellement les dictionnaires étrangers de la génération suivante. Comme le Furetière, seize ans plus tard, il est constitué d'un seul paragraphe massif dont la première moitié est consacrée à l'organe cardiaque, fusionnant ainsi les informations linguistiques et encyclopédiques.

---

[187] Le florilège d'éditions électroniques de dictionnaires de la langue français à partir du Nicot de 1606, numérisé par l'université de Chicago et disponible sur le site du CNRTL, permet entre autres de suivre les éditions 1 et 4 à 8 du Dictionnaire de l'Académie.

> CORAÇON, Lat. cor. dis. No ay animal ſin coraçon, en el qual el coraçon es el primero que ſe forma, ô lo que le es proporcional, y aſsi como el coraçon es el primero que ſe mueve, y tiene vida, es el poſtrero de todas las partes en morir, es como vn centro, principio, y fin de todo mouimiento. Los animales medroſos tienen el coraçon mayor en proporcion que los demàs, como es la liebre; el cieruo, el raton; y otros animales cobardes, de que haze mencion Ariſtoteles; lib. 3. de part. animalium: y aſsi tener gran coraçon vn hombre, ô vn animal quando le loamos de animoſo, no es tenerle materialmente grande en cantidad, ſino en fuego, animoſidad, y determinacion, y yo pienſo que aver llamado los Romanos a Publio Naſica Corculo, fue por ſer muy animoſo: pudo ſer que de diſpoſicion fueſſe pequeño, porque a eſtos tales dezimos comunmente ſer todos coraçon. Por traſ-

Tableau 3 : Début de l'article CORAÇON dans le *Tesoro*… de 1674

Il comporte un seul commentaire linguistique en fin d'article :

> *hablar de coraçon, hablar con amor, y buenas entrañas, y buena voluntad* [**Hablar de coraçon**, parler avec amour, avec ses entrailles, avec bonne volonté.]

En outre il est dominé par la conviction – largement partagée au XVIIe siècle, avant d'être écartée par les encyclopédistes du XVIIIe, cf. Olender 1989, Trabant 2003 – que l'hébreu est la langue-mère (en dépit de la dispersion « babélienne » des langues), car on y lit un commentaire étymologique fantasque :

> « El corazon del Invierno es quando haze masfrio. Pudo aludir alvocablo Hebreo "cor", que significa frio, del verbo "carar", refrigescere » [Le cœur de l'hiver, c'est quand il fait le plus froid. L'expression pourrait renvoyer au mot hébreu "cor", qui signifie "froid", du verbe "carar", refroidir].

3.2.3. Lexicographie italienne : cuore *dans le* Compendio *de 1732*

L'article *cuore* dans le *Compendio del vocabolario degli accademici della Crusca* édité à Florence par l'Accademia della Crusca en 1732, est constitué d'une entrée introductrice [notée 0 dans la présentation ci-dessous] et d'une série d'entrées dérivées dont je présente les dix premières. Ces entrées ont toutes quatre composantes :

(a) un n° ;

(b) une définition en caractères romains avec les groupes syntaxiques en citation débutant par une majuscule ;

(c) des équivalents en latin et souvent en grec classique ;

(d) une ou plusieurs références sans citation.

Il n'y a pas d'exemples forgés. Ex :

§. III. Per fimilit. Centro , Mezzo ,	(a, b)
Colmo . *Lat. medi:ullium , vigor . Gr.*	(b, c)
μεταίχμιον . G. V. 10. 49. 4. *E cap.*	(c, d)
203. 2. *Tef. Br.* 5. 14. *Cron. Morell.*	(d)
280. *Pecor. g.* 17. *nov.* 1. *Ar. Fur.* 14.	(d)
104. *Tac. Dav. ann.* 2. 31. *E* 2. 37.	(d)

Tableau 4 : Disposition des composantes de l'article CUOR du *Compendio*

Je ne mentionnerai ici que les composantes (a-b) et j'adopterai par souci de clarté les conventions typographiques suivantes : la définition proprement dite dans la langue originale en gras ; les commentaires en petites capitales ; l'expression à définir en italiques ; en outre j'ajoute une traduction française entre crochets :

CHE I POETI LE PIÙ VOLTE DIFFERO CORE.

0. **Principale tra le viscere degli animali, situato nel petto, il qui continuo movimento so dice essere il fonte della vita**. [Mot que les poètes distinguaient le plus souvent de CORE. Principalement parmi les entrailles des animaux, situé dans la poitrine, l'organe dont le mouvement continu est dit être la source de la vie]

I. NEL SENTIMENTO FIGURATO ; IL PRENDONO SOVENTE GLI AMANTI IN SIGNIFICAZIONE DI **Vita, esprimendo svisceratezza d'affetto**. [Au sens figuré, les amants prennent souvent le mot dans le sens de la Vie, exprimant une effervescence d'affection.]

II. **Per Animo, Mente.** [pour l'âme, l'esprit]

III. PER SIMILIT. **Centro, Mezzo, Colmo**. [par analogie, le centre, le milieu, le comble]

IV. **Per Pensioro.** [pour la pensée]

V. **Per Ardimento, Animo** [pour le courage, l'âme]

VI. *A cuore*, POSTO AVVERBIALM. VALE *In forma di cuore*. [*A cuore*, en emploi adverbial, équivaut à *In forma di cuore*]

VII. *A mal cuore*, POSTO AVVERBIALM. VALE LO STESSO, QUE *A malincuore* [*A mal cuore*, en emploi adverbial, a le même sens que ***A malincuore***]

VIII. *Con buon cuore*, POSTO AVVERBIALM. VALE *Volentieri*. [*Con buon cuore*, en emploi adverbial, équivaut à *Volontieri*]

IX. *Di buon cuore*, POSTO AVVERBIALM. VALE PURE *Volentieri* [*Di buon cuore*, en emploi adverbial, équivaut aussi à *Volontieri*]

X. *Di mal cuore,* POSTO AVVERBIALM. VALE *Di mal talento* [*Di mal cuore,* en emploi adverbial, équivaut à *Di mal talento*]

Tableau 5 : Microstructure simplifiée de l'article *cuore* du *Compendio* de l'Accademia della Crusca (1732)

Les dix premières entrées (abstraction faite de l'entrée 0 et en se limitant aux composantes a-b) ont un format variable à partir de constituants préformatés :

- Les entrées I et III comportent un commentaire d'ordre rhétorique (*au sens figuré* ; *par analogie*).
- Les entrées II-V comportent un ou plusieurs synonymes, sans définition.
- L'entrée III se compose d'un commentaire d'ordre rhétorique (*par analogie*) et de trois synonymes.
- L'entrée I est plus complexe, avec un commentaire d'ordre rhétorique (*au sens figuré*), une définition (*une effervescence d'affection*), un synonyme (*la vie*) et une condition d'emploi (*les amants prennent souvent le mot dans le sens de* ~) qui permet de comprendre qu'il s'agit d'un emploi en citation.
- Enfin, les entrées IV-X comportent un commentaire d'ordre syntaxique (*en emploi adverbial*) et une paraphrase, sans définition.

Ce dictionnaire est donc, parmi notre sélection, celui qui, quant à l'article *cuore*, présente la meilleure microstructure avec tous les éléments permettant à l'utilisateur de repérer le sens et le contexte typique qu'il recherche.

3.2.4. Lexicographie allemande : **herz** *dans le dictionnaire de J.L. Frisch (1741)*

Avant le Dictionnaire grammatical et critique d'Adelung, quatre lexicographes s'étaient efforcés de fournir une description lexicale adéquate de l'allemand[188].

Le premier, intitulé : *Ausführliche Arbeit Von der Teutschen Haubtsprache* (Travail détaillé sur la langue principale allemande, publié à Brunsvick en 1663) est dû à Justus Georg Schottel. L'auteur bâtit le plan d'un dictionnaire organisé à partir des *Stammwörter* (mots-racines) « qui appartiennent au fonds ancien de l'histoire des mots-racines de l'allemand et remontent en partie jusqu'au temps de la confusion babélienne des langues » [site de l'Académie de Berlin]. Ces mots-racines donnent lieu à des dérivations et compositions dont l'auteur souhaite mettre en valeur les régularités.

[188] Les données qui suivent proviennent du site de l'Académie des Sciences de Berlin-Brandebourg consacré à l'histoire du Dictionnaire de Jacob et Wilhelm Grimm et à ses sources [*http://dwb.bbaw.de/lexikographie/woerterbuecher/*].

Schottel ne dépasse pas le stade de l'ébauche et c'est Kaspar Stieler qui reprendra ce projet dans *Der Teutschen Sprache Stammbaum und Fortwachs, oder Teutscher Sprachschatz* (Généalogie et développement de la langue allemande, ou Trésor de la langue allemande), publié à Nuremberg en 1691. Malgré le caractère erroné d'une partie des étymologies proposées, les frères Grimm vanteront les qualités de ce recueil de 60 000 articles.

Le Dictionnaire allemand complet de Christoph Ernst Steinbach (*Vollständiges Deutsches Wörter-Buch*), publié en 1734 à Breslau reprend le double principe des mots-racines et des définitions en latin. Il adopte deux nouveautés, d'une part l'introduction de citations référencées en marge des exemples forgés et d'autre part le marquage typographique particulier des vedettes et des formes qui dévient de la langue de référence, le dialecte châtié de Silésie.

Enfin le dictionnaire le plus proche chronologiquement de celui d'Adelung (et celui que ce dernier cite fréquemment) est dû à Johann Leonhard Frisch. Il paraît à Berlin en 1741 sous le titre de *Teutsch-Lateinisches Wörter-Buch* (Dictionnaire allemand-latin).

> « Ses vedettes sont présentées dans l'ordre alphabétique, elles ont une catégorie grammaticale, une explication sémantique et des exemples d'emploi. Des dérivations et compositions leur sont adjointes, de telle sorte que l'alphabet n'est pas toujours rigoureusement respecté »[189].

Selon le jugement des frères Grimm [préface au premier cahier de leur dictionnaire, p. xxii], cet ouvrage :

> « ... peut être tenu pour le premier dictionnaire allemand savant, car, contrairement à ses prédécesseurs il n'est pas rédigé sur la base du dialecte d'une région particulière, mais il prend conseil, avec une vision circonspecte, dans des manuscrits, des chroniques et des poèmes provenant de régions plus éloignées et il bâtit des dérivations lexicales minutieuses et raisonnées »[190].

Sur le plan du choix d'un dialecte allemand particulier comme représentant le « haut-allemand », le Dictionnaire grammatical et critique d'Adelung dont

---

[189] "Seine Stichwörter sind alphabetisch angeordnet, grammatisch bestimmt, semantisch erklärt und durch Anwendungsbeispiele veranschaulicht. Ableitungen und Zusammensetzungen sind ihnen beigeordnet, so daß das Alphabet nicht immer streng eingehalten wird." [Site de l'Académie de Berlin]

[190] [Dieses Wörterbuch] "kann das erste gelehrte deutsche wörterbuch heiszen, da es nicht wie die vorhergehenden, aus der mundart einer bestimmten gegend gesammelt und wiederum nachgeschrieben ist, sondern mit weiter umsicht ferner liegende urkunden, chroniken und gedichte zu rathe zieht und gründliche, besonnene wortableitungen aufstellt".

la première édition paraît 33 ans plus tard est en retrait sur celui de Frisch, cependant d'une part il faut prendre en considération l'argumentation linguistique et extralinguistique solide que fournit Adelung pour ce choix (cf. section 1.4), et d'autre part ses définitions, pour la première fois en langue allemande, ont une qualité sans commune mesure avec les paraphrases en latin de ses trois prédécesseurs.

Mais il faut reconnaître aussi que la microstructure de l'article *Herz* du dictionnaire bilingue de Frisch est d'une rigueur remarquable. Le début de l'article *Herz* ci-dessous reproduit aussi finement que possible la disposition de ses composants que j'accompagne d'un numéro renvoyant aux « traductions et commentaires » ci-après.

Herz, n. [1]
cor ; fons & receptaculum sanguinis. [2]
das Herz schlägt, cor palpitat [3]
das Herz schlägt ihn, trepidat; angitur; timet. [4]
einem den Degen durch das Herz stossen, adversum pectus transfigere gladio. [5]
Herz, für die Brust, worinnen das Herz ist, pectus [6]
Das Schildlein auf dem Herzen des hohen Priesters, pectorale. [7]
Herz, für den Leib, corpus, und für die ganze Person. [8]
das Brod stärkt des Menschen Herz. [9]
Gott erfüllet unser Herz mit Speise. *Act.* XIV, 17. [10]
Was dein Herz begehrt, das ist, was du begehrst. [11]
Herz, für die Seel, Gedanken, Sinn und Gemüth, und allerley Bewegungen und kräfften der Seele. [12]
in seinem Herzen behalten, retinere in memoria. [13]
altes und Neues hervor bringen aus dem Schatz seines Herzens, nova & antiqua promere e thesauro cordis sui. [14]
weß das Herz voll ist, geht der Mund über, ex abundantia cordi os loquitur. [15]
etwas auf dem Herzen haben, eine Bekümmernüs haben, angi animo. [16]
es liegt ihm etwas auf dem Herzen, angitur intimis sensibus. [17]

Tableau 6 : Début de l'article HERZ du dictionnaire de Frisch (1741)

- *Traductions et commentaires*

[1]	lemme et genre neutre	
[2]	source et réceptacle du sang	[définition, sens primaire]
[3]	le cœur bat	[exemple]

[4] il a des battements de cœur	[exemple]
[5] traverser le cœur de qqn d'un coup d'épée	[exemple]
[6] cœur pour la poitrine dans laquelle se trouve le cœur	[définition, sens dérivé]
[7] la plaquette sur la poitrine du grand-prêtre, le pectoral	[exemple, sens dérivé]
[8] cœur, pour le corps et pour toute la personne	[définition, sens dérivé]
[9] le pain fortifie le cœur de l'homme	[exemple, sens dérivé]
[10] Dieu alimente notre cœur	[citation biblique]
[11] Ce que ton cœur convoite, c'est ce que tu convoites	[sentence]
[12] cœur, pour l'âme, les pensées, l'esprit et l'humeur, et toutes sortes de mouvements et de forces de l'âme	[définition, sens dérivé]
[13] garder dans son cœur	[exemple, sens dérivé]
[14] extraire de l'ancien et du nouveau du trésor de son cœur	[exemple, sens dérivé]
[15] elle dégorge, la bouche de celui dont le cœur est gros	[sentence]
[16] avoir qqc sur le cœur, avoir une préoccupation	[exemple paraphrasé]
[17] qqc lui pèse sur le cœur	[exemple, sens dérivé]

Ces 17 premières lignes de l'article *Herz* du dictionnaire de Frisch permettent de se faire une idée de la microstructure typique des articles de ce dictionnaire. À la suite du lemme [1] vient la définition du sens primaire [2] accompagnée d'exemples [3-5], puis la définition d'un premier sens dont la dérivation est exprimée par la préposition *für* dans le sens de *à la place* [6]. L'exemple [7] illustre cette première définition dérivée (le cœur pour la poitrine, analogie de disposition). La seconde définition dérivée (le cœur pour le corps ou toute la personne, synecdoque partie-tout) [8] est illustrée par un exemple [9], une citation empruntée aux Actes des Apôtres [10] et une sentence [11], représentant la sagesse populaire. La troisième définition dérivée (le cœur pour les affects) [12] donne lieu à deux premiers exemples [13-14], une sentence [15] et deux variantes syntaxiques d'un même sens (X a Y sur le cœur [16] *vs* X pèse sur le cœur de X [17]).

La ligne [16] est particulièrement intéressante, car l'auteur estime nécessaire de fournir à la fois une paraphrase en allemand et une traduction en latin. Inversement, les exemples [9-11] figurent exceptionnellement sans traduction latine, sans doute parce que Frisch suppose que leur interprétation ne fait pas de doute.

La disposition de l'article *Herz* du dictionnaire de Frisch est donc proche de celle de l'article *cœur* dans les dictionnaires de Richelet et de Furetière (avec alinéas mais sans numérotation des sens) et un peu en retrait par rapport à l'article *cuore* du *Compendio* qui numérote les divers sens du mot. À l'opposé, on trouve pour l'espagnol la disposition massive et indigeste de l'article *coraçon* du *Tesoro* de 1674. Il va de soi qu'une disposition des articles lexicographiques riche en alinéas allonge le dictionnaire et accroît son prix, à l'âge classique comme aujourd'hui, mais « time is money » et les éditeurs de dictionnaires ont dû se rendre compte qu'il existait un lectorat prêt à débourser quelques florins, lires ou thalers de plus pour trouver rapidement le sens et le contexte recherchés.

3.3. Le Dictionnaire grammatical et critique du dialecte haut-allemand

Peu après son galop d'essai (le *Glossarium manuale* de 1772) et fort de sa consultation des principaux dictionnaires du français, du castillan, de l'italien et de l'allemand, Adelung passe rapidement à la publication de son « Essai de dictionnaire grammatical et critique du dialecte haut-allemand » (1er tome en 1774)

Dans la pratique classique de la « métalexicographie », on distingue trois éclairages de l'organisation d'un dictionnaire de langue : sa nomenclature, c'est-à-dire l'ensemble des mots qui figurent en vedette (ou tête d'article) ou accessoirement dans le contenu d'un article, la microstructure des articles, c'est-à-dire leur articulation interne, et la macrostructure du dictionnaire qui met en relation la nomenclature générale et la microstructure de chaque article en précisant à quelles conditions le lexicographe effectue deux opérations que J. et C. Dubois (1971) ont appelées respectivement un DEGROUPEMENT, c'est-à-dire la distribution d'un mot entre deux ou plusieurs articles, et un REGROUPEMENT, c'est-à-dire le rattachement d'un mot à un article, ce qui le prive du statut de vedette et le traite comme une entrée auxiliaire. C'est cette tripartition que j'appliquerai ici.

3.3.1. La nomenclature

La question des registres de style à accueillir dans le Dictionnaire grammatical et critique a hanté Adelung pendant toute sa préparation. D'un côté, en tant que défenseur du bon goût, il entend ignorer le lexique vulgaire, mais d'un autre côté, en tant que lexicographe, il peut difficilement rayer d'un trait de plume une partie aussi productive et vivante du lexique allemand, comme il l'explique dans sa préface :

> « Cet ouvrage n'était pas destiné à devenir un glossaire pas plus qu'un dictionnaire général de l'allemand, mais un dictionnaire du dialecte haut-allemand, tel qu'il est encore usité dans des écrits. C'est pourquoi tous les mots et expressions vieillis, provinciaux et vulgaires, propres au seul peuple étaient hors de propos selon les règles du genre. Seulement il y avait aussi nécessairement des exceptions. On contiue à lire très fréquemment nombre d'écrits assez anciens qui contiennent des mots ou des formes vieillis, comme par exemple la Bible de Luther et qui nécessitent donc soit une explication, soit encore un avertissement, afin que les personnes inexpérimentées et les étrangers ne les tiennent pas pour usuelles »[191] (Éd. 1811, Préface, p. iii).

Adelung fait valoir en outre que des écrivains « bons par ailleurs » emploient occasionnellement des mots provinciaux ou mal formés et qu'ils ne peuvent pas être ignorés, ne serait-ce que pour pointer leurs défaillances. En outre le style de la comédie populaire implique un grand nombre de mots populaires qu'il est donc justifié de mentionner. Devant ce dilemme, Adelung se résout finalement à biaiser en mentionnant une grande quantité d'expressions vulgaires dans les commentaires en tant que synonymes et dans les Remarques pour expliciter les étymologies !

Un autre doute le tourmente : sans être un nationaliste farouche (il faudra attendre le désastre de la bataille d'Iéna-Auerstedt en octobre 1806, c'est-à-dire peu de semaines après sa mort, pour que le nationalisme « allemand » voie le jour en Prusse et à un moindre titre en Saxe), Adelung se désole de l'invasion d'emprunts plus ou moins justifiés, notamment au français. Hans-Ulrich Schmidt (2016) cite un poème de Johann Michael Moschrosch (1601-1669) qui ridiculise dès 1642 l'usage croissant de mots étrangers en allemand, notamment de verbes empruntés au français (je souligne ceux qui sont restés dans l'usage actuel) :

[191] "Es war dieses Werk weder zu einem Glossarium, noch zu einem allgemeinen Deutschen Wörterbuche bestimmt, sondern zu einem Wörterbuche der Hochdeutschen Mundart, so wie sie noch jetzt in Schriften üblich ist. Es fielen also alle veraltete, alle provinzielle, und alle niedrige, bloß dem Volke eigene Wörter und Ausdrücke der Regel nach von selbst weg. Allein auch hier waren Ausnahmen nothwendig. Es werden noch jetzt manche ältere Schriften sehr häufig gelesen, welche mehrere veraltete Wörter und Formen enthalten, wie z. B. Luthers Bibel, und folglich theils einer Erklärung, theils aber auch einer Warnung bedürfen, damit Ungeübte und Ausländer sie nicht für noch jetzt gangbar halten"

was ist armiren	was approchiren	was ist blocquiren	was blasphemiren
was auisiren	archibusieren	was bastoniren?	was bucciniren
was avancieren	was arriuiren	benedicieren	was balsamieren
was attaquiren	accordiren?	blaterieren?	blandiren?

Adelung explique franchement dans la préface du dictionnaire ce qui l'a finalement conduit à accueillir une quantité non négligeable d'emprunts :

> « Durant la préparation de ce dictionnaire j'ai pris initialement la décision d'écarter complètement les mots étrangers introduits dans la langue allemande, soit par nécessité, soit par manque de réflexion ou de goût. Mais je me suis persuadé moi-même que l'absence absolue de tous les mots de cette sorte pourrait passer pour un défaut décisif, d'autant plus qu'une grande part est devenue désormais indispensable et que pour nombre d'entre eux une explication est encore plus nécessaire que pour des mots proprement allemands. Aussi me suis-je détourné de cette résolution dès la première édition et dans la présente édition renouvelée j'ai mentionné de tels mots en plus grand nombre, sans toutefois pouvoir me faire violence en les accueillant tous. Certains sont mentionnés à seule fin de montrer par l'expression allemande adjointe qu'ils sont inutiles et à rejeter »[192].

Dans le même numéro de *Denkströme* (Mouvements de pensée), le journal de l'Académie saxonne des sciences à Leipzig, Heinrich Detering délivre un commentaire de la position des « éclaireurs » (*Aufklärer*) à l'égard de la langue française susceptible d'« éclairer » aussi les états d'âme d'Adelung à l'égard des emprunts au français :

> « Le combat des "éclaireurs" et des adeptes du mouvement Tempête et passion qui acceptaient leurs incitations (au moins dans cette perspective) en faveur d'une opinion publique allemande, c'est-à-dire en langue vernaculaire, ne visait pas le dénigrement de l'autre, mais la réalisation des talents propres Ce n'est pas parce parce qu'il n'est malheureusement qu'un Français et non un Allemand que le stupide Riccaut de la Marlinière

---

192 "Ich hatte bey der ersten Bearbeitung dieses Wörterbuches anfänglich den Entschluß gefasset, alle Theils aus Noth, Theils aus Unverstand und Mangel des Geschmackes in die Deutsche Sprache eingeführte fremde Wörter gänzlich bey Seite zu legen, und mich bloß auf eigentlich Deutsche einzuschränken. Allein ich wurde doch sehr bald selbst überzeugt, daß die gänzliche Abwesenheit aller Wörter dieser Art leicht für einen wesentlichen Mangel gehalten werden könnte, zumahl da ein großer Theil derselben nunmehr unentbehrlich ist, und für viele vielleicht noch mehr einer Erklärung bedarf, als eigentlich Deutsche Wörter. Ich bin daher schon in der ersten Auflage sehr bald von diesem Entschlusse abgegangen, und habe in der gegenwärtigen neuen noch mehr solcher Wörter aufgeführet, ohne mich doch überwinden zu können, sie alle aufzunehmen. Manche sind bloß um deßwillen angeführet, um durch den beygefügten Deutschen Ausdruck ihre Unnöthigkeit und Verwerflichkeit zu zeigen" (éd. 1811 : p.iv).

est ridiculisé dans le drame Minna von Barnhelm (1767) de Gottholf Ephraim Lessing, mais parce que son français est la langue d'un discours de suprématie et d'exclusion. Ce n'est pas parce que l'Allemand vigoureux se distingue du Français couard par ses jurons intrépides que le jeune Goethe met "lécher le cul" dans la bouche de son Götz von Berlichingen (1773), mais parce que ce Götz proteste, en tant qu'individu imbu de sa liberté, contre une culture destinée ici à asservir » (Detering 2016 : 124)[193].

3.3.2. La microstructure

La microstructure des articles du « Dictionnaire grammatical et critique » implique un jeu de six volets caractérisant chacune des composantes :

i. La numérotation (d'un à trois niveaux hiérarchiques) ;
ii. Les conditions d'emploi (sens propre *vs* figuré ; étroit *vs* étendu ; réservé à un registre particulier ; etc.)
iii. La définition (disposée après ou avant les conditions d'emploi) ;
iv. Un ou plusieurs exemples ou citations ;
v. Un commentaire (facultatif) ;
vi. Une ou deux remarques relative(s) à l'ensemble de l'article et portant notamment sur les mots dérivés et l'étymologie.

La disposition respective des composantes (c) la définition et (d) les exemples ou citations impose un choix délicat dans l'économie générale des articles. Dans la Préface du dictionnaire, Adelung explique ce qu'il entend par « traitement critique », parallèlement à Jean-François Féraud dans son *Dictionnaire critique de la langue française*[194] édité en 1787-8 entre les deux éditions successives du dictionnaire d'Adelung. Il s'agit notamment pour lui d'aller au-delà de la pratique de son prédécesseur immédiat, Johann Leonard Frisch dans son *Teutsch-lateinisches Wörter-Buch* (1741, Dictionnaire allemand-latin), consistant à fournir uniquement

---

[193] "Der Kampf der Aufklärer und der (zumindest in dieser Hinsicht) ihre Anregungen aufnehmenden Stürmer und Dränger für eine deutsche, also volkssprachige Öffentlichkeit galt nicht der Herabsetzung des Anderen, sondern der Ermöglichung des Eigenen. Nicht weil es leider bloß ein Franzose ist und kein Deutscher, wird der alberne Riccaut de la Marlinière in Gotthold Ephraim Lessings *Minna von Barnhelm* (1767) verspottet, sondern weil sein Französisch die Sprache eines exklusiven, eines ausschließenden Herrschaftsdiskurses ist. Nicht weil der starke deutsche Mann sich vom französischen Weichling durch sein beherztes Fluchen unterscheidet, lässt der junge Goethe seinen *Götz von Berlichingen* (1773) vom 'im Arsch lecken' reden, sondern weil dieser Götz als ein auf seiner Freiheit bestehendes Individuum gegen eine Bildungsstruktur protestiert, die hier auf Unterwerfung zielt".

[194] Cf. *https://www.cnrtl.fr/dictionnaires/anciens/feraud/index.php.*

des synonymes ou paraphrases en latin[195]. Nous pourrons constater plus bas dans les tableaux 1 et 2 présentant la répartition des entrées des articles *Vernunft* (raison) et *Tugend* (vertu) à quel point Adelung a pris à cœur la définition de chaque « notion ».

> « Dans le traitement critique des mots, je prends en compte en priorité la notion précise véhiculée par un mot et ses différents sens. La plupart des dictionnaires se contentent d'expliquer un mot et ses sens soit par un mot étranger, soit approximativement par d'autres expressions supposées de même sens. Cette pratique ne m'a pas paru satisfaisante et je me suis obligé dès le début à déterminer la notion de chaque mot et de chacun de ses sens de la manière la plus précise ; une obligation dont la mise en œuvre m'a mis le plus en peine tout au long de l'ouvrage, même s'il semble qu'elle ne soit aperçue et reconnue que par le plus petit nombre. Il est extrêmement difficile, voire dans certains cas impossible d'indiquer la notion d'un mot avec une précision telle que ce dernier puisse se distinguer en tous temps de tous les mots similaires » (Préface : v/vi)[196].

Cependant, quels que soient les efforts laborieux du lexicographe pour saisir au plus près les « notions » désignées, les définitions réclament le soutien d'exemples, et si nécessaire de citations (empruntées aux écrivains qu'il juge les meilleurs, notamment des Saxons puisqu'il considère le dialecte de Saxe, et spécifiquement de la région de Meissen, comme le mieux placé pour représenter le « haut-allemand »). Ce faisant, Adelung a la vision prémonitoire de ce que J.R. Firth (1957) a appelé des « collocations ».

> « De nombreux mots ont tant de particularités dans leur combinaison avec d'autres mots qu'une énorme place serait nécessaire ne serait-ce que pour en indiquer par des mots les traits principaux. Cela peut se faire au mieux à l'aide d'un nombre suffisant d'exemples destinés à présenter un mot dans les contextes prépondérants que lui offrent d'autres mots ;

---

[195] Frisch empruntait probablement ce format au *Thrésor de la langue françoise* de Jean Nicot paru à partir de 1606, plus d'un siècle auparavant.

[196] "Zu der kritischen Behandlung der Wörter rechne ich vornehmlich den bestimmten Begriff eines Wortes und seiner verschiedenen Bedeutungen. Die meisten Wörterbücher begnügen sich, ein Wort und dessen Bedeutungen entweder durch ein fremdes, oder nur ungefähr durch andere für gleich bedeutend gehaltene Ausdrücke zu erklären. Dieses schien mir nicht genug, und ich legte mir gleich Anfangs die Pflicht auf, den Begriff eines jeden Wortes und einer jeden Bedeutung desselben auf das genaueste zu bestimmen; eine Pflicht, deren Erfüllung mir bey dem ganzen Werke die meiste Mühe verursachte, ob es gleich scheinet, daß sie von den wenigsten bemerkt und erkannt wruden. Es ist überaus schwer, und in manchen Fällen ganz unmöglich, den Begriff eines Wortes so genau anzugeben, daß dasselbe dadurch zu allen Zeiten von allen ähnlichen unterschieden werden könne".

car il va de soi que ce sont les exemples qui illustrent le plus précisément l'usage d'un mot » (Préface : vi)[197].

À titre d'illustration de ces principes énoncés dans la Préface du dictionnaire, j'ai choisi les deux articles *die Vernunft* (la raison) et *die Tugend* (la vertu) qui désignent des notions capitales dans l'esprit de l'*Aufklärung*. Le premier article est d'une composition relativement simple, tandis que le second entre dans des subtilités remarquables de morale sociale. Les tableaux 7 et 8 distribuent en quatre colonnes les quatre volets principaux (numérotation, conditions d'emploi, définition et commentaire) de chaque article[198]. L'ordre des composantes est historique, il est donc naturel qu'Adelung précise pour les premières si elles sont encore usitées à son époque et dans quels registres particuliers.

die Vernunft [p. 1101-1102, la raison]			
n°	**conditions d'emploi**	**définition**	**Commentaire**
1	Dans l'interpré-tation propre...	… l'action de percevoir qqc, de le ressentir, avec conscience, distinction et application, et la faculté de l'âme de ressentir de cette manière.	Cette interprétation large du mot se rencontre encore de temps en temps dans la vie ordinaire, puisqu'on a coutume d'accorder également de la raison / *Vernunft* aux animaux…
2(0)	... mais dans la langue littéraire ...		.. ; ce sens est vieilli et on n'emploie plus le mot que dans une interprétation plus étroite, et de deux manières différentes :

[197] "Manche Wörter haben in ihrer Verbindung mit anderen so viel Eigenes, daß sehr viel Platz erfordert werden würde, auch nur das Vornehmste davon durch Worte anzugeben. Das kann am besten durch eine hinlängliche Anzahl Beyspiele geschehen, welche ein Wort in seinen vornehmsten Lagen gegen andere Wörter darstellen; zu geschweigen, daß durch Beyspiele der Gebrauch eines Wortes immer am anschaulichsten wird".

[198] J'ai adopté des polices différentes pour chaque volet afin de faciliter la lecture du tableau.

2 (1)	Subjecti-vement…	… la faculté de représentation libre de l'âme, indépendante du corps, à la différence de la capacité de connaissance par les sens ; ou selon d'autres, l'aptitude à saisir la cohérence entre plusieurs choses, à juger et à conclure, ce qui n'est cependant qu'un degré supérieur ou une application plus immédiate de la raison / *Vernunft*	La raison / *Vernunft* est le caractère interne de l'être humain qui le distingue des animaux, comme le langage en est le caractère externe. L'entendement / *Verstand* est la capacité de représentations claires ou d'une connaissance générale, dont la raison / *Vernunft* n'est qu'un degré supérieur, bien que les deux mots soient souvent confondus l'un avec l'autre.
2 (2)	Objecti-vement…	… l'ensemble des vérités naturelles connues …	… interprétation dans laquelle il se présente plus rarement, et il est alors opposé à la manifestation / *Offenbarung*

Tableau 7 : Répartition des trois composantes principales de l'article *Vernunft* ('raison', à l'exception des illustrations)

L'article *Vernunft* met en œuvre trois conditions d'emploi (sens propre et originel ; emploi subjectif ; emploi objectif). Dans la définition des composantes 1 et 2(1), Adelung n'hésite pas à apporter des notations juxtaposées apparentées à des touches picturales, ex. *percevoir / ressentir* ; *conscience / distinction / application* ; *saisir / juger / conclure* ; *degré supérieur / application plus immédiate*. Il est intéressant de noter que la définition 2(1) est dédoublée en deux options reliées par « ou selon d'autres », ce qui témoigne du souci louable de tenir compte d'avis divergents.

Le commentaire de 2(0), l'introduction à la composante 2, fournit l'articulation entre les trois composantes successives. Adelung explique l'absence de restriction aux êtres humains en notant que les animaux peuvent être doués de raison, avant de préciser que les deux interprétations restreintes qui suivent relèvent du registre de la langue littéraire. Et l'auteur introduit dans le commentaire de 2(2) et 2(3) des distinctions synonymiques. En 2(2) le substantif *Vernunft* (raison) se distingue de *Verstand* (entendement, différence de degré) et en 2(3), ce substantif se distingue de *Offenbarung* (manifestation). Un coup d'œil jeté à l'article *Offenbarung* nous apprend que dans son sens courant ce terme désigne « la divulgation d'une chose cachée » (déf.2). *Vernunft* s'applique donc à la capacité d'accès aux vérités naturelles et *Offenbarung* à celle d'accès aux vérités révélées, notamment d'ordre religieux, et il est probable qu'en évoquant une « opposition » entre *Vernunft* et *Offenbarung* dans ce contexte, Adelung avait à l'esprit la sentence injustement prêtée à Tertullien (père de l'Église du IIe siècle de notre ère), *Credo quia absurdum* (je crois parce que c'est absurde) qui présente la révélation chrétienne comme hors du champ de la raison.

die Tugend [717-718, la vertu]			
n°	**Conditions d'emploi**	**Définition**	**Commentaire**
	Un mot qui a été employé, et qui continue à l'être dans différentes dimensions de sa signification.		
1	Un sens vieilli …	…puissance, force physique	… qui est cependant le sens premier et originel.
	Dans un sens étroit ce mot a été aussi employé fréquemment pour la bravoure, sens dans lequel il est également vieilli.		En bas-saxon *tauger* est encore bien attesté et chez Pictorius[199] *Tucht* exprime encore la force et la puissance.
2	Dans un sens étroit	Force, capacité de produire certains changements, notamment salutaires	
	Un sens déjà vieilli en grande partie…,		… dans lequel les *Tugenden* (vertus) d'une herbe, d'un médicament étaient leur pouvoir de guérison
3	Au figuré, la *Tugend* est…		
3 (1)		…l'état dans lequel une chose possède les propriétés nécessaires à sa destination …	… sens qui s'applique à son tour de deux manières différentes

199 Médecin et auteur de la Renaissance né en Souabe.

3 (1.a)	Comme un mot abstrait dénué de pluriel…	… la constitution d'une chose telle qu'elle possède toutes les propriétés nécessaires à sa destination …	Ce sens appartenant au style noble est vieilli, même si l'on parle encore dans la vie courante de la *Tugend* (vertu) d'un couteau, d'un outil, etc., pour désigner son bon usage. En bas-saxon *Döge*. Dans un sens étroit et châtié la *Tugend* était jadis aussi l'excellence et ce sens est probablement encore représenté dans 1 Pierre 2,9 où l'on lit : *la Tugend de celui qui vous a désignés*, dans la traduction du grec [par Luther] (cf. α'ρετη).
3 (1.b)	Comme mot concret doté d'un pluriel…	… certaines des bonnes propriétés adaptées ou utiles à sa destination	Jadis on parlait aussi des *Tugenden* de l'entendement, c'est-à-dire des capacités utiles de celui-ci.
3 (2)	Dans un sens moral étroit la *Tugend* …	… l'état dans lequel une créature douée de raison agit conformément à sa destination où à son intention…	… ce sens étant soumis à son tour à diverses restrictions.
3 (2.a)	Comme mot abstrait dénué de pluriel…	… elles concernent à la fois la nature de toutes les obligations morales, la concordance entre l'état moral et la loi ou la destination, et la disposition à satisfaire le mieux possible ses obligations	
3 (2.b)	Commet mot concret doté d'un pluriel …	… elles touchent certaines tendances et dispositions fondées dans cet état et en découlant, ou toute tendance ou disposition louable à satisfaire ses obligations	

3 (3)	Dans le sens le plus étroit ...	...la simple chasteté est appelée *Tugend*	et le mot a probablement aussi ce sens quand il est dans certaines villes d'Empire, comme mot abstrait, un titre des femmes nobles. À Nuremberg par ex. les femmes des lignées patriciennes sont appelées *Ihre Hochadelige Tugend* (Votre très-noble *Tugend*).

Tableau 8 : Répartition des trois composantes principales de l'article *Tugend* ('vertu' ; à l'exception des illustrations)

L'article *die Tugend* est plus touffu et, en introduction, Adelung prévient le lecteur qu'il va devoir passer en revue « différentes dimensions de sa signification ». Cela suppose un éventail de conditions d'emploi plus sophistiqué que pour *Vernunft*. Curieusement, il ne mentionne aucun « sens propre », le sens 1 (puissance, force physique) étant présenté d'emblée comme étroit et vieilli et le sens 2 (capacité de produire des changements salutaires) comme aussi étroit et lui aussi « vieilli en grande partie ». En allemand contemporain (à l'édition du dictionnaire), il ne reste donc plus qu'un sens 3 figuré et ici Adelung entre dans des subtilités philosophiques difficiles à appréhender qui tirent parti de deux distinctions : mot concret *vs* abstrait et mot doté d'un pluriel *vs* dénué de pluriel, lesquelles s'avèrent associées : les sens 3(1a) sur le plan général et 3(2a) sur le plan « moral étroit » concernent le mot dans un sens abstrait et dénué de pluriel (*la vertu* dans l'absolu), tandis que les sens 3(1b) et 3(2b) le concernent dans un sens concret et doté d'un pluriel (*les vertus* particulières). Enfin dans le sens 3(3) « le plus étroit », Tugend désigne simplement le *nec plus ultra* de la vertu, à savoir la chasteté (de préférence féminine, comme le laisse clairement entendre le commentaire associé sur les nobles dames de Nuremberg).

Les définitions successives de 3(1a) à 3(2b) reprennent les mêmes termes (propriétés, destination, nécessaire, tendances et dispositions, satisfaire des obligations, etc.) avec une syntaxe légèrement variée. L'idée générale est toutefois la conformité du comportement à une « destination » (religieuse, morale et sociale par extension) : une personne douée de *Tugend* se comporte conformément à ce qu'on est en droit d'attendre d'elle. En même temps – et cela nous ramène au tableau 1 – pour que cette personne ait conscience de sa « destination », il faut qu'elle soit une « créature douée de raison » (*vernünftig* < *Vernunft*). En deux articles lexicographiques, nous avons ici une version simplifiée des deux premières Critiques kantiennes, celle de la raison pure et celle de la raison pratique, à cela près que pour Kant le comportement vertueux se fonde sur un impératif catégorique[200] qui ne fait intervenir aucune autorité divine.

Quant aux commentaires, ils se distinguent de ceux de l'article *Vernunft* par l'indication de variantes dialectales, notamment en bas-saxon qui distingue *tauger* (sens 1) de *Döge* (sens 3.1a). Cela nous remémore l'objectif d'Adelung mentionné dans le sous-titre du dictionnaire : « en comparaison constante avec les autres dialectes, plus particulièrement ceux de l'Allemagne du sud »[201] (voir son frontispice en Annexe à ce chapitre).

Enfin l'article *Vernunft* s'achève sur une Remarque (*Anmerkung*) qui porte d'abord sur le dérivé *Unvernunft* (déraison) défini comme « la négligence de l'emploi moralement obligatoire de la raison » ou encore « l'application absolument erronée de la raison », et ensuite sur l'étymologie de *Vernunft* qui évoque l'idée de perception de la vérité car « *Vernunft* est formé sur le modèle de [lat] *perceptio*, comme *vernehmen* sur celui de *percipere* ». Quant à l'article *Tugend*, il est accompagné de deux Remarques. La seconde est étymologique, rattachant *Tugend* au verbe *taugen*, dont le sens contemporain est « valoir / être valide », mais qui signifiait au Moyen-Âge « être vigoureux ». La première, en rapport avec cette étymologie, compare cette formation à celle du latin *virtus*, qualité du *vir* (le mâle), terme issu de *vis*, *viris* (la force) et elle présente la vertu comme « une figure de la vigueur physique ». Le commentaire d'Adelung mérite d'être reproduit :

> « ... non pas parce que la *Tugend* est une force morale opposée à une résistance, celle de la force des sens, mais parce qu'à l'époque où le monde et les nations vivaient une jeunesse brutale, la vigueur physique et la bravoure qui en découle étaient la seule vertu civique, ou du moins la seule supériorité civique »[202].

---

[200] "Agis uniquement d'après la maxime qui fait que tu puisses vouloir en même temps qu'elle devienne une loi universelle." (*Fondements de la métaphysique des mœurs*, section II, chap. 4).

[201] *Mit beständiger Vergleichung der übrigen Mundarten, besonders aber der Oberdeutschen.*

[202] "... nicht, weil die Tugend moralische Kraft gegen einen Widerstand, gegen sinnliche Kraft ist, sondern, weil in dem rohen Jugendalter der Welt und der Nationen Leibesstärke und die darin gegründete Tapferkeit, die einige bürgerliche Tugend, wenigstens der einige bürgerliche Vorzug, war."

En conclusion, les articles lexicographiques d'Adelung, notamment dans le lexique abstrait, se caractérisent par une distribution judicieuse et occasionnellement complexe de différents types d'informations qui se laissent aisément représenter sous la forme de tableaux croisant différents volets (principalement des conditions d'emploi, des définitions, des commentaires et des exemples ou citations) et différentes composantes sémantiques ordonnées historiquement, des sens sortis de l'usage aux plus récents, et rhétoriquement, d'un sens propre (quand il existe) vers des sens figurés de plus en plus étroits, avant de s'achever fréquemment par des remarques dérivationnelles et étymologiques.

C'est assurément la perfection de cette maquette appliquée avec une assiduité prodigieuse qui a comblé les esprits éclairés dès la première édition de 1774sq, a engagé l'auteur à la réviser en 1793sq et a incité F. X. Schönberger et D.W. Soltau à y apporter de nouvelles corrections dans l'édition « à bas coût » de 1811, cinq ans après son décès. Et cette dernière édition lui a permis de constituer la référence lexicographique par excellence jusqu'à la parution du *Deutsches Wörterbuch* en un seul volume de Hermann Paul en 1897, plus maniable et mieux adapté aux réalités du Reich wilhelminien, mais moins détaillé que celui d'Adelung[203].

Il nous reste maintenant à évoquer deux jugements érudits portés sur l'intérêt du Dictionnaire grammatical et critique. Le premier est dû à l'étymologiste Wolfgang Pfeiffer. Dans sa contribution au volume collectif édité par W. Bahner (1984 : 237), Pfeiffer considère que « la force d'Adelung dans son Dictionnaire ne réside pas dans l'étymologie » et il ajoute :

> « Elle ne peut pas l'être, dans la mesure où les travaux des frères Schlegel, de Rask, Jacob Grimm (à partir du 1er volume de sa Grammaire) et Bopp et de nombreux épigones qui l'ont fondée comme science étaient encore à venir[204]. Personne ne peut attendre d'Adelung qu'il ait été en mesure d'en venir à bout à un moment beaucoup trop précoce »[205].

Deux points sont cependant à rappeler :

---

[203] Le dictionnaire des frères Grimm n'entrait que partiellement en ligne de compte, puisqu'il s'était interrompu à l'initiale 'F' à la mort de Jacob Grimm

[204] Curieusement, Pfeiffer ignore l'énorme traité d'étymologie des langues indo-européennes d'August Friedrich Pott en six volumes (1833)

[205] "Adelungs Stärke im Wörterbuch ist, von heute her gesehen, nicht die Etymologie. Sie kann es insofern gar nicht sein, als noch die Arbeiten von den Brüdern Schlegel, von Rask, von Jacob Grimm (vom 1. Bande seiner Grammatik), von Bopp und mancher Späterer ausstehen, durch die Etymologie erst zum Range einer Wissenschaft erhoben wurde. Niemand kann von Adelung erwarten, daß er als einzelner zu einem frühen, zu frühen Zeitpunkt das zu leisten imstande war. (Pfeiffer 2004 : 238):

- Adelung distingue entre l'étymologie IMMEDIATE, c'est-à-dire la formation des mots par des procédés de dérivation et de composition bien identifiés déjà à l'époque, et l'étymologie ETENDUE, consacrée à l'évolution du lexique allemand à partir d'états anciens difficilement reconstructibles.
- Il réclame d'associer la « notion » d'un mot ou d'un de ses sens à l'étymologie et à l'usage langagier et de produire une définition « brève et compréhensible pour quiconque »[206], ce qui confère à l'étymologie (rangée dans les Remarques) une fonction incontournable.

Pfeiffer vante par ailleurs le soin avec lequel Adelung « reprend, rejette ou corrige les opinions de ses prédécesseurs » [étymologistes], tout en observant qu'il lui arrive inévitablement de rejeter des thèses qui se sont révélées exactes. Et au bout du compte « dans ses parties principales, les articles lexicographiques, il reste de nos jours un miroir de l'état de la langue allemande à son époque ».

Le second jugement, emprunté au même volume, mais d'une importance bien supérieure, est dû à Joachim Dückert et il concerne spécifiquement le volet des définitions. À la fin du XVIIIe siècle, la distinction devenue ordinaire entre dictionnaire « de langue » (représenté par excellence dans la France du XIXe siècle par celui d'Émile Littré en 1872) et dictionnaire « encyclopédique » (représenté, après celui de Diderot et D'Alembert au XVIIIe siècle, par le *Grand dictionnaire universel du XIXe siècle* rédigé par Pierre Larousse entre 1866 et 1888) n'était pas encore entré dans les usages et les lexicographes devaient apprécier l'ampleur des informations encyclopédiques qu'ils devaient instiller dans un dictionnaire de langue pour satisfaire les attentes de leurs lecteurs. Adelung a résolu judicieusement de n'introduire des commentaires sur les référents que s'ils étaient pertinents pour la langue (1984 : 224), par exemple pour *Adler* (l'aigle) :

> « Ses yeux sont d'un jaune safran et jettent des feux, c'est pourquoi on a coutume d'appeler des yeux perçants et étincelants 'œil d'aigle' dans le style relevé »[207].

Dückert (1984 : 225) observe qu'Adelung « sait que le sens d'un mot se compose de traits qu'il importe de respecter dans les définitions sémantiques et dont le nombre est inversement proportionnel à l'extension

---

[206] "Der Begriff eines Wortes, einer Bedeutung muß aus der Etymologie, verbunden mit dem Sprachgebrauche, hergeleitet werden, und dabey kurz und für jedermann faßlich seyn" [Préface : vi]

[207] "Seine Augen sind safrangelb und feurig ; daher man scharfe und blitzende Augen in der höhern Schreibart Adleraugen zu nennen pflegt."

du sens », un savoir étonnamment moderne qui fait de lui un lexicographe aussi professionnel qu'à sa suite Jacob Grimm et Hermann Paul. Il suit également un principe d'économie en ne définissant les dérivés et les composés que si leur sens ne résulte pas de la composition des sens de leurs constituants. Par ex. dans l'article sur le verbe *abordnen* (déléguer / députer) il se contente de la mention *Daher die Abordnung* (de là la délégation / députation).

Adelung rend service au lecteur en adjoignant aux mots et à leurs définitions des caractéristiques de différentes natures (Dückert 1984 : 227), grammaticales, diachroniques (il propose occasionnellement un substitut pour les mots sortis de l'usage et pour des néologismes qui lui paraissent injustifiés parce qu'équivalents à des mots existants), régionales, stylistiques (avec un jeu de cinq registres), sociales et techniques. Par ailleurs, concernant les conditions d'emploi, il cherche à mettre en relation les sens successifs par des spécifications fines « proprement / au figuré / par métonymie / par extension / particulièrement », etc.

Surtout, Adelung ambitionne de construire une « échelle des sens » (*Leiter der Bedeutungen*) tout en admettant qu'il est parfois contraint à des hypothèses « parce que le premier sens… n'est plus là, ou parce que de nombreux barreaux de l'échelle des sens se sont perdus, ou restent dissimulés dans des dialectes ». Mais pour satisfaire autant que possible à cette ambition, il va jusqu'à « insérer de nombreux sens vieillis, du moins en haut-allemand quand ils servent à l'explicitation des sens encore présents » (Préface, p.xiv). En outre, même si le noyau de sa présentation est constitué des sens d'un mot encore attestés en Haut-allemand de son temps, il retient d'autres sens vieillis ou régionaux en cherchant à relier les uns aux autres. Et comme nous l'avons vu dans les tableaux consacrés aux articles *Vernunft* et *Tugend*, il met volontiers le mot-vedette en relation avec d'autres mots de sens identique ou analogue et il rassemble dans sa présentation les mots qui sont interconnectés en raison de leur formation (dérivés et composés).

3.3.3. La macrostructure

La question de la macrostructure des dictionnaires de langue est résolue de la manière la plus simple si tout mot de la nomenclature est traité comme une unité lexicale vedette en tête d'un article. Cette option extrême implique qu'aucun mot ne peut être traité comme une unité lexicale secondaire (disposée dans le contenu d'un article)[208]. C'est l'option qu'a privilégiée Hermann Paul un siècle après Adelung. Mais ni Adelung ni les frères Grimm ne l'ont adoptée, si bien qu'on trouve dans leurs dictionnaires respectifs des articles dégroupés de mots homonymes (à la fois homophones et homographes) et des articles introduits par une vedette (unité lexicale primaire), mais contenant des mots auxiliaires (unités lexicales secondaires). En outre Dückert (1984 : 226) observe que les dérivés par suffixation et les composés sont disposés chez Adelung immédiatement après le « simplex », même si d'autres mots devraient normalement s'interposer dans l'ordre alphabétique. Cette convention vise à faciliter la recherche du lecteur conscient des processus dérivationnels et compositionnels.

Pour comparer les options d'Adelung et des frères Grimm dans le choix de ces dégroupements (abstraction faite du dictionnaire de H. Paul qui ne dégroupe apparemment nulle part les articles, même en cas d'étymologie différente), j'ai retenu quatre substantifs bien connus des germanistes pour leur variation (a) étymologique, (b) flexionnelle et/ou (c) sémantique, afin de disposer d'un panel de cas de figure variés[209]. Le tableau 9 résume les caractéristiques étymologiques, flexionnelles et sémantiques des quatre substantifs testés, susceptibles d'avoir guidé le choix des trois lexicographes pour ou contre des articles dégroupés.

---

[208] Il reste cependant dans cette option la question subsidiaire du traitement des mots composés (ou « polylexèmes ») dont les composants sont séparés par des blancs ou des tirets. En allemand cette question est moins délicate qu'en français, puisque la plupart des mots composés sont écrits d'un seul tenant. Cette convention graphique a conduit au fil du XIXe et du XXe siècle à un accroissement continuel qui a été drastiquement limité par la réforme de l'orthographe de 1997. Ainsi, au fil du temps la séquence *in Folge dessen* (à la suite de cela) a fini par s'orthographier *infolgedessen* (ce qui avait l'avantage, pour l'utilisateur d'un dictionnaire de langue, d'avoir accès à cet adverbe composé à sa place alphabétique) avant de retrouver sa graphie originelle en 1997 (laquelle impose de disposer le composé dans l'article de la vedette nominale *Folge*, la fin). Cette réforme ne s'applique qu'à l'Allemagne et ne touche ni l'Autriche ni la Suisse germanophone.

[209] On trouvera dans François (2017 : 103) un tableau comparatif du traitement de *der/das Bauer* [le constructeur, le paysan, la volière] dans les trois mêmes dictionnaires.

Lemme	Variation étymologique	flexionnelle	sémantique
Schloß	Ø	[das] Ø	serrure / château [dérivation sém. transparente]
Strauß	étym. lat. *struthio* (autruche) *vs* étym. incertaine	[der] pl. *Strauße / Sträußer*	bagarre / autruche / bouquet
Band	Ø	*das* vs *der* pl. *Bände / Bänder*	ruban / bande / volume dans l'édition
Mark	*das Mark* (la moelle) : famille germ. *die Mark* (signe) : lat. *marca*	*das* [sans pl.] vs *die* : pl. *Marken*	moelle / signe / unité de monnaie

Tableau 9 : Variation étymologique, flexionnelle et/ou sémantique de quatre substantifs

- *das Schloß*

Adelung opte pour un seul article comportant quatre entrées : (1) action de fermer, sans pl. « vieilli » ; (2) instrument de fermeture (serrure) ; (3) espace fermé (sans explication concrète) ; (4) château.

Grimm opte également pour un seul article subdivisé en trois entrées : (1) instrument ou moyen de clôre une ouverture ; (2) château ; (3) en vieux-haut-allemand, variante ancienne de *Schluß* (conclusion) sortie de l'usage indépendant, présente seulement en composition.

On constate donc qu'en présence d'une étymologie commune, d'une dérivation sémantique transparente et d'une absence de variation flexionnelle, Grimm[210] comme Adelung privilégient un article unique. Ils ne se distinguent que par le nombre d'entrées et le renvoi du sens (1) d'Adelung (l'action de fermer) dans un emploi logique spécifique en fin d'article.

- *der Strauß*

Adelung adopte un dégroupement en trois articles : (1) bagarre, vieilli, pl. *Sträuße*, avec l'hypothèse étymologique d'une relation avec le v. *dreschen* (battre le grain) ; (2) autruche, pl. *Strauße*, étym.lat. *struthio* ; (3) bouquet, pl. *Sträuße* (*Straüßer* en haut-saxon). Il adjoint une Remarque

[210] Ou plutôt ses successeurs puisqu'à la mort de Jacob Grimm, son dictionnaire n'avait atteint que le substantif *Frucht* [le fruit].

comparant un ensemble de mots apparentés sans conclusion étymologique claire.

Grimm opte aussi pour un dégroupement analogue, mais il ne numérote pas les articles et il fait passer en tête l'entrée (2, autruche) d'Adelung, manifestement en raison de son étymologie latine bien établie. Les deux lexicographes sont donc du même avis quant à la nécessité d'un dégroupement en trois articles et divergent seulement quant à leur ordre.

- *das/der Band*

Adelung considère qu'il y a deux mots distincts[211], le premier au neutre dans le sens de « ruban, bande » avec le pl. *Bänder*, le second au masculin dans le sens de « volume relié » avec le pl. *Bände*, en dépit d'une dérivation sémantique aussi claire que pour *Schloß*. Grimm suit le même plan. Par comparaison avec leur traitement unitaire de *Schloß*, les deux lexicographes estiment donc que la double variation flexionnelle en genre et dans la forme du pluriel suffit à justifier le dégroupement, ce qui n'est pas l'avis de H. Paul qui se limite à un seul article.

- *das/die Mark*

Adelung pratique un dégroupement en trois articles et il commence par introduire *der Mark* comme une variante vieillie par apocope de *der Markt* (le marché, mention limitée à un renvoi à *Markt* chez Grimm). Dans la Remarque qui conclut l'article il mentionne un ensemble de mots apparentés dans les langues germaniques, ce qui laisse supposer une origine protogermanique commune. Le second article est consacré à *das Mark* (la moelle, au propre et au figuré, sans pl.), le troisième à *die Mark* (signe, unité de monnaie, pl. *Marken*). Ici l'étymologie latine (*marca*) est bien établie. Grimm ne fait pas mention du masc. *der Mark* et opte également pour *das Mark* comme premier article et *die Mark* comme second article dégroupé. De son côté, H. Paul introduit dans son article unitaire une entrée consacrée à un sens sous-estimé par les deux autres lexicographes, « zone frontière » pour *die Mark* (fr. *la marche*, dans le sens féodal)[212].

En conclusion, on constate que la différence d'étymon – qui constitue un critère de dégroupement majeur dans la tradition lexicographique française depuis le *Petit Robert* de 1967 – intervient chez Adelung et les frères Grimm, mais pas chez H. Paul qui reste fidèle contre vents et marées au principe d'articles unitaires. La différence mineure qui subsiste entre

[211] Curieusement, contrairement à son usage régulier, Adelung ne numérote pas ces deux articles.

[212] Voir dans ce sens *der Markgraf* (litt. le comte de la marche ; le margrave).

Adelung et Grimm tient à l'ordre des articles dans le cas de *Strauß*, Grimm disposant en premier l'article consacré à l'autruche (étym.lat. *struthio*). Comme la différence de genre est plus stable entre dialectes que celle de marque du pluriel, elle joue chez l'un et l'autre un rôle plus décisif dans la décision de dégrouper pour *Band* comme pour *Mark*.

Enfin il est à noter qu'entre le dictionnaire d'Adelung et celui de Grimm la composante étymologique a considérablement progressé, mais ce constat ne vaut que pour les initiales A-F achevées du vivant de Jacob Grimm et avec prudence, car il est probable que les éditeurs de l'édition complète – poursuivie de 1852 à 1961 – ont corrigé les étymologies erronées des premiers volumes.

3.4. En simultané, le Dictionnaire de la prononciation, de l'orthographe, des flexions et des dérivations de l'allemand (1788)

Avant de passer à la révision de son Dictionnaire grammatical et critique en 1793, Adelung juge nécessaire de compléter la première édition (à partir de 1774) par un dictionnaire consacré à des aspects périphériques – par rapport à la dimension centrale sémantique ou plus exactement « sémantaxique » – du lexique allemand, les conventions orthographiques, la prononciation, les flexions nominales et verbales et enfin les régularités dérivationnelles. Ce dictionnaire complémentaire, paru en 1788, est résolument orienté vers l'usage rédactionnel, alors que le dictionnaire principal est plutôt dédié à l'usage interprétatif. En même temps il s'adosse à une Instruction complète sur l'orthographe allemande (*Vollständige Anweisung zur deutschen Orthographie*), publiée la même année qui fournit les principes sur lesquels se fonde la partie orthographique du dictionnaire complémentaire. L'entreprise était souhaitable compte tenu d'usages orthographiques et occasionnellement flexionnels et dérivationnels variables d'une région à l'autre dans l'espace germanophone et elle a été manifestement appréciée, car l'Instruction a connu de nombreuses rééditions au cours du XIXe siècle, jusqu'à ce que Conrad Duden produise en 1880 le nouveau standard orthographique avec son Dictionnaire orthographique complet de l'orthographe allemande (*Vollständiges Orthographisches Wörterbuch der deutschen Sprache*).

Dieter Nerius (1984) confirme qu'Adelung a exercé une influence considérable sur « le développement factuel de l'orthographe allemande unifiée tout comme sur les normes grammaticales, parce que, en raison de leur diffusion déjà étendue à l'époque, les formes qu'il a retenues offraient la meilleure base objective pour la norme unifiée dont le besoin se faisait sentir de manière générale pour l'écrit littéraire ». Il cite notamment un courrier de Goethe adressé à son éditeur Göschen en 1787 à propos de la première édition de ses œuvres complètes :

> « Dans l'ensemble mon intention est de suivre pleinement l'orthographe d'Adelung ; un correcteur méticuleux devra donc se référer à cette dernière dans tous les cas douteux »[213].

Et Nerius conclut sur un jugement décisif, puisque venant de l'un des principaux successeurs d'Adelung en lexicographie de l'allemand, Herman Paul en 1901 :

> « Plus encore que dans les acquis scientifiques de ses travaux, l'importance d'Adelung réside dans l'influence qu'il a eue sur la fixation et la diffusion de la langue écrite. Il ne faut pas prendre en considération le seul effet direct qu'il a exercé par la grande diffusion de ses livres. De manière générale il a fini par se rendre indispensable dans l'enseignement scolaire de la langue allemande, et à divers titres cela vaut encore aujourd'hui »[214].

À titre d'exemple, on peut se reporter à l'article *Herz* du dictionnaire de Frisch (tableau 6). On constate (ligne 9) l'orthographe *das Brod* au lieu de *das Brot* pour le pain ; (ligne 12) *die Seel* au lieu de *die Seele* pour l'âme ; (*ibid.*) *das Gemüth* au lieu de *das Gemüt* pour l'humeur ; (*ibid.*) *allerley* au lieu de *allerlei* pour le déterminant « toutes sortes de » ; (*ibid*) ; *Kräffte* au lieu de *Kräfte* (acc. plur.) pour « forces/pouvoirs » ; une discordance (l. 14) entre *altes*, en minuscules et *Neues*, avec l'initiale en majuscules pour « de l'ancien et du nouveau », et (ligne 16) une variation suffixale, *-üs* contre actuellement *-is* dans *Bekümmernüs* (le souci / la préoccupation).

Concernant la prononciation, Adelung examine en priorité la position et la nature (renforcée *vs* étendue) de l'accent. Pour les mots d'origine germanique polysyllabiques, les cas douteux sont rares, mais la prononciation des « particules » monosyllabiques (c'est-à-dire des mots grammaticaux en général) exige de spécifier la nature de l'accent. Et ce sont essentiellement les mots d'origine étrangère qui nécessitent des indications particulières. Les instructions orthographiques se fondent sur l'étymologie et sur la prononciation. De manière générale, ce dictionnaire

---

[213] "Im Ganzen ist die Absicht, der Adelungischen Rechtschreibung vollkommen zu folgen; ein sorgfältiger Korrektor wird also bei jedem zweifelhaften Fall sich nach derselben zu richten haben". [cité par D. Nerius 1984 : 170]

[214] "Adelungs Bedeutung liegt mehr noch als in dem wissenschaftlichen Ertrag seiner Arbeiten in dem Einfluß, den er auf die Fixierung und Ausbreitung der Schriftsprache gehabt hat. Es muß dabei nicht nur die direkte Wirkung in Anschlag gebracht werden, die er durch die große Verbreitung seiner Bücher geübt hat. Er hat überhaupt die schulmäßige Behandlung der deutschen Sprache in Abhängigkeit von sich gebracht, die in vieler Beziehung noch heute andauert". [cité par D. Nerius 1984 : 171]

ne s'attache qu'aux cas jugés délicats, et à ce titre c'est un dictionnaire des difficultés de la langue allemande, mais qui laisse de côté les difficultés d'ordre syntaxique (par exemple le régime prépositionnel des verbes et la corrélation éventuelle entre polysémie verbale et variation prépositionnelle). À titre d'exemple, voici le traitement des trois homonymes *acht/Acht* qui pose la question de l'articulation entre macrostructure du dictionnaire (l'introduction de trois articles) et microstructure de chacun de ces articles.

1. Acht, das Zahlwort. Daher der achte, das Achtel, ein Achter, achterley, achthalb, achtzehn, achtzig. acht Mahl, nicht achtmahl, wohl aber achtmahlig, S. Mahl.

2. Die Acht, Wahrnehmung, ein altes, nur noch in einigen Fällen übliches Substantiv, Acht geben, in Acht nehmen, S. 350. Daher achten, achtsam, die Achtsamkeit, unachtsam, die Achtung, erachten, verachten, der Verächter, die Verachtung, verächtlich, die Verächtlichkeit.

3. Die Acht, Verfolgung. Daher ächten, der Ächter, ein Geächteter.

Tableau 10 : Les trois articles *acht/Acht*
dans le dictionnaire complémentaire de 1788

Concernant la macrostructure du dictionnaire, on constate que les trois articles homonymiques distingués font l'objet d'une numérotation. Manifestement l'ordre de numérotation se fonde sur le statut grammatical (1. Mot grammatical / numéral « huit » *vs* 2-3. Substantif) et sur la dérivation sémantique (2. Sens premier du substantif : « Perception, un substantif ancien, qui n'est plus usité que dans quelques cas » *vs* 3. Sens dérivé « persécution »). Les expressions et les dérivés énumérés en [1] ont donc tous à voir avec le nombre « huit » (ex. *das Achtel*, la huitième partie ; ceux de l'article [2] concernent le sens « perception / considération » (ex. *in Acht nehmen*, prendre en considération, *die Achtung*, l'attention, etc.) ; et ceux de l'article [3] se rapportent au sens « persécution / proscription » (ex. *der Ächter*, le persécuteur ; *ein Geächteter*, un proscrit).

Du point de vue de la microstructure de chacun des trois articles, on observe d'une part l'absence de distinction visible entre flexion (ex. *der achte*), dérivation (ex. *Achtel*) et composition (ex. *achtmahlig*), et d'autre part, conformément au statut de « dictionnaire des difficultés », la présence de remarques orthographiques dans des cas douteux (ex. *acht Mahl* et non *achtmahl*, cependant *achtmahlig*). Le tableau 11 résume l'articulation des trois articles et fournit la traduction de tous les dérivés et commentaires.

N°	Lemme	Définition	Flexion / Colloc. / Rem. orthogr.	Dérivation et composition
1	***Acht***	Numéral	*der achte* (le 8e) *ein Achter* (un 8, figure) pas **achtmahl*, mais *achtmahlig* (survenu huit fois)	*das Achtel* (la huitième partie) *achterley* (une huitaine de) *achthalb* (huit et demi) *achtzehn* (dix-huit) *achtzig* (quatre-vingts) ⇦ *acht Mahl* (huit fois)
2	***die Acht***	perception, un substantif ancien, qui n'est plus usité que dans certains cas	*Acht geben* (prendre gare à) *In Acht nehmen* (surveiller)	*achten* (faire attention) *die Achtsamkeit* (l'attention) *unachtsam* (inattentif) *die Achtung* (l'attention) *erachten* (tenir compte de) *verachten* (mépriser) *der Verächter* (le contempteur) *die Verachtung* (le mépris) *verächtlich* (méprisable) *die Verächtlichkeit* (le caractère méprisable)
3	***die Acht***	persécution, proscription		d'où *ächten* (poursuivre, proscrire) der *Ächter* (juge décidant la proscription) ein *Geächteter* (proscrit)

Tableau 11 : Traitement des trois articles *acht/Acht* dans le dictionnaire complémentaire de 1788

3.5. Adelung, émule critique de Samuel Johnson

Dans la section 3.2 consacrée aux dictionnaires qu'Adelung a certainement consultés et exploités, j'ai fait abstraction de la langue anglaise. En effet, Adelung était un grand connaisseur de l'anglais du fait de son intense activité de traducteur, et le dictionnaire de référence au milieu du XVIIIe siècle, celui de Samuel Johnson, est le seul avec lequel Adelung a souhaité se mesurer explicitement, d'une part dans son Petit dictionnaire grammatical et critique de la langue anglaise pour les

Allemands (*Kleines grammatisch-kritisches Wörterbuch der englischen Sprache für die Deutschen*, 1796) et d'autre part dans le troisième de ses Essais philologiques publiés en anglais en 1798.

3.5.1. Les traits distinctifs du Dictionary of the English Language *(1755)*

Le Dictionnaire de la langue anglaise[215] de Samuel Johnson, paru en 1755, n'est pas le premier dans l'absolu (cf. Reddick 2006), mais il est le premier à s'élever à un niveau comparable aux grands dictionnaires publiés en plusieurs volumes *in folio* à l'adresse d'un public cultivé et fortuné, notamment pour l'espagnol, le *Tesoro* de 1674, pour le français le Furetière en 1690 et le Dictionnaire de l'Académie en 1694 et pour l'italien le *Compendio* de l'Accademia della Crusca en 1732 (cf. § 3.2.3), comme le souligne A. Reddick (2006 : 228) :

> « C'est aussi le seul dictionnaire de la langue anglaise rédigé par un écrivain de premier plan. Les définitions de Johnson sont plus rigoureuses, surtout pour ce qui est des définitions multiples, soigneusement élaborées ; l'introduction de citations illustrant l'usage était une grande nouveauté dans la lexicographie anglaise ; et, comme cela a déjà été dit, la taille et le volume des deux in-folio annonçaient les prétentions de l'ouvrage, donnée importante pour sa commercialisation ».

Contrairement aux dictionnaires mentionnés ci-dessus, celui de Johnson ne provenait pas d'une commande princière, il n'était pas non plus le fruit d'une illustre académie, ce qui représentait un sérieux inconvénient commercial, Johnson ne pouvant compter que sur sa notoriété d'écrivain et son titre de « Licencié honoris causa » que venait de lui décerner l'université d'Oxford, mais l'absence d'un mécène lui permettait en revanche de se placer sur un terrain essentiellement descriptif et de ne tenir compte que de l'usage des grands écrivains de langue anglaise. A. Reddick (2006 : 228) considère que l'originalité du dictionnaire de Johnson réside dans sa méthode rigoureuse de formulation des définitions multiples et de renvoi à l'usage d'écrivains incontestés :

> « À chaque entrée il donnait les acceptions diverses des mots en se conformant à une méthode précise, et proposait des citations empruntées à des auteurs anglais reconnus pour illustrer la définition et ajouter à son autorité [...] la critique n'a pas assez insisté sur le fait que le dictionnaire de Johnson était le premier qui s'employait en grande mesure

---

[215] Le titre complet est : "Dictionary of the English language : in which the words are deduced from their originals, explained in their different meanings, and authorized by the names of the writers in whose works they are found"

> à définir les mots à partir de l'usage qu'en faisaient des auteurs anglophones ».

S'il est vrai, comme nous le verrons plus loin, qu'Adelung confirmera le jugement de Reddick sur le premier point, en revanche sur le second le mérite de Johnson est sujet à caution, car en fait ce dernier se contente (faute de place ?) de mentionner à la suite de chaque définition le nom d'un ou deux auteurs, parfois accompagné d'un titre abrégé, mais on ne rencontre qu'un nombre infime de citations. Si bien que le lecteur doit se contenter d'une information très lacunaire du genre « Shakespeare / Chaucer, etc. a employé le mot recherché dans ce sens ».

En revanche, Johnson développe une vision de sa fonction d'éducateur de la nation anglaise analogue à celle d'Adelung en accompagnant son dictionnaire, non seulement d'une Préface qui énonce les principes méthodologiques auxquels il entend se conformer, mais aussi d'une histoire de la langue et d'une grammaire, et comme Adelung il cherche à organiser la microstructure des articles en fonction de l'étymologie (le sens premier étant celui de l'étymon), mais selon Adelung avec un succès médiocre. Enfin le jugement final de Reddick (2006 : 235) sur la langue que Johnson entend décrire s'applique aussi bien au Dictionnaire grammatical et critique d'Adelung (même si celui-ci s'efforce de ne pas exclure l'usage oral des locuteurs cultivés) : « Le *Dictionnaire* est un regard que le dernier XVIIIe siècle jette sur un héritage littéraire et linguistique déjà lointain ». Mais cette limitation vaut tout autant pour le dictionnaire de la langue française d'Émile Littré qui inclut la langue classique dans une synchronie excessivement vaste.

3.5.2. L'essai critique d'Adelung : **On the relative merits and demerits of Johnson's English Dictionary** *(1798)*[216]

Dans la préface (non paginée) de son dictionnaire, Johnson énumère sept principes méthodologiques qu'il a suivis scrupuleusement et qu'il présente comme novateurs :

> « Par comparaison avec les autres dictionnaires du même genre, on trouvera [au présent dictionnaire] quelques avantages.
>
> I. Il comporte de nombreux mots absents de tout autre dictionnaire.
>
> II. De nombreux termes et expressions par lesquels d'autres dictionnaires peuvent vicier le style sont écartés de celui-ci.
>
> III. Les mots sont plus correctement orthographiés, soit au regard de leur étymologie, soit par l'observation de l'usage des meilleurs auteurs.

---

[216] Je n'ai pas retrouvé la trace du texte original de l'essai d'Adelung traduit en anglais en 1798. Je le cite d'après cette traduction anglaise.

IV. Les étymologies et dérivations, qu'elles proviennent de langues étrangères ou de racines natives, sont retracées de manière plus diligente et notées plus distinctement.

V. Les sens de chaque mot sont énumérés de manière plus complète et expliqués avec plus de clarté.

VI. De nombreux mots figurant chez les auteurs du passé, tels que Spencer, Shakespeare et Milton, qui ont été omis ailleurs, sont minutieusement insérés ici, de sorte que ce livre peut servir de glossaire ou d'index des termes propres aux auteurs poétiques.

VII. Aux mots et aux différents sens de chaque mot, on a fait suivre les noms des écrivains qui en ont fait usage, de sorte que le lecteur qui connaît les diverses périodes de la langue et l'époque de ses auteurs peut juger de l'élégance et de la prévalence de quelque mot que ce soit, ou du sens d'un mot ; et sans devoir recourir à d'autres ouvrages, il pourra savoir ce qui est archaïque, ce qui est inusité et ce qui est recommandé par la meilleure autorité ».

L'essentiel de l'essai qu'Adelung consacre aux « mérites et défaillances du *Dictionary of the English Language* de Johnson », consiste en une revue critique des objectifs et des réalisations effectives du prédécesseur qu'il s'est choisi comme modèle. Il renvoie à une partie des critères énumérés par Johnson, mais il en passe certains sous silence et il introduit de nouveaux critères. Ayant constaté, dans la nomenclature du dictionnaire de Johnson et dans la microstructure de ses articles lexicographiques, des défaillances auxquelles il souhaite échapper parce qu'elles risquent d'être plus visibles dans un « abrégé »[217] traduit en allemand que dans l'original, Adelung propose lui aussi une série de sept points sur lesquels il s'est efforcé de parvenir à un meilleur résultat (p. CLXX) :

1. *« dans le nombre de mots » (la nomenclature)*

Adelung considère que – contrairement à son propre critère 1 – la nomenclature de Johnson est « son côté le plus faible » (p. CLXXI). Si le dictionnaire rend bien la variété du lexique scientifique et plus largement des écrits, il est « déficient dans la langue de la société, dans celle de la vie civile et dans les termes des arts et manufactures »[218]. Adelung se place du point de vue des apprenants étrangers en insistant sur l'importance de tels vocabulaires, « car ce sont précisément les cas où ils ont le plus fréquemment l'occasion de consulter un dictionnaire ». Dans la conception

[217] Parler d'abrégé pour une version bilingue finalement beaucoup plus détaillée que l'original relève clairement de la fausse modestie !

[218] La même critique pourrait s'appliquer aux premières éditions du *Dictionnaire de l'Académie*, mais leurs deux volumes étaient complétés par les deux autres du *Dictionnaire des Arts et des Sciences* de Thomas Corneille et ces quatre volumes seront finalement regroupés à partir de la 4e édition.

de l'objet lexicographique de Johnson, la langue anglaise cultivée et littéraire, poétique ou théologique constitue un « entre soi » de la bonne société et le dictionnaire est consulté essentiellement pour savoir quel mot est le plus convenable dans quelle situation sociale. Dans celle d'Adelung, si socialement conservateur qu'il soit, la notion d'usage est beaucoup plus vaste, elle a une ambition encyclopédique et elle couvre tous les savoir-faire et les besoins lexicaux d'une bourgeoisie désireuse de négocier avec l'Angleterre. C'est pourquoi la nomenclature du dictionnaire bilingue compte plusieurs milliers de mots absents du dictionnaire original et qu'Adelung a pu traduire sur la base du volume et de la diversité de ses lectures.

2. *« Dans la valeur et la dignité de chaque mot, selon qu'il est obsolète ou courant ; et dans ce dernier cas selon qu'il est usité dans le style le plus élevé, poétique, social ou vulgaire » (les registres)*

Sur ce point, Adelung adresse des félicitations à Johnson. Il a abordé ces registres « avec une égale attention », et dans un effort de notation systématique, il a « identifié les plus nécessaires de ces distinctions à l'aide de signes ou caractères particuliers »[219].

3. *« Dans la nature grammaticale du mot, que je complète par l'orthographe, la marque de l'accent et la prononciation » (les informations formelles)*

Ce troisième point va plus loin que le troisième critère de Johnson, car l'observation de l'usage des auteurs prestigieux ne suffit pas à repérer explicitement pour chaque mot « la classe à laquelle il appartient en tant que partie du discours ». Toutefois Adelung reconnaît que Johnson a bien traité ce type d'informations à l'exception de la distinction entre les syllabes accentuées longues et brèves (il fournit comme exemples la longueur de *blood* par opposition à la brièveté de *room*), imperfection à laquelle il a remédié en introduisant deux marques souscrites allant respectivement de gauche à droite pour *blood* et de droite à *gauche* pour *room*. On se rend compte avec cette notation du remarquable souci du détail d'Adelung.

4. *« Dans l'étymologie et la dérivation » (les informations morpho-sémantiques et diachroniques)*

Sur ce point, Adelung ne ménage pas ses critiques à Johnson qu'il qualifie de '*shallow etymologist*' en dehors de la partie du lexique anglais qui provient clairement du latin, du français, ou des dérivés du fonds anglo-saxon. Mais ce reproche est à double tranchant, car les comparativistes de

---

[219] Une pratique qui a été reprise au XXe siècle, notamment par le dictionnaire anglais-français de Robert & Collins

la génération suivante ne se sont pas privés d'adresser les mêmes reproches à Adelung lui-même. Cependant Adelung adopte une méthode éminemment moderne de réorganisation de la macrostructure, qui n'est devenue pratique courante dans la lexicographie qu'autour de la seconde moitié du XXe siècle : il s'agit de dissocier un article présumé unique par un double effet d'homophonie et d'homographie, mais reconnu comme multiple par des étymons distincts.

> « There are, in English, as well as in other languages, a great number of words, which are pronounced and written perfectly analogous to one another; although it can be proved, that they are derived from very different roots » (p. CLXXVI).

3.5.3. Les deux articles HEART *du dictionnaire monolingue de Johnson et du dictionnaire bilingue d'Adelung en contraste*

Afin de mesurer les parallélismes et les divergences entre les deux entreprises lexicographiques, il est pertinent de procéder à la comparaison minutieuse de deux articles décrivant un même lemme. Comme j'ai évoqué plus haut (cf. § 3.2) les articles *cœur* dans trois dictionnaires du français et *coraçon*, *cuorde* et *Herz* dans trois dictionnaires respectivement du castillan, de l'italien et de l'allemand, j'opte pour l'article *heart* dans le dictionnaire de Johnson (à gauche dans le tableau 12) et celui d'Adelung (à droite dans le même tableau).

Johnson distingue vingt entrées dont sept n'ont pas de correspondant dans l'article d'Adelung. Celui-ci en distingue seize dont trois sans correspondant chez Johnson. On est donc en présence d'environ treize entrées en correspondance, mais les formulations ne sont parfois que partiellement équivalentes, de sorte que j'ai introduit des flèches de correspondance continues si les formulations sont plus ou moins identiques et des flèches discontinues si les formulations présentent des analogies suffisantes.

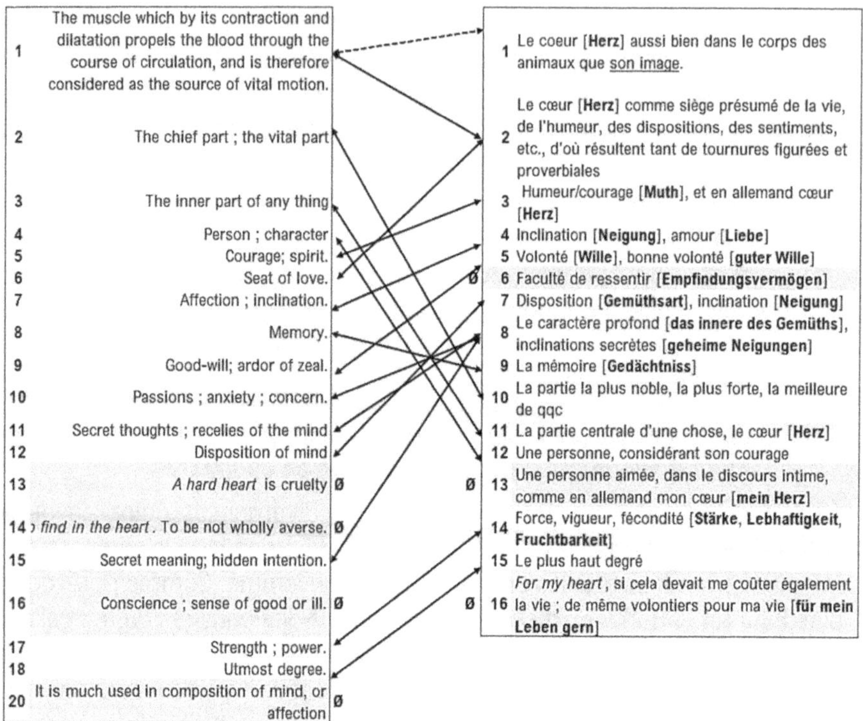

Tableau 12 : Comparaison entre les deux articles HEART de Johnson et d'Adelung

Le principe de mise en ordre des sens adopté par Adelung fait manifestement intervenir les critères suivants[220] :

Entrée	Critère
1.	Organe corporel… et son image PAR ANALOGIE DE FORME
2.	Siège de la vie et des affects PAR ANALOGIE DE FONCTION
3-7.	Cinq composantes affectives et cognitives associées au cœur PAR ABSTRACTION ET SPECIFICATION
8.	Le centre de l'âme, désirs secrets PAR ANALOGIE DE DISPOSITION
9.	La mémoire PAR ABSTRACTION ET SPECIFICATION
10.	Partie noble d'une chose PAR ANALOGIE DE FONCTION
11.	Partie centrale d'une chose PAR ANALOGIE DE DISPOSITION
12-13.	Personne admirée ou aimée PAR METONYMIE
14.	Qualité excellente PAR ANALOGIE DE FONCTION
15.	Abstraction suprême
16.	Locutions PAR FIGEMENT

Tableau 13 : Reconstruction des critères de classement des entrées de l'article *heart* dans le dictionnaire anglais-allemand d'Adelung

[220] J'ai traduit toutes les définitions d'Adelung, en allemand dans l'original.

Abstraction faite des entrées de l'un ou l'autre article qui n'ont pas de correspondant dans l'autre (notées Ø), la disposition des flèches met en évidence un désaccord entre Adelung et Johnson sur l'ordre relatif de certaines entrées. Ils sont en accord en tête de liste (l'entrée 1 de Johnson correspond pour partie à l'entrée 1 d'Adelung et pour partie à l'entrée 2) et en queue de liste (les entrées 17 et 18 de Johnson correspondent aux entrées 14 et 15 d'Adelung). Mais dans la partie centrale, les entrées 2, 3 et 4 de Johnson correspondent aux entrées 10, 11 et 12 d'Adelung, tandis que les entrées 3, 4 et 5 de ce dernier correspondent aux entrées 5, 6 et 12 de Johnson.

Après avoir introduit en 1 le cœur comme « source of the vital motion », Johnson suit cette direction en choisissant comme 2e entrée « the vital part », comme 3e « the inner part » par généralisation et comme 4e entrée « person ; character » par extension. L'assimilation du cœur à des fonctions affectives ou cognitives est renvoyée aux entrées 5 à 12. Chez Adelung, ces fonctions sont énumérées immédiatement par spécification à partir de l'entrée 2 qui évoque l'humeur, les dispositions, les sentiments, tandis que « la partie la plus noble », « la partie centrale » et « une personne, considérant son courage » sont renvoyées plus bas. Aucun des deux ordres ne peut atteindre la perfection, puisque la polysémie de *heart* est « radiale » dans la terminologie de G. Lakoff (1987) ou procède « par rayonnement » dans celle d'A. Darmesteter (1887). On peut seulement regretter par exemple que chez Adelung l'entrée 4 (inclination, amour) soit excessivement distante de l'entrée 13 (une personne aimée) puisqu'elles sont liées par une relation explicite de métonymie.

3.6. Conclusion

Au terme de ce troisième chapitre, on est forcé de reconnaître le talent exceptionnel d'Adelung en tant que lexicographe. Docteur en théologie protestante de l'université de Halle, il avait naturellement une connaissance approfondie, non seulement du grec, du latin classique et sans doute de l'hébreu (puisque Luther avait traduit l'Ancien Testament directement de l'hébreu et non du grec), mais aussi du latin ecclésiastique du Moyen-Âge, ce qui l'a mis en contact avec les révisions successives du *Glossaire de la latinité médiévale* de Du Cange et a fait naître en lui le désir de produire une nouvelle version abrégée du Glossaire, tout à fait dans l'esprit de la *Volksaufklärung*, les Lumières mises à la portée du 'peuple' (plus raisonnablement, de la maigre proportion du peuple allemand qui maniait déjà professionnellement le latin classique !).

Après avoir fait ses premières preuves dans ce galop d'essai, il s'est senti prêt, au début des années 1770, à relever le défi de composer un dictionnaire supérieur à celui de Frisch pour l'allemand, à celui de Johnson pour l'anglais et à celui de l'Académie pour le français, car « grammatical et critique », c'est-à-dire édifié sur des principes philosophiques, notamment la sélection d'un dialecte élevé au rang de « haut-allemand », une microstructure formalisée des articles et une répartition rigoureuse entre le noyau de l'article et des remarques postposées incluant des considérations encyclopédiques et une composante étymologique et dérivationnelle de qualité pour l'époque. Et le succès a été au rendez-vous, une première fois avec la 1ère édition en 1774 et une nouvelle fois avec la seconde en 1801. Fort de ce succès, il a voulu réaliser à partir du Dictionnaire de la langue anglaise de Samuel Johnson une version bilingue qui n'a pas encore été appréciée à sa juste valeur. Il a su en effet combiner les qualités du dictionnaire de Johnson pour la langue source et de son propre dictionnaire grammatical et critique pour la langue cible, en une œuvre qui me paraît respecter excellemment le génie des deux langues.

Peut-être est-ce aussi cette expérience de lexicographie bilingue qui a incité Adelung à suivre la voie ouverte au XVIe siècle par Conrad Gessner et de son vivant par Simon Pallas et Lorenzo Hervás y Panduro et à se lancer dans l'entreprise aventureuse consistant à remettre à jour le premier Mithridate à deux siècles et demi de distance. Adelung s'y est résolu à un âge trop avancé et avec la vision déjà surannée d'un savant des Lumières, mais il a eu l'intelligence de s'assurer l'assistance de Johann Severin Vater, spécialiste des langues sémitiques et slaves. Dans le quatrième et dernier chapitre, je chercherai à montrer que, même s'il n'a pu éditer lui-même que le premier volume du nouveau Mithridate consacré aux langues de l'Asie, Adelung est parvenu à mettre en branle une lourde machine d'un rendement suffisant pour inciter les frères Humboldt à y collaborer et donc à ouvrir la voie de la linguistique générale du XIXe siècle.

ANNEXE

Frontispices des dictionnaires examinés[221]

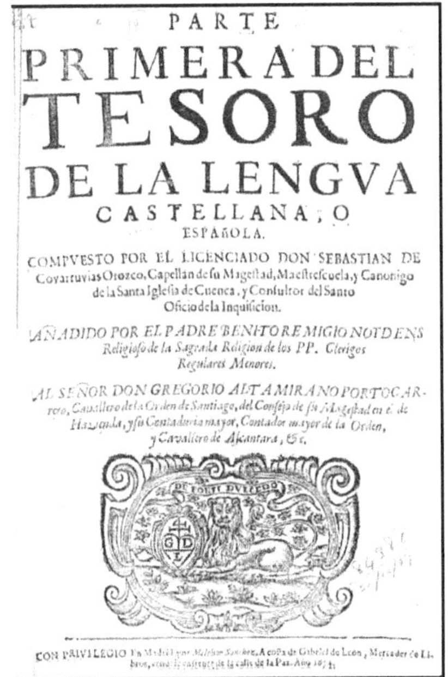
PARTE
PRIMERA DEL
TESORO
DE LA LENGVA
CASTELLANA, O
ESPAÑOLA.
COMPVESTO POR EL LICENCIADO DON SEBASTIAN DE
Covarruvias Orozco, Capellan de su Magestad, Maestrescuela, y Canonigo
de la Santa Iglesia de Cuenca, y Consultor del Santo
Oficio de la Inquisicion.
AÑADIDO POR EL PADRE BENITO REMIGIO NOYDENS
Religioso de la Sagrada Religion de los PP. Clerigos
Regulares Menores.
AL SEÑOR DON GREGORIO ALTAMIRANO PORTOCARrero, Cavallero de la Orden de Santiago, del Consejo de su Magestad en el de
Hazienda, y su Contaduria mayor, Contador mayor de la Orden,
y Cavallero de Alcantara, &c.
CON PRIVILEGIO

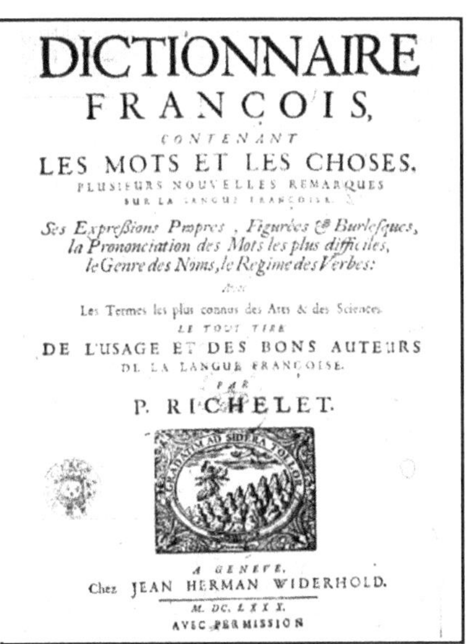
DICTIONNAIRE
FRANCOIS,
CONTENANT
LES MOTS ET LES CHOSES.
PLUSIEURS NOUVELLES REMARQUES
SUR LA LANGUE FRANÇOISE.
Ses Expressions Propres, Figurées & Burlesques,
la Prononciation des Mots les plus difficiles,
le Genre des Noms, le Regime des Verbes:
Avec
Les Termes les plus connus des Arts & des Sciences.
LE TOUT TIRÉ
DE L'USAGE ET DES BONS AUTEURS
DE LA LANGUE FRANÇOISE.
PAR
P. RICHELET.
A GENEVE,
Chez JEAN HERMAN WIDERHOLD.
M. DC. LXXX.
AVEC PERMISSION

Le *Tesoro de la Lengua Castellana, o Española* de Sebastian de Covarruvias Orozco (entre autres conseiller du Saint-Office de l'Inquisition !) paraît dès 1674 avec privilège du roi d'Espagne et des articles définis en castillan, précédant ainsi de six ans le dictionnaire comparable de P. Richelet.

Le *Dictionnaire François* de P. Richelet, paru à Genève en 1680, est le premier grand dictionnaire du français à fournir des définitions dans la même langue. Dans l'Avertissement, l'auteur se présente à juste titre comme un « aventurier » qui a anticipé la 1ère édition attendue du Dictionnaire de l'Académie française, laquelle ne paraîtra que quatorze ans plus tard.

221 Les dictionnaires sont classés par ordre chronologique. Le frontispice du Trésor de J. Nicot (1606) a été remplacé par celui de la 1ère édition du Dictionnaire de l'Académie française (1694)

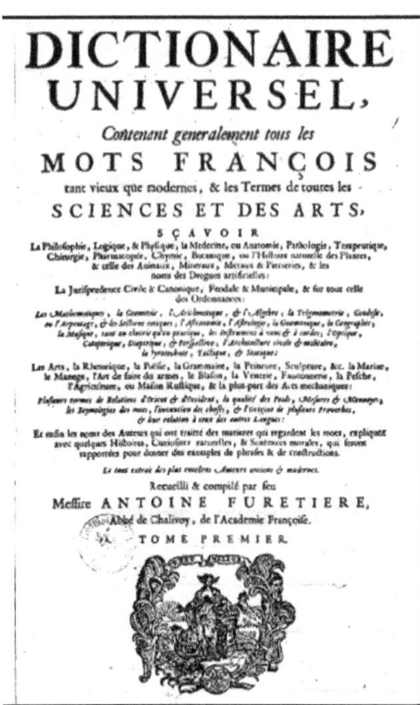

DICTIONAIRE
UNIVERSEL,
Contenant generalement tous les
MOTS FRANÇOIS
tant vieux que modernes, & les Termes de toutes les
SCIENCES ET DES ARTS,
SÇAVOIR
La Philosophie, Logique, & Physique, la Medecine, ou Anatomie, Pathologie, Terapeutique, Chirurgie, Pharmacopée, Chymie, Botanique, ou l'Histoire naturelle des Plantes, & celle des Animaux, Mineraux, Metaux & Pierreries, & les noms des Drogues artificielles:
La Jurisprudence Civile & Canonique, Feodale & Municipale, & sur tout celle des Ordonnances:
Les Mathematiques, la Geometrie, l'Arithmetique, & l'Algebre; la Trigonometrie, Geodesie, ou l'Arpentage, & les Sections coniques; l'Astronomie, l'Astrologie, la Gnomonique, la Geographie; la Musique, tant en theorie qu'en pratique, les Instrumens à vent & à cordes; l'Optique, Catoptrique, Dioptrique, & Perspective; l'Architecture civile & militaire, la Pyrotechnie, Tactique, & Statique:
Les Arts, la Rhetorique, la Poësie, la Grammaire, la Peinture, Sculpture, &c. la Marine, le Manege, l'Art de faire des armes, le Blason, la Venerie, Fauconnerie, la Pesche, l'Agriculture, ou Maison Rustique, & la plus-part des Arts mechaniques:
Plusieurs termes de Relations d'Orient & d'Occident, la qualité des Poids, Mesures & Monnoyes, les Etymologies des mots, l'invention des choses, & l'Origine de plusieurs Proverbes, & leur relation à ceux des autres Langues:
Et enfin les noms des Auteurs qui ont traitté des matieres qui regardent les mots, expliquez avec quelques Histoires, Curiositez naturelles, & Sentences morales, qui seront rapportées pour donner des exemples de phrases & de constructions.
Le tout extrait des plus excellens Auteurs anciens & modernes.
Recueilli & compilé par feu
Messire ANTOINE FURETIERE,
Abbé de Chalivoy, de l'Academie Françoise.
TOME PREMIER.

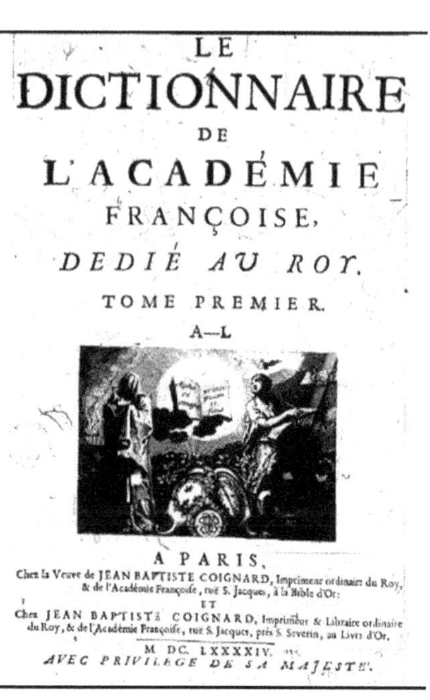

LE
DICTIONNAIRE
DE
L'ACADÉMIE
FRANÇOISE,
DEDIÉ AU ROY.
TOME PREMIER.
A—L
A PARIS,
Chez la Veuve de JEAN BAPTISTE COIGNARD, Imprimeur ordinaire du Roy, & de l'Académie Françoise, ruë S. Jacques, à la Bible d'Or:
ET
Chez JEAN BAPTISTE COIGNARD, Imprimeur & Libraire ordinaire du Roy, & de l'Académie Françoise, ruë S. Jacques, prés S. Severin, au Livre d'Or.
M. DC. LXXXXIV.
AVEC PRIVILEGE DE SA MAJESTÉ.

Le *Dictionnaire universel, contenant généralement tous les mots françois, tant vieux que modernes, & les termes de toutes les sciences et des arts* publié par Antoine Furetière en 1690 a un frontispice encore plus détaillé que celui de Richelet, dix ans auparavant. En éditant quatre ans avant ses pairs un dictionnaire plus riche et mieux conçu que celui de l'Académie, Furetière a déclenché un scandale qui lui a valu son fauteuil d'académicien, mais ce faisant il a contredit Richelet qui jugeait que la composition d'un dictionnaire de la langue française ne pouvait pas être l'œuvre d'un seul homme, et Adelung est son héritier dans cette ambition.

Le *Dictionnaire de l'Académie françoise*, paru en 1694, n'a pas besoin d'un frontispice détaillé. Le prestige de l'Académie et le privilège du roi suffisent à lui assurer une audience universelle. Mais le contenu de ses articles est maigre par rapport à celui de Furetière. En revanche il est immédiatement suivi d'un *Dictionnaire des Arts et des Sciences*, lui aussi en deux tomes, commandé par l'Académie à Thomas Corneille, frère et successeur de Pierre Corneille à l'Académie, qui anticipe sur l'Encyclopédie de Diderot et d'Alembert (1749) et rétablit partiellement la renommée de l'Académie.

COMPENDIO
DEL
VOCABOLARIO
DEGLI
ACCADEMICI
DELLA CRUSCA

Formato sulla Edizione quarta del medesimo.

IN FIRENZE
M. DCC. XXXIX.
APPRESSO DOMENICO MARIA MANNI.
CON LICENZA DE' SUPERIORI.

Johann Leonhard Frisch
Teutsch-
Lateinisches
Wörter-Bŭch,
Darinnen
Nicht nur die ursprünglichen, nebst denen davon hergeleiteten
und zusammengesetzten allgemein gebräuchlichen Wörter;
Sondern auch die bey den meisten
Künsten und Handwerken, bey Berg- und Saltz-
werken, Fischereyen, Jagd- Forst- und Hauß-Wesen, u. a. m.
gewöhnliche Teutsche Benennungen befindlich,
Vor allen,
Was noch in keinem Wörter-Buch geschehen,
Denen Einheimischen und Ausländern, so die in den mittlern Zeiten geschriebenen
Historien, Chroniken, Übersetzungen, Reimen u. d. g. mit ihren veralteten
Wörtern und Ausdrückungen verstehen wollen,
möglichst zu dienen,
Mit überall beygesetzter nöthigen Anführung der Stellen, wo dergleichen in den Büchern zu finden,
Samt angehängter
Theils versicherten, theils muthmaßlichen Etymologie
und critischen Anmerkungen;
Mit allem Fleiß viel Jahr über zusammengetragen,
Und jetzt den Gelehrten zur beliebigen Vermehrung und Verbesserung
überlassen.
Nebst einem Register der Lateinischen Wörter.

Berlin,
Verlegts Christoph Gottlieb Nicolai
1741.

Le *Compendio del Vocabulario degli Academici della Crusca* publié en 1739 par l'Académie située à Florence développe le *Vocabulario della Crusca* dont la fondation remonte à 1612 avec dès cette époque des définitions en italien (alors qu'en 1606 le *Thrésor de la Langue Françoise* de Jean Nicot ne comporte que des paraphrases en latin).

Le *Teutsch-Lateinisches Wörter-Buch* de Johann Leonhard Frisch, édité à Berlin en 1741, est le prédécesseur immédiat du [VGKW, 1774] d'Adelung. Il s'agit cependant, comme pour les dictionnaires qui l'ont précédé (cf. §3.2) d'un dictionnaire bilingue (vedettes en allemand, définitions en latin), comme le *Thrésor* de Nicot à plus de 130 ans de distance. C'est au regard de ses ancêtres en Allemagne que l'on peut mesurer l'originalité de l'*Essai de dictionnaire grammatical et critique de la langue allemande* d'Adelung.

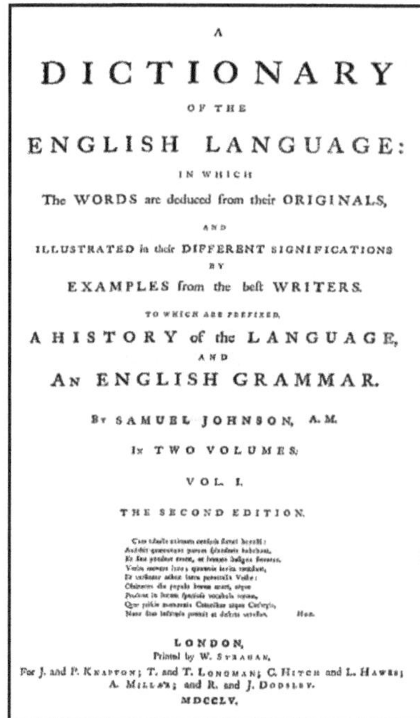

A

DICTIONARY

OF THE

ENGLISH LANGUAGE:

IN WHICH

The WORDS are deduced from their ORIGINALS,

AND

ILLUSTRATED in their DIFFERENT SIGNIFICATIONS

BY

EXAMPLES from the best WRITERS.

TO WHICH ARE PREFIXED,

A HISTORY of the LANGUAGE,

AND

AN ENGLISH GRAMMAR.

By SAMUEL JOHNSON, A.M.

IN TWO VOLUMES.

VOL. I.

THE SECOND EDITION.

Hor.

LONDON,

Printed by W. STRAHAN,

For J. and P. KNAPTON; T. and T. LONGMAN; C. HITCH and L. HAWES; A. MILLAR; and R. and J. DODSLEY.

MDCCLV.

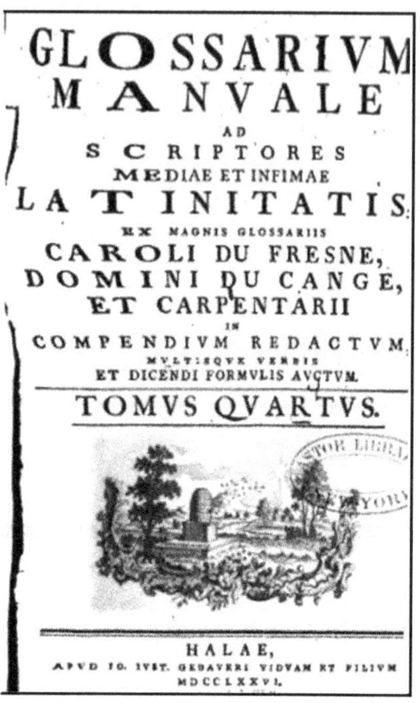

GLOSSARIVM MANVALE

AD

SCRIPTORES

MEDIAE ET INFIMAE

LATINITATIS

EX MAGNIS GLOSSARIIS

CAROLI DU FRESNE,

DOMINI DU CANGE,

ET CARPENTARII

IN

COMPENDIVM REDACTVM

MVLTISQVE VERBIS

ET DICENDI FORMVLIS AVCTVM.

TOMVS QVARTVS.

HALAE,

APVD IO. IVST. GEBAVERI VIDVAM ET FILIVM

MDCCLXXVI.

Le frontispice du 1er volume de la 2ème édition en 1755 du « Dictionnaire de la langue anglaise, dans lequel les mots sont déduits de leurs formes originelles et illustrés dans leurs différents sens… » de Samuel Johnson est étonnamment moderne. Il est seulement orné d'un poème en latin d'Horace. La 1ère édition étant parue la même année, on peut mesurer l'engouement du public cultivé pour cet ouvrage.

[GM 1776, tome 4]

Le frontispice décline le titre dans tous ses détails : « Glossaire maniable des auteurs de la latinité moyenne et tardive tiré des grands glossaires de Charles du Fresne, seigneur Du Cange et de Carpentier rédigé en forme de compendium et enrichi de nombreux mots et tournures par l'auteur ». Mais le nom de ce dernier auteur-compilateur ne figure pas. Le premier tome est paru en 1772, le 4e et dernier en 1776 à Halle.

Versuch
eines vollständigen
grammatisch-kritischen
Wörterbuches
der
Hochdeutschen Mundart,
mit beständiger Vergleichung der übrigen Mundarten,
besonders aber der oberdeutschen.
Vierter Theil, von Sch—V.
Leipzig,
verlegts Johann Gottlob Immanuel Breitkopf,
1780.

Neues
grammatisch-kritisches
Wörterbuch
der
Englischen Sprache
für die
Deutschen;
vornehmlich
aus dem größern englischen Werke
des Hrn.
Samuel Johnson
nach dessen vierten Ausgabe gezogen, und mit vielen Wörtern,
Bedeutungen und Beyspielen vermehrt.
Von K bis Z.
Zweyter Band.
Leipzig,
im Schwickertschen Verlage 1796.

[VVW 1780, tome 4]

Le frontispice indique que l'« Essai de dictionnaire grammatical et critique… » d'Adelung ambitionne d'être « complet » et de comparer continuellement avec les autres dialectes, tout en accordant la priorité à celui de la Haute-Saxe.

[NWE, édition de 1796]

Le titre intégral du dictionnaire bilingue anglais-allemand d'Adelung, dont le premier tome est paru en 1783 à Leipzig est : « Nouveau dictionnaire grammatical et critique de la langue anglaise pour les Allemands ; adapté principalement de la quatrième édition du grand ouvrage anglais de M. Samuel Johnson, et enrichi de nombreux mots, sens et exemples ». En insistant dans le frontispice sur le dictionnaire source de Johnson, Adelung entend retenir l'attention des acheteurs, car sur le fond l'adaptation d'Adelung est qualitativement et quantitativement très supérieure à l'original.

Grammatisch-kritisches
Wörterbuch
der
Hochdeutschen Mundart,
mit
beständiger Vergleichung der übrigen Mundarten,
besonders aber der Oberdeutschen,
von
Johann Christoph Adelung,
Churfürstl. Sächs. Hofrathe und Ober-Bibliothekar.

Mit
D. W. Soltau's Beyträgen,
revidirt und berichtiget
von
Franz Xaver Schönberger,
Doctor der freyen Künste und Philosophie, öffentl. ordentl. Professor der Beredsamkeit und Griechischen Sprache, Subdirector des k. k. Convictes.

Erster Theil, von A—E.

Wien,
verlegt bey B. Ph. Bauer.
1811.

[GKW 1811]

Par rapport au frontispice de la première édition, cf. [VVW 1780] celui de l'édition posthume de 1811 précise que l'auteur était conseiller aulique de la cour du Prince électeur de Saxe et conservateur de la Bibliothèque princière. Fr. X. Schönberger a révisé et corrigé le manuscrit en y incluant des compléments par D.B. Soltau. Le frontispice est celui du 1er tome, paru à Vienne.

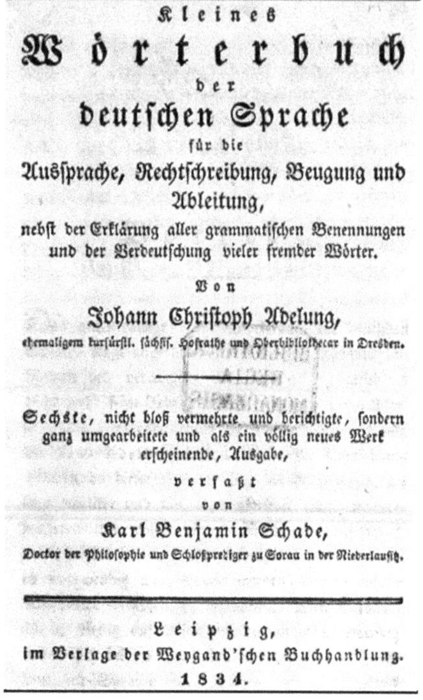

Kleines
Wörterbuch
der
deutschen Sprache
für die
Aussprache, Rechtschreibung, Beugung und Ableitung,
nebst der Erklärung aller grammatischen Benennungen und der Verdeutschung vieler fremder Wörter.
Von
Johann Christoph Adelung,
ehemaligem kurfürstl. sächsis. Hofrathe und Oberbibliothecar in Dresden.

Sechste, nicht bloß vermehrte und berichtigte, sondern ganz umgearbeitete und als ein völlig neues Werk erscheinende, Ausgabe,
verfaßt
von
Karl Benjamin Schade,
Doctor der Philosophie und Schloßprediger zu Sorau in der Niederlausitz.

Leipzig,
im Verlage der Weygand'schen Buchhandlung.
1834.

[KDW 1834]

Le frontispice de la 6e édition (Leipzig, 1834) du « Petit dictionnaire de la prononciation, l'orthographe, la flexion et la dérivation en allemand » présente Adelung comme « ancien conseiller aulique et bibliothécaire en chef » sans préciser à quelle cour. Cette édition due à K.B. Schade bénéficie du commentaire « 6e édition, non seulement étendue et corrigée, mais aussi complètement révisée, dans laquelle ce dictionnaire se présente comme une œuvre tout à fait nouvelle ». Ce commentaire est destiné à tirer profit du succès des premières éditions tout en annonçant un nouveau produit 28 ans après la mort d'Adelung.

Chapitre 4

LA COLLECTE DES LANGUES DU MONDE, D'UN *'MITHRIDATE'* À L'AUTRE

Le Mithridate[222] en quatre volumes parus de 1806 à 1817 est en quelque sorte comparable au Requiem de Mozart composé à la hâte à la veille de sa mort en 1791, dont certaines parties restaient à l'état de notes préparatoires et que son disciple Franz Xaver Süßmayr a complétées dans l'esprit de son maître. Le volume 1 consacré aux langues de l'Asie venait juste d'être publié à la mort d'Adelung. Heureusement, son partenaire Johann Severin Vater était prêt à reprendre le projet, quitte à le moderniser dans les volumes 3 et 4.

- La section 4.1 brosse un tableau général des quatre entreprises (missionnaire, mercantile, exploratoire et philologique) qui constituent l'arrière-plan du Mithridate.
- La section 4.2 résume l'idée, sans suite immédiate mais très proche de la lexicostatistique du XXe siècle, de Johann Christoph Gatterer, d'un calcul lexical destiné à apprécier le degré de proximité entre les langues.
- La section 4.3 évoque les descriptions de langues individuelles (vocabulaires et grammaires) et les collectes de langues antérieures au *Mithridate* d'Adelung et Vater depuis le premier Mithridate dû au polygraphe Conrad Gessner en 1555 (§ 4.3.1) et les productions de ce qu'on appelle la « linguistique missionnaire » du XVIe au XVIIIe siècle (§ 4.3.2) jusqu'aux caractères communs et distinctifs entre le second *Mithridate* d'Adelung et Vater et l'entreprise précédente d'une ampleur comparable, à savoir les volumes linguistiques de l'imposante série de

222 Pour un aperçu général, une liste de références et la composition des quatre volumes, voir la notice 5107 de Barbara Kaltz dans le *Corpus des Textes Linguistiques Fondamentaux* (*http://ctlf.ens-lyon.fr/n_fiche.asp?n=35*). Le titre de l'ouvrage (et auparavant de celui de Conrad Gessner paru en 1555) évoque la figure de Mithridate VI, roi du Pont (132 ou 135 – 63), vaillant adversaire des légions romaines de Sylla, Lucullus et Pompée, réputé pour avoir parlé les langues de tous les peuples de son royaume. Le ton général de cette notice est critique, avec ce jugement balancé : "Synthèse monumentale du savoir linguistique en matière de comparaison des langues au début du 19e s., l'ouvrage permet d'apprécier pleinement les progrès que l'approche comparatiste devait permettre par la suite".

21 volumes du Jésuite Lorenzo Hervás y Panduro intitulée *Idea dell'Universo*, lesquels sont parus entre 1784 et 1787 en italien et dans les premières années du XIXe siècle en espagnol (§ 4.3.3).

- La section 4.4 porte sur la composition du premier volume du *Mithridate* (le seul entièrement rédigé et édité par Adelung), avec une discussion détaillée de la philosophie qui se dégage de l'introduction générale au projet (§ 4.4.1), le classement comparé des langues d'Asie entre le *Catalogo* de Hervás (éd. de 1801) et le *Mithridate* (§ 4.4.2), l'examen de la composition de deux notices respectivement sur le tibétain et sur le sanskrit (§ 4.4.3), et l'appréciation du rôle de passeur d'Adelung entre les compilateurs du XVIe-XVIIIe siècle et les comparatistes du XIXe par ses observations sur les parentés lexicales entre le sanskrit et le vieux-persan d'une part, et d'autre part plusieurs langues anciennes de l'Europe, notamment le gotique qui jouera un rôle décisif dans la Grammaire allemande de Jacob Grimm (à partir de 1819 cf. § 4.4.4).
- Enfin la section 4.5. examine la contribution implicite d'Alexander von Humboldt à la première partie du volume 3 du Mithridate sur les langues des Amériques et celle, explicite, de son frère Wilhelm au volume 4 de Suppléments, à propos de la révision de la notice d'Adelung (en tête du volume 2) sur la langue basque.

4.1. Les quatre entreprises qui ont contribué à accroître la collecte des langues entre le XVIe et le XVIIIe siècle

Selon une légende rapportée par Pline l'Ancien, MITHRIDATE VI EUPATOR (132/135-68 av. J.C.), roi du Pont et adversaire valeureux de la république romaine, avait une prodigieuse mémoire qui lui aurait permis de pratiquer toutes les langues des 22 peuples constituant son royaume. C'est pour cette raison que Conrad Gessner, savant suisse polyvalent typique de la Renaissance, a donné son nom à la première grande compilation des langues du monde, mais limitée essentiellement à des langues européennes. Les 67 langues évoquées dans cet ouvrage qui connut une grande renommée jusqu'au XVIIIe siècle (cf. Colombat 2008) sont ordonnées géographiquement. À l'époque tout autre classement était hors de propos, on regroupait aisément les langues romanes ou italiques, germaniques, slaves et celtes, et les spécialistes des langues sacrées percevaient les parentés entre l'arabe, l'hébreu et l'araméen, mais la réflexion généalogique s'arrêtait là.

Entre le premier et le second Mithridate engagé par Adelung en 1806 au soir de sa vie et achevé par son partenaire J.S. Vater en 1818, quatre entreprises, dont trois sans objectif linguistique, se sont confortées mutuellement pour déboucher sur un accroissement prodigieux du savoir sur les langues du monde.

1. L'entreprise MISSIONNAIRE, menée tous azimuts à la suite de l'exploration de l'Océan Atlantique à la fin du XVe siècle et de l'océan Pacifique au début du XVIe, mais avec le plus de succès dans les Amériques, notamment centrale et méridionale, nécessitait un minimum de connaissance de la langue de chaque peuple à évangéliser et la traduction des prières essentielles dans cette langue (généralement associée à une entreprise colonisatrice et occasionnellement esclavagiste).
2. L'entreprise MERCANTILE, puis COLONISATRICE consistait à établir des comptoirs dans des pays souvent dotés d'une culture écrite et aptes à s'engager dans des échanges marchands (sur la côte orientale de l'Afrique islamisée et le long des côtes indiennes jusqu'en Extrême-Orient) ou jugées primitives (sur le reste des côtes africaines pour la traite négrière). Elle nécessitait des échanges langagiers qui ont débouché sur une multitude de langues créoles (explorées à partir du milieu du XIXe siècle par Lucien Adam en France, Francisco Adolfo Coelho au Portugal et Hugo Schuchardt en Autriche).
3. L'entreprise d'EXPLORATION SAVANTE OU ADMINISTRATIVE. L'entreprise mercantile engagée dès le XVIe siècle a permis de repérer dans différentes régions 'incultes' des ressources (épices, métaux précieux, bois exotiques, céréales et oléagineux, canne à sucre, etc.) qui méritaient d'être exploitées au prix d'une colonisation en règle, et l'exploration terrestre et nautique savante du XVIIIe siècle servait souvent de point de départ pour une conquête à fin économique. L'exploration terrestre de la partie sibérienne de l'empire russe par Peter Simon Pallas à la demande de Catherine II, celle nautique des deux passages occidental et oriental vers l'Arctique documentée par Adelung (1768) et l'exploration de l'Océanie par Cook, Bougainville, La Pérouse en sont des exemples célèbres.
4. Enfin l'entreprise PHILOLOGIQUE se centrait sur les textes conservés, assimilés à des « monuments »

- des aires marginales de la civilisation européenne, par exemple l'édition de la bible gotique de l'évèque Ulfila par Karl Friedrich Fulda en 1805,
- et des civilisations extra-européennes, rédigés en sanskrit (William Jones, Gaston-Laurent Coeurdoux), en avestique (Anquetil Du Perron), ou en nahuatl (Alonso de Molina, auteur du premier *Vocabulario en lengua mexicana y castellana* en 1571), etc. Jusqu'au milieu du XIXe siècle, l'intérêt des philologues portait sur le dépouillement des

manuscrits et l'édition de la version la plus plausible, quand plusieurs manuscrits ne se recoupaient que partiellement. C'est seulement dans la seconde moitié du siècle que la linguistique dominante est devenue réellement historique pour rattacher la majorité les langues modernes à une langue-mère (selon la démarche des arbres glotto-généalogiques d'August Schleicher, 1861).

Du point de vue de leurs retombées ethnographiques et linguistiques, ces quatre entreprises ont donné lieu à un savoir de base entre le XVIe et le XVIIIe siècle, pour la première et la seconde dès la découverte des « Indes occidentales » et la constitution de comptoirs dans les « Indes orientales» et au-delà, pour la troisième et la quatrième essentiellement au XVIIIe siècle dans le prolongement de l'entreprise encyclopédiste, débouchant sur les deux grandes compilations de Hervás y Panduro (fondée notamment sur les rapports de missionnaires jésuites retournés à Rome à la suite du démantèlement de leur ordre en 1773) et d'Adelung & Vater. Ces derniers reprennent le titre de la compilation de Gessner par considération pour son œuvre et pour souligner la parenté méthodologique tenant à l'exploitation des traductions du *Pater noster*. Le diagramme ci-dessous (Fig. 1) résume la progression de la collecte des langues entre les deux Mithridate grâce aux retombées des quatre entreprises évoquées plus haut.

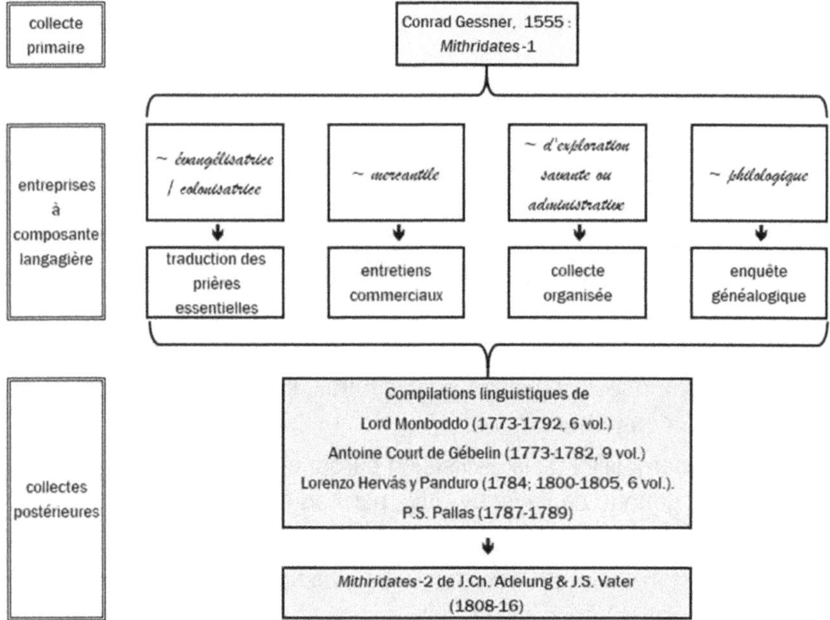

Figure 1 : La collecte des données linguistiques à la source du second Mithridate

4.2. Le calcul de la proximité entre langues selon J. Ch. Gatterer (1771)

Les études historiographiques menées en Allemagne comme en France sur la « prélinguistique » du XVIIIe siècle (par exemple Auroux et Hordé 2000 ; Trabant 2003) ont mis en évidence les progrès de la collecte des langues vivantes et passées au cours du XVIIIe siècle à travers les œuvres de James Burney (lord Monboddo), Simon Pallas, Lorenzo Hervás y Panduro, Court de Gébelin, etc., et ont judicieusement apprécié ce que le Mithridate d'Adelung et Vater leur doit. Cependant je n'ai rencontré aucune mention de Johann Christoph Gatterer (1727-1799) et il y a une raison simple à cela, c'est que Gatterer ne reste dans la mémoire académique que comme un brillant représentant de l'histoire universelle. Cependant son ouvrage paru à Göttingen en 1771, « Introduction à l'histoire universelle synchroniste en commentaire de ses tables synchronistes » (*Einleitung in die synchronistische Universalhistorie zur Erläuterung seiner synchronistischen Tabellen*) contient dans le vol.1 (p.101-110) une évaluation du degré de proximité entre les langues du monde qui, à défaut de toute considération généalogique, se fonde sur un calcul minutieux du nombre de lettres partagé entre des « mots caractéristiques », notamment les numéraux, les pronoms, le verbe ETRE et les « mots indispensables de la vie commune », qui présente une similitude remarquable avec la méthode lexicostatistique élaborée par Morris Swadesh dans les années 1950 à partir de l'identification de « cognats » lexicaux (cf. François 2018 : 20-22).

Je n'ai eu connaissance de ces pages de J. Ch. Gatterer qu'en consultant le chapitre 2 du « Traité circonstancié de la langue allemande » [ULG 1782] dans sa pré-édition de l'année précédente [ÜGDS 1781, § 29 : 63-7] où Adelung cite *in extenso* les pp. 106-110 de l'Introduction de Gatterer, après les avoir introduites par ces mots (1781 : 63) :

> « § 29. *Langues et dialectes apparentés* – On sait désormais à quel point la comparaison des langues dans l'histoire peut contribuer à déterminer l'origine et la parenté entre les peuples. Il est d'autant plus surprenant qu'on n'ait pas été plus fortunés dans la quête des principes selon lesquels cette parenté doit être établie. Il est fort utile d'insérer à cette place l'extrait suivant de l'Histoire universelle synchroniste de M. le Conseiller aulique Gatterer, p.106sq, parce qu'on peut y constater dans quelle

> mesure nos philosophes des langues et de l'histoire ont avancé dans une discipline aussi importante pour les uns et les autres »[223].

Le propos de Gatterer – comme d'ailleurs celui de Hervás ou de Court de Gébelin – n'est pas de comparer les langues pour elles-mêmes, mais de tirer de leur comparaison des conclusions sur la proximité entre les peuples qui les parlent (ou les ont parlées par le passé). L'auteur rappelle à ce propos que « déjà Hérodote exposait la généalogie des peuples à partir de leurs langues » (Gatterer 1771 : 106). Si deux peuples ont des langues apparentées, ils sont supposés partager une origine commune et si ces langues peuvent être considérées comme des dialectes l'une de l'autre, cette origine commune est plus proche. C'est le postulat, mais cela ne donne pas la méthode pour calculer le degré d'affinité entre deux parlers et leur classement relatif comme des « langues parentes » ou des dialectes :

> « Que faut-il entendre par "langues parentes" ? Et par "dialectes" ? Jusqu'où doit aller la parenté des langues pour qu'on puisse déclarer avec assurance : Cette langue-ci ou celle-là ne sont pas seulement parentes, ce sont même des dialectes ? Comme je ne trouve nulle part une réflexion philosophique sur cette question, je vais exprimer mes propres considérations sur ce sujet et les soumettre à des connaisseurs pour un examen plus approfondi »[224].

i. *Les deux plans de la signification et de la forme externe*

Gatterer commence par distinguer deux facettes de chaque mot, celle qui a pour fonction de désigner une notion, sa signification (*Bedeutung*) et celle de sa décomposition en lettres[225], c'est sa forme littérale ou externe

---

[223] "§ 29. *Verwandte Sprachen und Dialecte* – Wie viel Licht die Vergleichung der Sprachen in der Geschichte zur Bestimmung des Ursprunges und der Verwandtschaft der Völker gewähren kann, ist nunmehr bekannt genug. Desto mehr aber ist zu verwundern, daß man in Aussuchung der Grundsätze, nach welchen diese Verwandtschaft bestimmet werden muß, bisher nicht glücklicher gewesen. Es ist der Mühe werth, folgende Stelle aus des Hrn. Hofr. Gatterers synchronistischen Universal-Historie, S. 106 f. hierher zu setzen, weil man daraus sehen kann, wie weit unsere Sprach- und Geschichts-Philosophen es bisher in einer für beyde so wichtigen Lehre gebracht haben" (Adelung 1781b : 63)

[224] "Was heisen nun verwandte Sprachen : was heisen Dialecte ? Wie weit muß die Verwandtschaft der Sprachen gehen, bis man mit Zuverläßigkeit sagen kann : Diese oder jene Sprachen sind nicht blos verwandt, sondern sie sind gar Dialecte ? Weil ich nirgends etwas darüber philosophirt finde, so will ich selbst meine Gedanken hierüber äußern, und Kennern zu weiterer Prüfung vorlegen".

[225] En 1819, près de quarante ans plus tard, Jacob Grimm continue encore, dans sa Grammaire allemande, à désigner les éléments constitutifs des mots comme des "lettres", ce qui se comprend en grammaire historique, puisque les philologues et linguistes devaient opérer à partir des "monuments" à leur disposition sans être sûrs *a priori* de la prononciation des caractères déchiffrés.

(*buchstäbliche oder äußere Gestalt*). Pour être pertinent, le calcul de la proximité entre deux langues doit tenir compte de ces deux facettes (1771 : 107)

ii. *Les mots caractéristiques, ancêtres des cognats de la lexico-statistique*

Comme près de deux siècles plus tard Morris Swadesh (1955), l'auteur cherche à écarter d'emblée les classes de mots inappropriées (*untauglich*), premièrement les *Kunstwörter* (les termes techniques dans le sens de l'époque), deuxièmement « tous les termes employés dans les affaires religieuses », sans doute parce que ce sont essentiellement des emprunts au latin ecclésiastique, et troisièmement les onomatopées. Mais ces restrictions laissent encore un vaste champ libre, c'est pourquoi il introduit la catégorie des « mots caractéristiques » (*charakteristische Wörter*, reprenant la terminologie latine de Leibniz dans sa *Characteristica universalis*) qu'il décline en cinq classes :

1. les numéraux ;
2. les pronoms ;
3. le verbe ETRE ;
4. les « mots indispensables de la vie ordinaire » (*die unentbehrlichen Wörter des gemeinen Lebens*) et il mentionne « les mots désignant les parties du corps humain, les ustensiles les plus nécessaires, les pièces vestimentaires, les différentes sortes de parenté par le sang (...) les choses que quiconque perçoit par les yeux » (soleil, lune, étoiles, ciel, nuages, montagne, vallée, eau, rivière, pluie, jour, nuit, etc.) et enfin
5. « les mots radicaux en général ».

Les trois premières classes figurent aussi parmi les critères de sélection du vocabulaire testé en lexicostatistique, mais pour le reste, Gatterer ne dispose pas encore d'une théorie des emprunts lexicaux : les « ustensiles les plus nécessaires » peuvent avoir été élaborés en reproduisant ceux d'un peuple voisin, et l'accueil de tous les mots radicaux (*Stammwörter*), c'est-à-dire ni dérivés ni composés expose à des déconvenues.

iii. *Deux sortes d'identité, sémantique et formelle*

Même s'il est fondamentalement un philosophe de l'histoire et non du langage, Gatterer se rend bien compte que toute « identité » présumée ne peut pas être manifeste, c'est-à-dire perceptible « même pour celui qui n'est pas un philosophe du langage » (1771 : 108), si bien qu'il est nécessaire de prévoir une méthode de « réduction »[226] apte à dégager une « identité réduite », laquelle « est en soi aussi convaincante que la première ; mais elle ne l'est pas pour quiconque, seulement pour le philosophe du langage » (*ibid.*). Ainsi, dans les termes de la philosophie médiévale, l'identité immédiate, « exotérique » (accessible à tous) se distingue de l'identité réduite, « ésotérique » (accessible aux seuls initiés, les philosophes).

L'opération de réduction peut s'appliquer à la facette sémantique ou à la facette formelle, ou encore aux deux. La réduction sémantique consiste à démontrer que des mots de deux langues différentes qui semblent avoir un sens différent « concordent dans une idée de base ou au terme d'une analyse sémantique » (*nach einer begrifflichen Sprachanalyse*). Et la réduction formelle consiste à démontrer que la différence de forme externe résulte seulement d'une permutation, d'un ajout, d'une suppression ou simplement d'une prononciation différente (1771 : 109). Là encore, la similitude avec la méthode lexicostatistique est frappante.

iv. *La base lexicale de l'appréciation de l'identité entre langues et dialectes*

Sur cette base, Gatterer a estimé pouvoir fournir des critères de proximité graduelle sur une échelle à quatre niveaux et déterminer si deux langues sont des dialectes l'une de l'autre.

- Si la proportion de mots caractéristiques entre L1 et L2 est faible (côté sémantique et/ou côté formel, avec ou sans réduction méthodologique) L1 et L2 sont des langues sans parenté.
- Si cette proportion égale, approche la moitié et dépasse au minimum le premier tiers, ce sont des langues parentes. Ce faisant il ne précise pas s'il y a lieu de traiter les identités sémantiques et les identités formelles à égalité ou s'il convient de les pondérer au profit des unes ou des autres (1771 : 109).
- Si cette proportion dépasse la moitié des mots caractéristiques, L1 et L2 sont des dialectes d'une même langue.
- Si cette proportion atteint ou dépasse les deux tiers des mots caractéristiques, on est en présence de « dialectes étroitement apparentés » et à partir de ce niveau les identités obtenues par réduction comptent moins que les identités manifestes.

[226] Dans l'"alchimie opérative", la réduction d'un métal consistait à le porter à incandescence jusqu'à l'état de cendres dans le but d'opérer une transmutation.

Gatterer tire ensuite une leçon générale de cette méthode de calcul (avec une impressionnante syntaxe corrélative !) :

> « Plus l'identité entre les mots caractéristiques est manifeste dans leur signification et leur forme littérale, plus la réduction est exempte de contraintes (*ungezwungen*), et plus on peut s'en passer pour mettre en évidence l'identité, plus on peut dire avec assurance que des langues dans lesquelles tous ces traits sont réunis entretiennent une relation de dialecte à dialecte, et plus cela est le cas, plus la parenté entre ces dialectes est étroite »[227].

v. *La place de la grammaire dans ce calcul*

Enfin, Gatterer reconnaît qu'on ne peut pas complètement écarter du calcul la « disposition grammaticale » (*grammaticalische Einrichtung*), c'est-à-dire la syntaxe. Il introduit donc une seconde opposition superordonnée à celle entre signification et forme externe (appliquée aux mots), il s'agit de celle entre matière (*Materie*) et ce que j'appellerai « format » pour éviter les ambiguïtés (*Form*), laquelle s'applique aux propositions. Mais il estime inutile d'entrer dans le détail, car « la comparaison des propositions grammaticales de plusieurs langues ne donne lieu à aucune difficulté » !

Comme Gatterer a précisé d'emblée qu'il se contente de mettre sur le tapis ses idées personnelles sur le sujet et qu'il les soumet aux connaisseurs, il ne cherche pas à justifier plus avant son ingénieuse méthode de calcul et il passe aussitôt à son esquisse de classement des langues du monde ... qui n'en tient aucun compte. Bien qu'Adelung vante l'ingéniosité de la méthode de Gatterer, il y a peu de chances qu'il ait tiré profit du classement de ce dernier, car il se caractérise par des rattachements particulièrement fantasques, comme le montre l'extrait suivant :

> « Les langues basque, gaélique, finnoise et galloise se comportent de nos jours les unes par rapport aux autres comme des langues majeures, mais dans les anciens temps elles étaient les dialectes d'une langue unique, dont de nombreuses traces reconnaissables attestent encore la parenté »[228].

---

227 "Je sichtbarer die Identität der charakteristischen Wörter in der Bedeutung und buchstäblichen Gestalt ist : je ungezwungener die Reduction ist, und je seltener sie geschehen darf, um die Identität darzuthun ; desto gewisser kann man seyn, daß Sprachen, in denen alles dieses anzutreffen ist, als Dialecte zusammengehören, und je mehr solches statt findet, desto verwandter sind selbst die Dialecte" (Gatterer, 1771 : 110).

228 "Die Vaskische, Gallische, Finnische und Kymrische Sprachen verhalten sich zwar heut zu Tage als Hauptsprachen gegen einander, aber in den alten Zeiten waren sie Dialecte

4.3. Les compilations de langues en amont du *Mithridate* d'Adelung et Vater (1806-1817)

4.3.1. L'étendue des langues évoquées dans les deux Mithridate (Gessner, 1555 et Adelung & Vater, 1806-1817)

Entre le premier Mithridate dû au suisse Conrad Gessner en 1555, soit 35 ans après le premier tour du monde nautique par l'équipage de Fernand de Magellan (1519-22) et le second dû à Adelung et Vater au tout début du XIXe siècle, soit deux siècles et demi plus tard, l'étendue des connaissances sur les populations du monde, leurs organisations sociales et leurs langues a progressé de manière exponentielle en Asie, en Afrique, en Océanie-Australie et surtout dans les Amériques en raison de l'activité des explorateurs, des négociants (notamment le long des côtes indiennes et asiatiques), des missionnaires et partout où l'anticipation d'un profit excitait les esprits des colonisateurs. Il n'y a donc pas à s'étonner que le nombre de langues identifiées dans les deux compilations soit sans commune mesure, et cela illustre la variante ethnolinguistique de la « révolution copernicienne » évoquée par Immanuel Kant à propos de l'évolution des représentations cosmologiques entre le géocentrisme dominant de l'Antiquité au XVe siècle et l'héliocentrisme théorisé par Copernic et démontré par Galilée.

Sur le plan ethnographique et linguistique, la révolution porte sur la place des peuples et des langues de l'Europe par rapport aux autres continents. Sur la mappemonde ci-dessous (Fig. 1) datée de 1676 et reflétant l'état du savoir géographique au milieu du XVIIe siècle, on constate que les côtes de l'extrême-orient sibérien et en vis-à-vis celles de l'Alaska, du détroit de Béring et d'une partie de l'Océan arctique sont encore une *terra incognita*, et qu'on n'a pu cartographier qu'une partie des côtes septentrionales de l'Australie, dont l'intérieur des terres n'est pas encore exploré. Enfin on sait vaguement qu'il existe un continent antarctique inhabité. J'ai reporté sur cette mappemonde le nombre de langues mentionnées dans le premier et dans le second Mithridate (M1 / M2).

einer einzigen Sprache, von welcher Verwandtschaft noch jetzt viele känntliche Spuren in ihnen übrig sind" (Gatterer 1771 : 112).

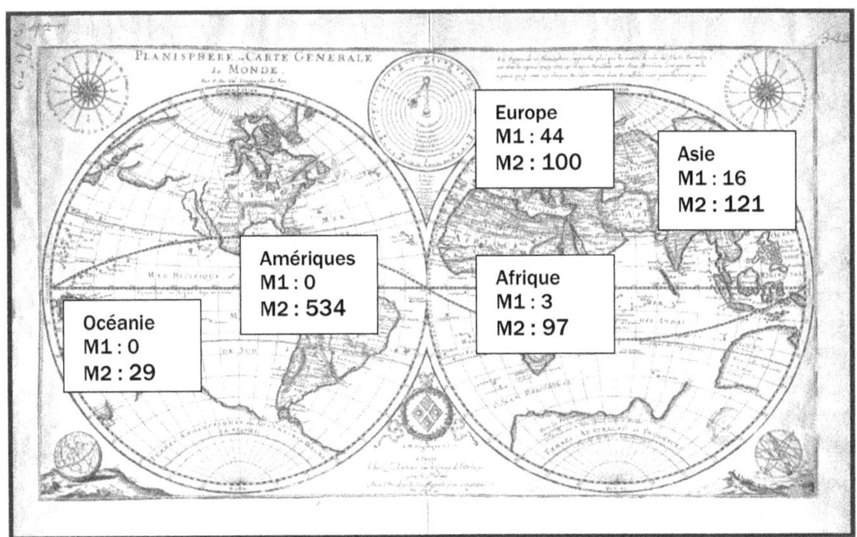

Fig. 1 : Mappemonde ou Carte générale du monde par Pierre Du Val, géographe du roy, 1676, enrichie du nombre de langues et dialectes mentionnés dans les deux Mithridate (M1 : 1555 / M2 : 1806-18)

Dans le premier Mithridate, Conrad Gessner évoque une soixantaine de langues dont

- 44 langues EUROPEENNES : anglais, attique, breton, cyrnien (Corse), dacien, dorien, écossais, éolien, étrusque, flamand, français, frison, gaélique, gaulois, germain, grec, helvète, hispanique, hongrois, islandais, illyrien / sarmate, ionien, irlandais, italien, laconien, latine, lithuanien, macédonien, moscovite, osque, pélasgique (Grèce), rhéto-roman, sabin, sarde, syriaque, thessalien, thrace, valaque,
- 16 langues ASIATIQUES : arabe, araméen, arménien, cappadocien, carien (Anatolie), chaldéen, galate, hébraïque, indien, perse, phrygien, samaritain, bythinien, tartare, turque,
- et 3 langues AFRICAINES : égyptien (copte), éthiopien, libyen (berbère).

De leur côté, Adelung & Vater évoquent dans le second Mithridate 818 langues donc 100 langues européennes, 121 langues asiatiques, 97 langues africaines, 534 langues des Amériques et 29 langues d'Océanie. La progression du savoir est très diverse selon les continents (cf. Tableau 1). Pour l'Europe elle double approximativement, pour l'Asie elle est multipliée environ par huit, pour l'Afrique par 32 et pour l'Océanie et les Amériques on passe respectivement de 0 à 29 et de 0 à 534. On peut s'étonner d'une progression aussi impressionnante en Amérique, mais il faut se souvenir qu'au-delà des besoins linguistiques primaires des conquistadors, l'Amérique du centre et du Sud est devenue dès la conquête espagnole et portugaise un vaste chantier d'évangélisation pour divers ordres de missionnaires auxquels l'Église catholique confiait la tâche de convertir les populations en acquérant eux-mêmes les bases des langues vernaculaires.

Ces missionnaires ont rédigé des grammaires et dictionnaires bilingues d'un grand nombre de ces langues, en commençant par le nahuatl (ou mexicain), la langue de l'empire Aztèque anéanti par Fernando Cortés. C'est le fondement de ce qu'on a appelé la « linguistique missionnaire » (cf. Gray 2000) auquel est consacrée la section suivante (§ 4.2.2).

Localisation des langues	Gessner 1555	Adelung & Vater 1806-1818	Diffé-rence
Europe	44	100	**56**
Asie	16	121	**105**
Afrique	3	97	**94**
Amériques	0	534	**534**
Océanie	0	29	**29**
TOTAL	**63**	**881**	**818**

Tableau 1 : Comparaison du nombre de langues mentionnées dans les deux Mithridate[229]

4.3.2. La contribution linguistique des missionnaires entre le XVIe et le XVIIIe siècle

Dès que les conquistadors espagnols eurent engagé avec Hernán Cortés et Francisco Pizarro leur colonisation impérieuse et dévastatrice des Indes occidentales et que les explorateurs portugais eurent ouvert avec Albuquerque de nombreux comptoirs sur les côtes d'Afrique et des Indes jusqu'aux royaumes de l'Annam – et notamment après le traité de Tortesillas en juin 1494 qui pérennisait le partage de leur pouvoir entre les deux moitiés du monde connu – il furent accompagnés de frères dominicains et franciscains à l'ouest et jésuites à l'est, chargés d'évangéliser les populations et pour cela d'avoir une connaissance suffisante de leurs langues. Cette tâche était très différente entre l'est où les négociants et administrateurs rencontraient des peuples cultivés pratiquant des langues écrites depuis des centaines ou milliers d'année et donc dotées de « monuments » philologiques, et à l'ouest où les langues d'empire se limitaient

229 Le nombre des langues illustrées par une traduction du *Pater noster* est bien moindre, 27 dans le premier et un peu moins de 500 dans le second Mithridate (cf. Colombat 2008, HEL 30-2).

au nahuatl ou « mexicain » des Aztèques et au quechua des Incas, et où tout était à apprendre. Comme le montre le tableau 1, dans le premier Mithridate de Gessner les langues connues d'Afrique se limitaient à trois et l'univers linguistique des Amériques et de l'Océanie était une *terra incognita.*

Sur les côtes des Indes, le besoin en vocabulaires et grammaires des langues autochtones était réduit, comme l'explique Gray (2000 : 930) :

> « For missionaries [...] activity was limited to trading centers, cities with abundant linguistic ressources, including cosmopolitan merchants and seafarers, some hailing from the Levant or other regions long acquainted with Europeans and their languages. For this reason, there was little need for missionaries to study local languages. They could instead rely for interpretation on the many multilinguals who lived in these trading centers ».

La situation était cependant différente sur les côtes du Japon et de la Chine où une connaissance élaborée de la langue impériale était indispensable pour intéresser les notabilités locales à une religion hautement exotique, comme le montre l'itinéraire fameux du jésuite Matteo Ricci jusqu'à la cour de l'empereur de Chine (cf. *ibid.* : 931).

Dans les Indes occidentales, les deux principaux empires ayant été anéantis, il s'agissait de préparer les indiens à s'ouvrir à une nouvelle civilisation et les autorités ecclésiastiques espagnoles avaient eu la sagesse d'embarquer des presses à imprimer, ce qui a permis, une fois achevée la prise de contact avec des populations parlant une multitude de langues vernaculaires en marge des langues impériales, d'imprimer et de distribuer aux missionnaires de nombreux vocabulaires et grammaires dont on a conservé la trace. Gray (*ibid.* 932-3) mentionne en particulier pour le nahuatl un premier catéchisme, la *Breve y más compendiosa doctrina Christiana en lengua castellana y mexicana* (1530) suivie du premier dictionnaire bilingue entre le nahuatl et l'espagnol en 1555. Et au Pérou les missionnaires ont disposé en 1584 d'un catéchisme trilingue en espagnol, quechua et aymara, la *Doctrina Christiana y catecismo para instrucción del los Indios*.

L'étude d'Otto Zwartjes (2012) sur les productions de la « linguistique missionnaire » jusqu'à aujourd'hui (incluant les innombrables traductions de la Bible éditées par le *Summer Institute in Linguistics* fondé en 1934 et dirigé par Kenneth L. Pike de 1942 à 1979) offre une bibliographie détaillée qui permet de mesurer l'essor éditorial de l'activité linguistique des missions d'abord catholiques puis protestantes pour la période accessible à Adelung. Compte tenu, à partir de 1787, de son statut de conservateur en chef de la bibliothèque princière de Dresde, il est probable qu'il pouvait avoir une connaissance directe ou indirecte d'une partie au moins de ces publications et qu'elles l'ont encouragé dans sa résolution à un âge déjà avancé, de mettre à jour le *Mithridate* de Gessner en s'appuyant sur les écrits linguistiques de Hervás (*Catalogo*..., *Trattato*..., *Vocabulario*... et *Saggio*... parus entre 1784 et 1787). Le tableau 2 répartit en lignes les continents et sous-continents et en colonnes les cinq demi-siècles concernés. On constate que les Amériques représentent exactement la moitié de la production (49 ouvrages sur 98, avec une seule publication concernant une langue de l'Amérique du Nord, le Delaware, langue qui joue de ce fait un rôle notable dans la communication de Humboldt sur le verbe dans les langues américaines à l'Académie de Berlin en 1823). Viennent ensuite les langues d'Asie mineure (essentiellement les langues sémitiques associées aux traditions religieuses du Moyen-Orient), celles du sud-est (royaumes du Siam, de l'Annam, etc.) et celles du nord-est (exclusivement le chinois et le japonais). Les autres langues occupent une place marginale.

		1500-49	1550-99	1600-49	1650-99	1700-50	Total
Amérique	centre et nord	1	8	3	5	6	**23**
	du sud	0	1	14	4	7	**26**
Asie	mineure	0	0	8	1	6	**15**
	du nord-est	0	0	3	2	5	**10**
	du sud	0	0	1	1	2	**4**
	du sud-est	0	0	6	3	5	**14**
	du nord	0	0	0	0	3	**3**
	du sud	0	0	1	0	1	**2**
Europe	du nord	0	0	0	0	3	**3**
	du sud	0	0	1	0	1	**2**
Afrique		0	0	0	1	0	**1**
Total		**1**	**9**	**36**	**17**	**35**	**98**

Tableau 2 : Nombre de grammaires et de vocabulaires des langues du monde publiés par des ordres missionnaires entre 1500 et 1750 (cf. Zwartjes 2012)

Par période, on voit qu'une seule publication (de 1530, mentionnée plus haut) concerne le nahuatl dans la première moitié du XVIe siècle, avant une production de près de cent publications dans les quatre demi-siècles suivants. Et on constate que la production du XVIe siècle se limite à l'espace américain (avec dix publications) et que l'Amérique du sud présente la concentration subcontinentale maximale entre 1600 et 1649, période de consolidation de la colonisation et de l'évangélisation dans ce sous-continent où les missions des jésuites cherchaient à protéger les indiens des colons espagnols puissants et esclavagistes jusqu'à ce que cet engagement entraîne l'expulsion de leur ordre d'Espagne et de ses colonies en 1767, suivie six ans plus tard de la dissolution de la Société de Jésus.

4.3.3. Les collectes de Hervás et du Mithridate *en contraste*

Les deux plus importantes collectes de notices sur les langues du monde au XVIIIe siècle sont parues à vingt ans de distance. Les quatre volumes linguistiques (XVII, XVIII, XX et XXI, voir § 4.3.2) de Lorenzo Hervás sont parus entre 1784 et 1787 pour la première édition en italien et entre 1800 et 1805 pour la seconde édition en espagnol sous le titre générique[230] de *Catalogo de los lenguas de las nationes conocidas* ..., tandis que les quatre parties du *Mithridate* paraissaient entre 1806 et 1817.

<table>
<tr><td colspan="3">Composition du Catalogo… de Hervás (esp. 1800-5)</td><td>Volumes correspondants du Mithridates (1806-17)</td></tr>
<tr><td>Volume 1</td><td colspan="2">La langue et les nations américaines</td><td>Volume 3, 2e partie</td></tr>
<tr><td>Volume 2</td><td colspan="2">Langues et nations des îles du Pacifique et des mers indiennes, et du continent asiatique</td><td>Volume 1</td></tr>
<tr><td>Volume 3</td><td rowspan="4">Langue et nations européennes.</td><td>Partie I : Les nations européennes en plein essor et leurs langues</td><td rowspan="4">Volume 2</td></tr>
<tr><td>Volume 4</td><td rowspan="3">Partie II : Les nations européennes primitives : leurs langues maternelles et les dialectes de celles-ci</td></tr>
<tr><td>Volume 5</td></tr>
<tr><td>Volume 6</td></tr>
<tr><td>Absentes</td><td colspan="2"></td><td>Langues d'Afrique : volume 3, 1e partie</td></tr>
</table>

Tableau 3 : Composition du « Catalogue des langues des nations connues, et numérotation, division et classes de celles-ci selon la diversité de leurs langues et dialectes » de Lorenzo Hervás (éd. de 1800-1805)

Dans son Histoire de la linguistique et des études orientalistes, Theodor Benfey (1869 : 269-270) rend hommage notamment à l'aptitude de Lorenzo Hervás à classer les langues américaines dans le premier volume du *Catalogo* (1800-05). Avant d'être rappelé au Vatican, celui-ci avait rédigé plusieurs grammaires de ces langues que Benfey qualifie de « langues dénuées de littérature et de culture » (p. 269). Hervás est un représentant

230 Par la suite, je mentionnerai "Catalogo" en référence à l'édition en espagnol de 1800-05.

typique des compilateurs de langues actifs entre le XVIe et le XVIIIe siècle : il s'intéresse en priorité à la dimension ethnographique, c'est-à-dire à l'origine et à la parenté entre les peuples sur la base de leurs langues. La partie linguistique de ces notices est peu développée et presque uniquement destinée à communiquer ce qui permet des conclusions ethnographiques. Après le premier volume consacré aux peuples et langues des Amériques, le deuxième regroupe les peuples et langues des îles de l'Océan indien, du Pacifique et du continent asiatique. Finalement les trois derniers volumes sont centrés sur l'Europe, ce qui ne laisse aucune place aux peuples et langues de l'Afrique.

Benfey ne constate aucun apport original dans la compilation (alors que les historiens postérieurs rendront justice à Hervás sur ce point en considérant qu'il a été le découvreur de la famille austronésienne, *cf.* Droixhe 2001 et Trabant 2003), mais il lui reconnaît la prise en compte de la grammaire dans la comparaison. « En dépit de sa fonction ecclésiastique » Hervás s'est déclaré favorable à l'hypothèse de la polygénèse linguistique, devançant August Schleicher d'un demi-siècle. Et Benfey commente judicieusement cette intuition :

> « C'était certainement la divergence marquée des langues amérindiennes qui l'a conforté dans cette opinion dénuée de préjugés »[231].

Par ailleurs, Hervás s'est efforcé d'expliquer la présence de mots des langues celtes en concordance formelle et sémantique avec des mots grecs ou indiens en supposant des migrations à partir de zones avoisinantes et des emprunts. Ce n'était pas la bonne voie, mais cette argumentation a intrigué Adelung (cf. § 4.4.3) et lui a donné l'occasion de mettre en balance les deux explications possibles des affinités lexicales entre le sanskrit, le persan et plusieurs langues européennes, celle des contacts et celle de l'origine commune, et de favoriser la seconde. Au final, Benfey conclut que, paradoxalement, le *Catalogo* était complètement dépassé au bout d'à peine un demi-siècle, mais qu'en dépit de ses insuffisances, il fournissait une base beaucoup plus sûre pour la comparaison des langues que tout ce qui avait précédé.

Et, après s'en être convaincu, Adelung prendra appui sur cette œuvre incontournable dans le vol.1 du *Mithridate*. On est même conduit à supposer que c'est la lecture du *Catalogo* qui l'a convaincu de concevoir le Mithridate comme une révision et un complément en allemand de cette somme, car c'est un trait de sa personnalité qui s'est révélé une première fois en 1772 dans la conception du *Glossarium manuale* fondé sur le

[231] "Gewiß war es die starke Abweichung der amerikanischen Sprachen, welche ihn in dieser vorurtheilsfreien Ansicht befestigte" (Benfey 1869 : 270).

Glossaire de la latinité médiévale de Du Cange et une seconde fois en 1796 dans la conception de son dictionnaire bilingue anglais-allemand à partir du Dictionnaire de la langue anglaise de Samuel Johnson.

Passant ensuite au *Mithridate*, Benfey confirme qu'Adelung est mort après en avoir achevé le 11e cahier (correspondant à la finition des langues celtes) du volume 2 sur les langues d'Europe. Son collaborateur J.S. Vater était spécialiste des langues sémitiques et slaves et il avait publié une grammaire de l'ancien prussien. Parmi les hommes qui ont étendu le domaine de la linguistique, Benfey juge son nom « impérissable », imputant la fécondité de l'achèvement du Mithridate à « sa détermination à pénétrer plus profondément dans les particularités grammaticales des langues et à faire apparaître, selon la belle expression de Pott, leur physionomie grammaticale »[232].

Benfey ne reproche pas à Adelung et à Vater leur classement géographique (de même nature que celui d'Hervás, mais transposé), car il reconnaît qu'il était quasiment impossible à l'époque d'adopter un classement généalogique par méconnaissance de nombreuses parentés, et parce que la place de la linguistique dans cet ouvrage n'était pas celle d'une science autonome, mais celle d'une discipline encore inféodée à l'ethnographie, laquelle était au XVIIIe siècle la raison d'être de la recherche comparative sur les langues du monde.

Procédant à une présentation détaillée (p. 274-281) de la composition des quatre volumes du *Mithridate*, Benfey porte un jugement sévère sur la valeur *a posteriori* du premier volume :

> « Si l'on mesure le contenu de tout ce volume à l'aune des transformations, enrichissements et approfondissements que celui-ci a connus dans les quelque soixante années qui ont suivi, on peut dire qu'à l'exception des langues sémitiques presque aucune pierre de cet édifice ne peut encore rendre de service »[233].

Concernant le troisième volume, sa 1ère partie (parue en 1812) porte sur les langues d'Afrique, lesquelles font pour la première fois l'objet d'un traitement synthétique (elles étaient absentes du *Catalogo* de Hervás) tirant parti de « ressources auxiliaires extrêmement significatives en nombre et en valeur » et à propos des 2e (1813) et 3e parties (1816) traitant des

232 "[...] das entschiedene Bestreben [...], in die grammatischen Besonderheiten der Sprachen tiefer einzudringen, ihre, wie sich Pott sehr schön ausdrückt, grammatische Physiognomie hervortreten zu lassen" (Benfey, 1869 : 273).

233 "Vergleicht man den Inhalt dieses ganzen Bandes mit den Umwandlungen, Bereicherungen und Vertiefungen, welche er in den folgenden etwa sechzig Jahren erfahren, so kann man sagen, daß mit Ausnahme der semitischen Sprcehen fast kein einziger Stein dieses Gebäudes mehr zu brauchen ist." (Benfey 1969 : 276-7).

langues des Amériques, Benfey confirme (p. 279, malheureusement sans référence) la prise en compte par Vater des écrits des frères Humboldt sur ces langues, avant de porter un jugement élogieux sur l'ensemble des trois sections :

> « Globalement, ces trois sections méritent toutes notre reconnaissance par leur contenu et leur argumentation ; comparé avec ce que l'on sait aujourd'hui de nombreuses langues, elles peuvent constituer d'autant plus un étalon pour les progrès que la linguistique a faits dans ce demi-siècle »[234].

À propos du volume 4, Benfey vante enfin les compléments aux trois volumes précédents que Vater y a rassemblés, mais il note que, dans celui qu'il a consacré à la notice sur le sanskrit du volume 1, il se contente d'enregistrer la monographie de Franz Bopp sur le « système » de la conjugaison du sanskrit (et de cinq autres langues) paru l'année précédente, sans en mesurer apparemment l'importance et le fait qu'elle « avait conduit la linguistique comparée et toute la science du langage sur une voie totalement différente et en ouvrait une nouvelle ère »[235].

Benfey rend un hommage appuyé à Wilhelm von Humboldt pour son « Supplément sur la langue basque »[236]. Il vante notamment le changement d'affinité disciplinaire, précédemment avec l'ethnographie et désormais avec la philologie, que ce supplément initie :

> « C'est la première tentative de libérer la science des langues de sa position antérieure de discipline essentiellement subordonnée à l'ethnographie, de l'approfondir avec un savoir et une méthode philologiques, de l'élever par des considérations générales et pas spécifiquement philosophiques[237], mais puisées plutôt dans l'essence de

---

[234] "Alle drei Abtheilungen verdienen in Bezug auf Inhalt und Ausführung alle Anerkennung : um so mehr können sie, verglichen mit dem, was man jetzt von vielen Sprachen weiß, einen Maßstab für den Fortschritt bilden, welchen die Sprachwissenschaft in diesem halben Jahrhundert gemacht hat". (Benfey 1869 : 279).

[235] "[...] ohne, wie es scheint, auch nur zu ahnen, daß die Sprachvergleichung und überhaupt die Sprachwissenschaft damit in einen wesentlich verschiedenen Weg geleitet, eine neue Ära derselben eröffnet ist" (*ibid.*).

[236] Ce faisant il accorde un rang égal à Bopp et Humboldt, ce qui était rare chez les comparatistes. C'est seulement dans la 5e édition en 1908 de son "Introduction à l'étude des langues indogermaniques", publiée depuis 1884, que Berthold Delbrück reconnaîtra l'importance des travaux de Humboldt et du mouvement "néohumboldtien" auquel on peut rattacher Steinthal et Gabelentz.

[237] L'affirmation que l'argumentation de Humboldt dans ce Supplément n'est pas "spécifiquement philosophique" peut paraître paradoxale, compte tenu de la réputation de Humboldt comme un philosophe du langage souvent obscur. Mais il est vrai que certains mémoires de Humboldt, notamment ce Supplément et sa communication de 1823 à l'Académie de Berlin sur "Les verbes dans les langues américaines" (que j'ai traduit dans

la langue par un regard profond et intuitif, en un mot de la constituer en une science indépendante »[238].

Et Benfey conclut à juste titre que « par cette évocation de W. von Humboldt nous avons de fait déjà franchi le seuil qui sépare l'ancienne linguistique de la nouvelle »[239].

Dans sa contribution au *Handbook of the History of Language Sciences* (vol. II, 2001), Daniel Droixhe ajoute quelques données complémentaires. Il rappelle ainsi que Max Müller a qualifié Hervás de « père de la linguistique comparée ». Il précise que les volumes de l'*Idea dell'universo* consacrés aux langues du monde sont les cinq derniers, cependant Trabant (2003 : 234) considère que le volume XIX, paru en 1786, doit être retranché[240]. Les volumes en cause sont donc finalement :

XVII. *Catalogo delle lingue conosciute e notizia della loro affinitá* (1784 selon Droixhe, 1785 selon Trabant)

XVIII. *Trattato dell'origine, formazione, meccanismo et armonia degl'idiomi* (1785)

XX. *Vocabolario poligloto* (1787)

XXI. *Saggio pratico delle lingue* (1785)

Il mentionne ce faisant l'appréciation de Hervás sur l'importance pour le classement des langues, de l'observation de l'*artificio gramatical,* « principal moyen dont je me suis servi pour connaître leur affinité ou différence, et pour les réduire à des classes déterminées ». Effectivement Hervás est parvenu à décrire la grammaire de plus de quarante langues sur les 350 qu'il entreprend de classer, partageant avec Humboldt l'idée que toute langue est aussi une vision du monde et de la réalité : « Les langues ne sont pas seulement des codes de la parole, mais aussi des méthodes pour parler et penser ».

François 2017, section 6.1) tranchent sur cette réputation malheureuse par leur limpidité argumentative.

238 "Es ist der erste Versuch, die Sprachenkunde aus ihrer bisherigen, wesentlich der Ethnographie untergeordneten, Stellung zu befreien, sie durch Verbindung mit philologischer Erkenntniß und Behandlung zu vertiefen, durch allgemeine, nicht eigentlich philosophische, sondern eher aus einem ahnungsvollen tiefen Blick in das Wesen der Sprache geschöpfte, Betrachtungen zu erhöhen, mit einem Worte zu einer selbstständigen Wissenschaft zu gestalten". (Benfey 1869 : 280).

239 "Wir sind mit Erwähnung W. von Humbolt's eigentlich schon diesseits der Gränze gerathen, welche die ältere Sprachwissenschaft von der neueren trennt" (p.281).

240 Droixhe (2001 : 1068) dit de ce volume qu'il "envisage comment l'histoire du langage ouvre sur les formes les plus archaïques de la culture, en ce qui concerne la numération ou les divisions du temps" et il précise que l'édition définitive parue ultérieurement entre 1800 et 1805 est celle en espagnol.

Les notices biobibliographiques en espagnol de l'encyclopédie *wikipedia.org* sur Lorenzo Hervás et de la *Biblioteca Virtual Miguel de Cervantes* sur son œuvre linguistique, énumèrent les innovations généralement reconnues des volumes cités ci-dessus :

- établissement pour la première fois en Europe de la parenté entre le grec et le sanskrit ;
- démonstration (en désaccord avec les linguistes français de l'époque) que l'hébreu n'était ni la langue du Paradis ni la langue primitive et établissement définitif de sa parenté avec d'autres langues sémitiques, comme l'araméen, l'arabe et le syriaque ;
- démonstration scientifique de la théorie de la parenté entre les langues basque et ibère[241] ;
- identification de deux nouvelles familles de langues, la malayo-polynésienne et la finno-ougrienne ;
- reconnaissance originale de l'importance supérieure de la grammaire et de la morphologie pour décider de la parenté entre les langues, conformément aux thèses de Leibniz ;
- rédaction manuscrite des *Grammaires abrégées des 18 langues majeures d'Amérique*[242], qui lui valent les éloges de Wilhelm von Humboldt et dont Vater et Adelung se sont également inspirés.

Pour Trabant (2003 : 234-5), la principale originalité de Hervás tient à sa présentation interlinéaire du Notre père dans le *Saggio pratico* (1785, vol. XXI) dont Adelung et Vater adoptent aussi le principe, mais qu'il accompagne de commentaires attestant sa compréhension fine de la grammaire sous-jacente :

> « Avec le simple moyen de la version interlinéaire, Hervás invente un procédé encore employé aujourd'hui et qui permet une première exploration des langues. C'est surtout un procédé qui déplace l'attention de la considération exclusive de la forme matérielle du lexique dans les

---

[241] Langue de l'antiquité parfois rattachée avec le basque à une famille "vasconienne". Sur la parenté des deux langues, voir l'étude approfondie et notamment toponymique de Jean-Baptiste Orpustan qui conclut dans un mémoire du CNRS (2009 : 53) : "L'ibère et le basque de l'Antiquité étaient des langues voisines ou même identiques sur des points essentiels de leurs structures phono-morphologiques et lexicales. C'était sans doute aussi, dans la mesure où le millier d'années qui sépare les témoignages écrits de l'une et de l'autre n'invalide pas les comparaisons, deux langues différentes" [*https://artxiker.ccsd.cnrs.fr/file/index/docid/465824/filename/Basque_et_ibere_Recherches_Comparaisons.pdf*].

[242] Manuscrit inédit et perdu selon les données bibliographiques de la *Biblioteca Virtual Miguel de Cervantes* [*http://www.cervantesvirtual.com/portales/lorenzo_ hervas_y_panduro/su_ obra_bibliografia_10/*]

listes de mots vers la grammaire et la sémantique, et ce faisant vers les différences structurales entre les langues, la diversité de la pensée »[243].

Trabant semble accorder une préférence au *Mithridate* en ce qui concerne la cohérence distinctive de chacune de ses notices qu'il compare à une galerie de portraits tandis qu'il voit dans celles de Hervás plutôt « le type de collecte des cabinets de curiosité » (2003 : 237). Mais cette remarque est corrigée par le constat que « les portraits de langues sont plutôt des caricatures que des reproductions fidèles des langues. Ils exagèrent ce qui diverge des langues européennes et retient la curiosité, parce que cela saute naturellement aux yeux »[244]. Mais « retenir la curiosité des lecteurs », n'était-ce pas le sésame pour qu'ils prennent conscience de l'immense diversité des langues du monde ?

4.4. Le *Mithridate* d'Adelung et celui de Vater

4.4.1. La philosophie de l'introduction au vol.1 du Mithridate

Le Mithridate est une œuvre à plusieurs mains qui – après plus de deux siècles – garde un pouvoir de fascination en dépit des progrès remarquables de la linguistique historico-comparative dans les années qui ont immédiatement suivi la parution de son premier volume consacré aux langues de l'Asie[245]. Comme je l'ai déjà évoqué (cf. § 1.5), Adelung n'a pu faire paraître lui-même que ce premier volume et il a transmis à son collaborateur Johann-Severin Vater 167 pages déjà prêtes du volume 2 dédié aux langues de l'Europe[246] et un ensemble de notes sur les langues qu'il avait eu le temps d'explorer. Vater a donc pris en charge la majeure

---

243 "Hervás erfindet mit dem einfachen Mittel der linguistischen Interlinearversion ein Verfahren, das bis heute gebraucht wird und das einen ersten Einblick in die strukturelle Eigentümlichkeit der Sprachen erlaubt. Es ist vor allem ein Verfahren, das die Aufmerksamkeit von der ausschließlichen Betrachtung der materiellen Form des Wortschatzes in den Wörterverzeichnissen [...] auf die Grammatik und die Semantik lenkt und damit auf die tieferen strukturellen Verschiedenheiten er Sprachen, die Verschiedenheit des Denkens (2003 :236).

244 "Die Sprachporträts sind daher eher Karikaturen als treue Abbilder der Sprachen. Sie übertreiben das von unseren europäischen Sprachen Abweichende und Kuriose, weil dieses natürlich in die Augen springt."

245 En amont, le premier volume du Mithridate date de 1806, l'année même de la mort d'Adelung et la première esquisse d'une grammaire comparée, intitulée "La langue et la sagesse des anciens Indiens" est parue deux ans plus tard sous la plume du philosophe Friedrich Schlegel. En aval, le quatrième et dernier volume de la compilation est paru en 1817, un an après la publication du Traité de Franz Bopp sur les systèmes comparés de conjugaison dans six langues anciennes, considéré comme le véritable "coup d'envoi" de la grammaire comparative.

246 Il s'agit des notices sur l'isolat basque et sur la famille des langues celtiques.

partie du volume 2 et la totalité du volume 3 subdivisé en deux parties, les langues d'Afrique (encore mal connues à l'époque) et celles des Amériques (mieux étudiées, notamment par des missionnaires jésuites). Quant au volume 4, il est composé de « suppléments » (*Nachträge*), entre autres de Vater lui-même, de Friedrich Adelung, fils de Johann Christoph, et de Wilhelm von Humboldt.

Adelung était certainement confronté à un dilemme :

- d'un côté, le dépouillement des innombrables informations parcellaires qu'il avait collectées en consultant les compilations de Lorenzo Hervás y Panduro (1785, 1800-1805) et de Peter Simon Pallas (1787-91) lui avait permis d'élaborer une hypothèse à la fois typologique (avec la distinction primaire entre langues à lexique monosyllabique *vs* polysyllabique) et généalogique (pour les langues étroitement apparentées) relativement bien construite sur le classement interne, c'est-à-dire essentiellement morphologique, des langues contemporaines et anciennes du monde,
- mais d'un autre côté il n'avait pas une vue suffisamment synthétique de l'éventail de ces langues pour adopter ce classement comme fondement de son entreprise éditoriale.

À la fin du XVIIIe siècle, l'ensemble des populations du monde était encore loin d'avoir livré tous ses secrets aux explorateurs, missionnaires et administrateurs des colonies européennes impliqués dans la collecte des langues, de leur lexique et de leur grammaire. Si bien que les compilations antérieures avaient toutes une composition géographique et il paraissait prématuré de s'écarter de ce cadre rassurant.

Au centre de l'hypothèse d'Adelung, il y a la dichotomie entre langues MONOSYLLABIQUES (supposées primitives) et langues POLYSYLLABIQUES (plus avancées sur l'échelle évolutive). Adelung s'est aperçu qu'il pouvait glisser son hypothèse dans le cadre géolinguistique en constatant que toutes les langues monosyllabiques étaient parlées en Asie du sud-est et en Chine. Cela lui a permis, en consacrant le premier volume aux langues du continent asiatique, de faire figurer les langues monosyllabiques au tout début de la compilation, réunissant ainsi le cadre géographique et l'hypothèse historique sur le caractère primitif de ces langues, et cela juste à la suite d'une introduction destinée à développer cette hypothèse (exposée comme incontestable, mais présentant toutefois une imperfection).

Il y a donc lieu de distinguer d'une part entre l'introduction générale (p. i-xxxiv), après un préambule consacré aux choix structurant chacune des notices, notamment le traitement de l'illustration récurrente, la traduction du Pater Noster et ce que les linguistes peuvent en attendre, et le contenu du premier volume, et d'autre part entre ce premier volume de la plume d'Adelung et les trois suivants sous la responsabilité de J.S. Vater (§4.5).

L'introduction est sous-titrée *Fragmente über die Bildung und Ausbildung der Sprache* (Fragments sur la formation et l'épanouissement du langage) et le sous-titre est suivi d'une sorte d'aphorisme en latin : *Multa fiunt eadem sed aliter* (La multitude est redevenue elle-même mais différemment)[247]. La dimension philosophique de cette introduction est difficilement contestable à la lecture de la magnifique période qui l'ouvre :

> « Quand nous considérons le langage dont l'Européen éclairé d'aujourd'hui est en possession, quand nous jaugeons l'infinie quantité de représentations de toutes sortes qui ne semblent pas avoir le moindre lien avec des sons, et qu'un petit nombre de sons suffit cependant non seulement à former mais aussi à retenir, et qui peuvent être évoquées chez autrui avec toutes leurs particularités, alors on peut être facilement tenté de soupçonner dans ce phénomène quelque chose de surnaturel, tout autant que le Huron qui, à la vue d'un navire de guerre armé de cent canons et voguant avec plus de mille marins et une charge de cinq mille quintaux sur l'étendue infinie de l'océan au milieu de la fureur de deux éléments déchaînés avec autant d'assurance que dans la forteresse la plus robuste, n'y verra rien moins que l'œuvre d'un dieu »[248].

En d'autres termes, la combinaison indéfinie, sinon libre, de signes linguistiques arbitraires a donc *a priori* quelque chose de surnaturel, ce qui a naturellement donné à imaginer aux rédacteurs de la Genèse que Jahvé était le créateur d'un premier langage commun à l'humanité avant de se venger de l'arrogance des hommes en imposant la dispersion « babélienne » des langues. Mais Adelung poursuit la métaphore des

---

[247] Il est tentant de voir dans ce constat la prémonition de la théorie actuelle de l'évolution des langues évoluant comme des "systèmes dynamiques-adaptatifs complexes". En effet Joan Bybee (2010 : 201), qui défend cette conception, compare les "parcours de développement pour la grammaire" à des dunes de sable ou à des vagues parce que "les forces qui les créent sont les mêmes et que ces forces interagissent dynamiquement au fil du temps pour produire des structures émergentes similaires [cf. *eadem*] mais non identiques [cf. *sed aliter*]".

[248] "Wenn wir die Sprache im Besitze des aufgeklärten Europäers unserer Tage betrachten, wenn wir die unendliche Menge Vorstellungen aller Art erwägen, welche mit Tönen nicht die geringste Verbindung zu haben scheinen, und doch durch Hülfe weniger Töne nicht allein gebildet, sondern auch fest gehalten, und mit allen ihren Modificationen auch in andern erweckt werden können : so kann man leicht in Versuchung gerathen, in dieser Erscheinung eben so sehr etwas Übernatürliches zu ahnden, als der Hurone ein Kriegsschiff von hundert Kanonen, welches mit mehr als tausend Menschen und einer Last von fünf Millionen Pfund auf dem unermeßlichen Ocean mitten in der Wuth zweyer empörter Elemente eben so sicher dahin fähret, als in dem festesten Schlosse, für nicht geringers, als für das Werk eines Gottes halten wird". (Adelung 1806a : i)

langues de culture assimilées à des vaisseaux de guerre d'une infinie complexité, en remontant « jusqu'au radeau misérable ou à la pirogue évidée dans un tronc d'arbre dans laquelle le premier sauvage s'est confié en tremblant à l'élément aquatique » et il déclare avec assurance qu'« il en est de même pour le langage. Il suffit d'un peu d'attention pour le suivre à l'oreille en remontant les époques successives de son développement jusqu'à ses grossiers débuts ».

Il devance le jugement de l'illustre biologiste Ernst Haeckel en 1868 sur « l'ontogénèse récapitulant la phylogénèse » dans l'évolution des espèces, et accessoirement celle du langage humain, en comparant l'évolution de la faculté de langage et des langues au fil des millénaires à l'évolution technique allant du radeau ou de la pirogue au vaisseau de cent canons, « avec la seule différence que l'enfant accompagné d'adultes progresse en peu d'années plus loin qu'il n'en faut à l'enfant de nature livré à lui-même en autant de siècles » (p.II) et il développe cette allégorie :

> « Nous avons encore sous la main tous les barreaux de l'échelle évolutive entre le premier radeau et les actuels navires armés de cent canons. De même, à travers la quantité innombrable des langues et des dialectes encore vivants, nous avons devant nous toute la généalogie du langage depuis la première tentative ingénue de l'homme inculte, et nous pouvons remonter cette échelle de la langue cultivée d'un Platon ou d'un Voltaire jusqu'au cri articulé originel du premier né de la nature. Il importe seulement de les rechercher dans la nature immense, de les collecter avec bon sens, de les ordonner en séries successives et d'en tirer parti sur la base de l'expérience et de l'analogie »[249].

La première partie s'intitule « Formation du langage. Le langage et la raison se développent mutuellement ». Le « premier fils de la nature » est représenté comme un animal et en tant que tel il était capable de « communiquer par des sons ses sensations intérieures à d'autres êtres de son espèce ». Mais ce qui l'arrache à la condition animale, c'est « le pouvoir de concevoir consciemment les impressions externes provenant du monde physique, d'en collecter des traits, de les transmettre comme il les avait reçues et de préparer ainsi l'abondance de son savoir futur ».

---

[249] "Es ist noch die ganze Stufenleiter von dem ersten Flosse bis zu dem heutigen Schiffe von hundert Kanonen vorhanden. Auch haben wir in der unzähligen Menge noch lebender Sprachen und Mundarten die ganze Geschlechtsreihe der Sprachbildung von dem ersten rohen Versuche des ungebildeten Menschen an vor uns, und können auf dieser Leiter von der ausgebildeten Sprache eines Plato und Voltaire bis zu dem ersten articulirten Geschrey des erstgebornen Sohnes der Natur hinauf steigen. Es kommt nur darauf an, sie in der unermeßlichen Natur aufzusuchen, sie mit Verstande zusammen zu lesen, sie in ihre Reihen zu ordnen, und sie an der Hand der Erfahrung und Analogie zu benutzen" (*ibid* : iii).

Adelung engage ensuite une controverse sur la valeur respective, pour la mémoire, de la vue et de l'ouïe. Avec une mauvaise foi assez plaisante, il prétend que les sensations visuelles débouchent sur des représentations « rudimentaires et incomplètes », inadaptées à la formation de concepts, alors que les sensations auditives seraient « le germe d'une énorme récolte future de notions et de connaissances ». En fait c'est le point de départ de sa théorie fantasque de la conversion de l'audible (*hörbar*) en intelligible (*vernehmlich*). Selon Adelung la mémorisation et la conceptualisation passent nécessairement par la reproduction et on ne peut que lui donner raison, à cela près qu'il n'envisage que la reproduction vocale des impressions auditives et aucunement la reproduction gestuelle des impressions visuelles :

> « Les impressions passeraient à son côté en bruissant et disparaîtraient comme le fait une image dans l'eau s'il n'existait aucun moyen de les retenir. Ce moyen, c'est la sonorité et sa préservation par la voix »[250].

Adelung présume que les apprentis locuteurs ont commencé par produire des sons vocaliques « parce que l'ouïe encore privée d'entraînement ne pensait pouvoir ressentir que ces derniers et que l'organe de la langue encore malhabile n'osait pas en reproduire d'autres ». L'acquisition des consonnes est supposée postérieure en raison de la variété extrême des systèmes de consonnes à travers les langues. Il a raison de supposer que l'auditeur inexpérimenté se satisfait de la reproduction vague d'une sonorité, mais ce constat l'incite à conclure de l'incapacité des Chinois à prononcer une succession de consonnes, transformant par exemple de *Christus* en *Ki-li-su-tu*, que le chinois est la langue la plus proche des origines, parce que la chaîne CV y domine, produite par la manière la plus simple d'exercer une pression de la langue suivie de l'ouverture de la bouche, ex. *ba, lo* (p.viii).

Le point le plus important est l'affirmation du caractère monosyllabique des « sons radicaux » (*Wurzellaute*) :

> « La sonorité naturelle passe rapidement en bruissant. L'organe encore inexpérimenté ne peut retenir et restituer que la partie la plus saillante de celle-ci et celle-ci se réduit toujours à une seule syllabe. [...] Ce caractère monosyllabique est confirmé par l'expérience non seulement des nombreuses langues monosyllabiques encore vivantes, dont assurément personne ne contestera le droit d'aînesse, mais aussi de toutes les langues polysyllabiques dont les mots peuvent et doivent tous être décomposés à

---

[250] "Die Eindrücke würden vorüber rauschen, und wie ein Bild im Wasser verschwinden, gäbe es kein Mittel, sie fest zu halten. Dieses Mittel ist der Ton und dessen Festhaltung durch die Stimme" (*ibid* : v).

l'aide d'un son radical monosyllabique, si l'on ne veut pas manquer la voie de la nature »[251] .

Dans la deuxième partie, Adelung affirme que la langue primitive est née de « l'imitation de ce qui était entendu » (*Nachbildung des Gehörten*). L'hypothèse est clairement « polygénétique », car Adelung évoque un « petit groupe d'êtres humains encore dénués de langage QUE L'ON PEUT S'IMAGINER SOUS DIX CIEUX DIFFERENTS ». Cette imitation consiste « pour une part à isoler un trait de ce qui est ressenti pour le retenir et s'en faire une image claire et pour une autre part à reproduire chez autrui cette même impression telle qu'on l'a ressentie soi-même » (p. xii). Conscient de la difficulté d'accepter cette hypothèse, Adelung imagine trois contre-arguments qu'il s'empresse d'invalider. Je dispose ci-dessous les contre-arguments et leur réplique en vis-à-vis.

Contre-arguments (p.xii)	**Répliques (pp.xiii-xv)**
[1] Cette imitation de ce qui est entendu n'est plus identifiable que dans un nombre restreint de mots.	▪ Le son naturel est « flottant et incertain ». ▪ C'est encore plus le cas chez les enfants aussi longtemps que leur oreille est inexpérimentée. ▪ En cas de défaillance organique ou de négligence, la ressemblance s'évanouit.
[2] Les désignations devraient être analogues si les langues reproduisent des sons naturels de même espèce.	▪ À titre d'exemple, les désignations du tonnerre ont des traits phonétiques communs dans une multitude de langues.
[3] D'innombrables notions ont des désignations dans lesquelles on ne trouve pas la moindre analogie avec la notion.	▪ Il subsiste de nombreux idéophones dans toutes les langues, témoins d'un état antérieur où ils jouaient un rôle décisif. ▪ Par le transfert répété de notions, un mot s'éloigne de plus en plus de sa source première jusqu'à ce que celle-ci se perde totalement.

Tableau 4 : Débat imaginaire d'Adelung sur la thèse de l'apparition de la langue primitive par « imitation de ce qui est entendu »

La faiblesse foncière du raisonnement d'Adelung tient à son incapacité d'expliquer pourquoi l'esprit humain devrait nécessairement associer un type de sonorité à tout type d'entités concrètes, naturelles ou fabriquées,

[251] "Der Naturton rauscht schnell vorüber. Das noch ungeübte Organ kann nur den hervorstechendsten Theil desselben fest halten und wiedergeben, und dieser ist allemahl einsylbig [...] Diese Einsylbigkeit wird auch durch die Erfahrung bestätiget, nicht allein der vielen noch vorhandenen einsylbigen Sprachen, welchen wohl niemand das Recht ihrer Erstgeburt streitig machen wird, sondern auch aller mehrsylbigen, deren Wörter sich insgesammt auf eine einfache Wurzelsylbe auflösen lassen, und aufgelöst werden müssen, wenn man den Weg der Natur nicht verfehlen will" (*ibid* : x).

voire abstraites. Si l'on prend l'exemple des noms d'arbres, on imagine mal que la catégorisation mentale à la base des désignations distinctives passe par le bruit du vent traversant les branchages ou celui de la chute d'un arbre déraciné plutôt que par les traits visuels de dimension, symétrie, disposition des branches, forme des feuilles, etc.

Adelung imagine d'un côté une pluralité de langues primitives et d'un autre côté une tendance universelle à créer des mots véhiculant des représentations mentales d'entités de toutes sortes (choses, procès, propriétés) à partir de la reproduction de sensations auditives. Et il prétend expliquer la variété des mots désignant une même notion par la diversité d'un double filtrage,

- d'abord auditif (en termes d'aujourd'hui, l'identification de sonorités-types sur un fond de sonorités-occurrences, constituant un « bruit » en arrière-plan),
- et ensuite articulatoire (la conversion de ces sonorités-types en combinaisons de traits phonologiques).

Mais au final les contre-arguments qu'il imagine restent plus convaincants que ses propres répliques.

Je laisse de côté la poursuite de l'argumentation d'Adelung dans la sous-partie I-2 intitulée « La langue comme expression de ce qui est conçu comme audible » (*Sprache, Ausdruck des als hörbar Gedachten*, pp. xvii-xix) qui n'apporte aucun argument susceptible de conforter l'hypothèse, pour passer à la seconde partie consacrée au polysyllabisme considéré comme un processus élaboratif.

Après toutes ces spéculations débridées qu'Adelung jugeait indispensables pour bâtir une théorie globale, celui-ci revient sur le terrain des hypothèses vérifiables, et il réactive sa métaphore initiale des types d'embarcation en assimilant les parties du discours à un gouvernail, sachant que les langues à lexique polysyllabique sont plus aptes à véhiculer des notions distinctes par l'agglutination d'affixes de catégorisation grammaticale :

> « Le radeau s'était changé en une barque robuste ; mais il lui manquait encore le gouvernail et celle-ci devait se contenter de caboter le long des côtes au gré du vent. [...] Bref, les parties du discours n'étaient pas encore isolées ; tout son radical était substantif, verbe, adjectif ou tout ce qu'on voudra. On ressentait beaucoup de choses encore obscurément et on cherchait à les exprimer tout aussi obscurément par ses propres sons »[252].

[252] "Aus dem Flosse war schon ein stattlicher Kahn geworden; aber er bedurfte noch der Ruder, und mußte sich mühsam an der Küste hinwinden [...] Kurz die Redetheile waren noch nicht abgesondert; jeder Wurzellaut war Substantiv, Verbum, Adjectiv, oder was man

Adelung énonce alors une idée destinée à un bel avenir au XIXe siècle et qui deviendra centrale chez August Schleicher, celle d'un parcours évolutif unifié comportant un seul embranchement final et des états soit intermédiaires, soit terminaux selon les langues, qu'on peut représenter ainsi :

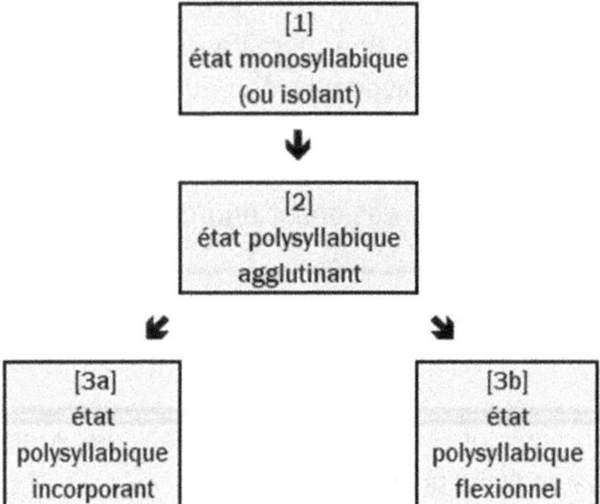

Figure 1 : Processus évolutif affectant les langues entièrement ou partiellement évoqué par J. Ch. Adelung (1806), développé par Humboldt (1836) et théorisé par A. Schleicher (1861)

A priori, toute « nation » a la capacité de faire progresser sa langue de communication selon l'une des voies du schéma ci-dessus. Les Chinois et les peuples d'Asie du Sud-Est qui continuent à parler des langues monosyllabiques n'ont pas su saisir la chance de faire progresser leur langue le long de l'échelle évolutive et se sont contentés du stade [1]. D'autres peuples, comme les Finlandais ou les Hongrois (de la famille linguistique « finno-ougrienne ») ont atteint le second échelon, celui du polysyllabisme agglutinant [stade 2]. Au-delà, la plupart des peuples américains ont développé des mots hypercomplexes par incorporation de multiples morphèmes lexicaux et grammaticaux [stade 3a]. Humboldt, connaisseur émérite de plusieurs de ces langues, dont notamment le nahuatl ou langue mexicaine, considère qu'il s'agit d'une sorte de voie en impasse (Cf. François 2017 : 75), car l'option incorporante est dénuée de souplesse et véhicule une pensée figée. L'autre voie est celle des langues flexionnelles. La différence entre le stade agglutinant et le stade flexionnel [3b] tient au fait que les constituants grammaticaux affixés (généralement par suffixation) gardent le même format qu'à l'état d'adposition dans les

sonst wollte. Manches empfand man wohl dunkel, und suchte es auch durch eigene Laute eben so dunkel auszudrucken" (*ibid* : xxiv).

langues agglutinantes, mais adoptent un format affixal dans les langues flexionnelles.

Jusqu'à Schleicher les comparatistes, et Humboldt le premier, ont considéré que le stade flexionnel [3b] constitue l'aboutissement souhaitable de l'évolution des langues, mais il est clair que ce jugement était fondé sur des considérations ethniques (p. ex. les langues des peuples nomades de l'Asie centrale sont de type agglutinant) autant sinon plus que linguistiques. Dans la citation ci-dessous, Adelung semble considérer que le stade incorporant (illustré par la langue des Hurons et celle des Groenlandais) n'est pas nécessairement une impasse et qu'au prix d'une progression culturelle, ces peuples pourraient passer au stade flexionnel.

> Par son monosyllabisme figé, le chinois s'est muré la voie vers une culture supérieure de l'esprit ; mais la langue d'un Huron ou d'un Groenlandais dispose de tout le nécessaire pour s'élever au niveau de celle d'un Platon ou d'un Voltaire[253].

Adelung défend l'idée d'une logique naturelle : les signifiés des mots sont des notions naturellement substantives, prédicatives, modificatrices, ce qui reste à la base de la typologie actuelle des langues, pourvu que soit prise aussi en compte la « déformation » au fil du temps de ces parties du discours, c'est-à-dire l'aptitude de substantifs à véhiculer des procès ou de verbes à véhiculer de pures relations grammaticales sous forme d'auxiliaires (cf. Croft 2003).

> « L'un des premiers pas dans l'élaboration des langues a certainement consisté dans la répartition des sensations brutes que l'on avait enfin appris à éclairer sous la forme de notions, dans les classes que la nature leur avait elle-même attribuées »[254].

Adelung évoque les processus de dérivation lexicale (auxquels il a consacré antérieurement une partie de son « Petit dictionnaire de prononciation, orthographe, flexion et dérivation », 1788, cf. section 3.4) et de conversion (ou dérivation impropre) à propos respectivement des séries

> *flieh*<rad.> / *Flucht*<N> ; *reis*<rad.> / *Reise*<N> / *reisen*<V> (fui- / la fuite ; voyag- / le voyage / voyager), et

> *platz*<rad/ interj.> / *der Platz*<N> ; *bau*<rad.> / *der Bau*<N> (plac- / la place ; construi- / la construction)

---

253 "Der Sinese hat sich durch seine steife Einsylbigkeit den Weg zu aller weitern Cultur des Geistes verschlossen; aber die Sprache des Huronen und Grönländers hat alles in sich, sich zu der Sprache eines Plato und Voltaire zu erheben" (*ibid* : xxv).

254 "Einer der ersten Schritte zur Ausbildung der Sprachen war wohl, die rohen Empfindungen, welche man endlich zu Begriffen aufzuklären gelernt hatte, in diejenigen Klassen zu theilen, in welche die Natur sie selbst vertheilt hatte" (*ibid* : xxvii).

Il fait valoir à juste titre que la classe du mot se reconnaît à partir de la combinaison du son radical avec un son d'appartenance à la classe, ex. *reis-* (son radical) / *Reis-e* (son radical + classe ⇨ substantif) / *reis-en* (son radical + mode ⇨ infinitif > désignation d'une action abstraite) et occasionnellement sans ajout d'un tel son classificateur, ex. *bau* (son radical) / *der Bau*. Il en déduit un peu hâtivement que l'article a eu pour fonction originelle de marquer la spécification du son radical comme substantif en l'absence de classificateur suffixal.

Après une série d'observations ponctuelles, notamment sur la reconnaissance par le ton (ou l'accentuation) du « son radical » dans de nombreuses langues polysyllabiques, dont l'allemand, Adelung revient une dernière fois en conclusion sur sa métaphore nautique. Il est convaincu que, malgré la charpente et la décoration du vaisseau de cent canons, le radeau originel continue de transparaître :

> « Car on aura beau taire que le monde invisible du langage a été bricolé à partir des ruines du monde visible et qu'il est sa propre création, même dans la bouche d'un Cicéron et d'un Newton ce monde exhale la sensibilité inculte de l'homme de nature à l'état brut »[255].

Faisant référence au vitalisme de Thalès qui ne pouvait imputer la force d'attraction de l'ambre qu'à une âme interne à la substance, il laisse transparaître en conclusion l'influence sur sa pensée de l'esthétique et de la logique transcendantales de Kant (l'impossibilité de raisonner en dehors des catégories a priori de la perception : l'espace et le temps, et des formes a priori de l'entendement : la quantité, la qualité, la relation et la modalité), mais dans une version « logocentrée » qui fait aussi penser au second Wittgenstein, celui des Investigations philosophiques (1953) :

> « Ces erreurs parmi d'autres sont si profondément intriquées dans notre accès à la connaissance en raison de la formation originelle du langage et de la raison, que nous ne pouvons plus penser autrement, et en dépit de toute notre capacité d'abstraction nous ne pouvons cependant écarter la forme sensible fallacieuse »[256].

---

[255] "Denn zu geschweigen, daß seine unsichtbare Welt aus den Trümmern der sichtbaren zusammen gestümpert, und sein eigenes Geschöpf ist, so athmet die ganze Einrichtung der Sprache, selbst in dem Mund eines Cicero und Newton die ungebildete Sinnlichkeit des rohen Naturmenschen" (*ibid.* xxxiv). Il est à noter que le typologue Talmy Givón adopte de nos jours (1985) une argumentation analogue pour rendre compte de la présence sous-jacente de l'iconicité dans des structures apparemment caractérisées par l'arbitraire.

[256] "Diese und andere Irrthümer mehr sind mit der ersten Bildung der Sprache und der Vernunft so tief in unsere Erkenntniß eingeflochten, daß wir nun nicht anders denken können, und bey aller Abstraction doch die irrige sinnliche Form beobachten müssen" (*ibid* : xxxiv).

Au final, la philosophie de la variété des langues actuelles et passées qu'Adelung expose dans cette longue introduction, témoigne d'une réflexion linguistique approfondie menée pendant une trentaine d'années à la lumière des écrits de Condillac et Herder pour l'origine du langage, de Leibniz et Wolff pour ses fonctions, et de Hervás y Panduro pour le classement des langues par degré de proximité. Mais il y a dans son raisonnement une aporie, ou plus simplement un angle mort, en raison de sa volonté de dériver les signes linguistiques arbitraires de représentations originellement motivées par l'instinct de mémorisation de ce qui est entendu (*das Gehörte*), par l'intermédiaire de la reproduction de ce qui est « conçu comme audible » (*als hörbar gedacht, ibid*. p. xvii sq.) et toute son éloquence (voir ci-dessous) ne suffit pas à étayer ce discours bancal, dont le principe pourrait se résumer ainsi : *Cela s'est passé ainsi, parce que je ne peux pas imaginer que cela se soit passé autrement* :

> « L'entendement humain peut aller très loin sur la base de la ressemblance… Mais quel degré de vérité a ce monde invisible conçu sur les ruines du monde visible ? Toute sa fondation consiste en quelques centaines de phénomènes du monde physique à l'état brut, ressentis par la voie de l'ouïe. Il en arrache arbitrairement une notion après l'autre, la dépouille autant que possible de son caractère physique, dénature le tout et bâtit des systèmes sur cette base, jusqu'à ce que, de la notion première, il ne reste rien d'autre que sa forme sonore vidée de sens, il monte sur le faîte de son château des songes, ouvre ses ailes et s'écrie d'une voix victorieuse : "Moi aussi je suis un créateur" »[257].

4.4.2. *Classement comparé des langues d'Asie entre le* Catalogo *(Hervás 1801) et le* Mithridate *(Adelung 1806)*

Lorenzo Hervás a disposé les langues des Amériques dans le premier volume de son *Catalogo* (version étendue de 1801) parce qu'il disposait d'une foule de données que lui apportaient les Jésuites qui œuvraient dans le Nouveau-Monde et que la dissolution de leur ordre avait ramenés à Rome où exerçait Hervás (cf. Jacquesson 2018). De son côté, Adelung a préféré

---

[257] "Der menschliche Verstand kann es an der Hand der Ähnlichkeit sehr weit bringen; er kann mit Hülfe der Phantasie und Abstraction immer eine weniger sinnliche Ähnlichkeit an die vorige reihen, und sich so aus der sichtbaren Welt eine unsichtbare bauen, über deren Größe und Reichthum er am Ende selbst erstaunen muß. Aber wie viele Wahrheit hat diese aus den Trümmern der sichtbaren erschaffene unsichtbare Welt ? Ihre ganze Grundfeste bestehet aus wenig hundert durch das Gehör empfundenen Erscheinungen der groben Körperwelt. Davon reißt er nach Belieben einen Begriff nach dem andern ab, entkleidet ihn von dem Körperlichen, so weit er kann, würfelt zusammen und bauet daraus Systeme, reißt wieder ein, entkleidet von neuem, bis von dem ersten Begriff nicht mehr übrig bleibt, als der leere Schall, tritt dann auf die Zinne seines Luftschlosses, schlägt die Flügel, und ruft siegreich aus : Auch ich bin Schöpfer !" (*ibid* : xxiii).

disposer les langues d'Asie dans le premier volume du Mithridate (le seul qu'il ait achevé et publié avant sa mort), parce qu'il voulait faire figurer en tête les langues à lexique monosyllabique, supposées primitives et toutes localisées en Asie (cf. Metcalf 1984).

Dans les deux compilations, le classement est géographique (par continents et groupes d'archipels) au niveau supérieur, et linguistique au niveau inférieur, quand les similitudes lexicales ne permettent pas le doute sur la parenté interlangue. Au niveau intermédiaire, en l'absence d'une méthode généalogique élaborée, les deux modes de classements doivent coexister, et, pour le continent asiatique, cette coexistence est particulièrement délicate pour une variété de raisons : les migrations des Turcs, des Mongoles, des Arabes ont « rebattu les cartes » ethnolinguistiques, l'étude des « monuments » philologiques du persan, des langues de l'Inde, du malais, du chinois ou du japonais est encore embryonnaire, et certaines aires géolinguistiques posent des problèmes ardus, en raison soit de la multiplicité des langues dans un espace restreint (p. ex. le Caucase), soit de la difficulté des explorations (p. ex. le nord-est de l'Asie en direction du détroit de Behring), soit des deux réunies (p. ex. l'espace indonésien, la Papouasie, les peuples aborigènes d'Australie).

Il n'y a donc pas à s'étonner que Hervás et Adelung adoptent des classements hétérogènes. Cependant ils disposent d'une banque de données linguistiques similaire, si bien qu'il ne subsiste que deux facteurs principaux de divergence, l'itinéraire imaginaire que l'un et l'autre choisissent d'adopter et l'étendue des espaces qu'ils décident de regrouper. Le tableau 5 présente dans la colonne de gauche la répartition géolinguistique des neuf chapitres du livre du *Catalogo* consacré aux langues d'Asie et la colonne de droite celle des huit chapitres du vol.1 du *Mithridate* (composé d'une classe de langues monosyllabiques et d'une classe de langues polysyllabiques subdivisée en sept chapitres). Fr. Jacquesson (comm.pers.) souligne qu'Adelung commence l'examen des langues à lexique polysyllabique par le malais parce qu'il voit dans cette langue « un pont entre les deux classes de langues ». Effectivement Adelung écrit (1806a : 100) :

> « On peut considérer la langue malaise, qui semble avoir été également monosyllabique à l'origine, à l'instar des langues mongole, mandchou et quelques autres encore, comme la transition entre les langues monosyllabiques et les polysyllabiques, la raison étant certainement à

chercher dans la géographie et le commerce précoce avec des langues polysyllabiques »[258].

En effet, l'extension polysyllabique peut avoir pour origine soit la dérivation lexicale, soit la flexion, soit la conjonction des deux processus. Le malais pratique abondamment les opérations dérivationnelles sous toutes leurs formes, préfixation, suffixation, infixation (productive par le passé) et circonfixation, mais pas la flexion. Le pluriel est marqué si nécessaire par la réduplication totale ou partielle, les temps sont marqués par des adverbes et les aspects par des auxiliaires[259].

Cette observation judicieuse d'Adelung réapparaît d'ailleurs comme un facteur classificatoire dans la réédition-recomposition de la *Caractérisation*... de H. Steinthal (1860) par Fr. Misteli (1893) avec la classe III des langues « isolant les radicaux » (*stamm-isolierend*), qui est distinguée de la classe V des langues agglutinantes, comme le turc (*cf.* François 2014, 2017 : 299-300). Dans la classe III, les affixes assument une fonction uniquement dérivationnelle, tandis que dans la V ils se subdivisent en affixes dérivationnels et affixes flexionnels.

Un autre argument en faveur du jugement d'Adelung est fourni par le constat que dans les langues possédant des affixes des deux types fonctionnels, ce sont les affixes dérivationnels qui se disposent au plus près de la racine.

Hervás commence son itinéraire (chap.1) par l'espace insulaire du Pacifique sud et de l'Océan indien, ce qui correspond inversement au chapitre 2.VI-VII d'Adelung. Hervás passe ensuite au Pacifique nord avec les peuples et les langues du Japon, de Formose et de Corée. Adelung adopte le même regroupement (chap. 2.V). Hervás consacre son chap.3 aux dialectes du chinois et aux langues de l'Asie du sud-est. En raison du caractère monosyllabique du lexique de ces langues, Adelung les regroupe dans sa 1ère classe, ainsi que le tibétain (Hervás : chap.3 et 4).

[258] "Man kann die Malayische Sprache, welche ursprünglich gleichfalls einsylbig gewesen zu seyn scheint, neben der Mongolischen, Mantschurischen und einigen wenigen andern, als den Übergang von den einsylbigen zu den mehrsylbigen ansehen, wovon der Grund ohne Zweifel in der Lage und dem frühen Verkehr mit mehrsylbigen Sprachen zu suchen ist".

[259] *https://fr.wikipedia.org/wiki/Grammaire_du_malais-indon%C3%A9sien*

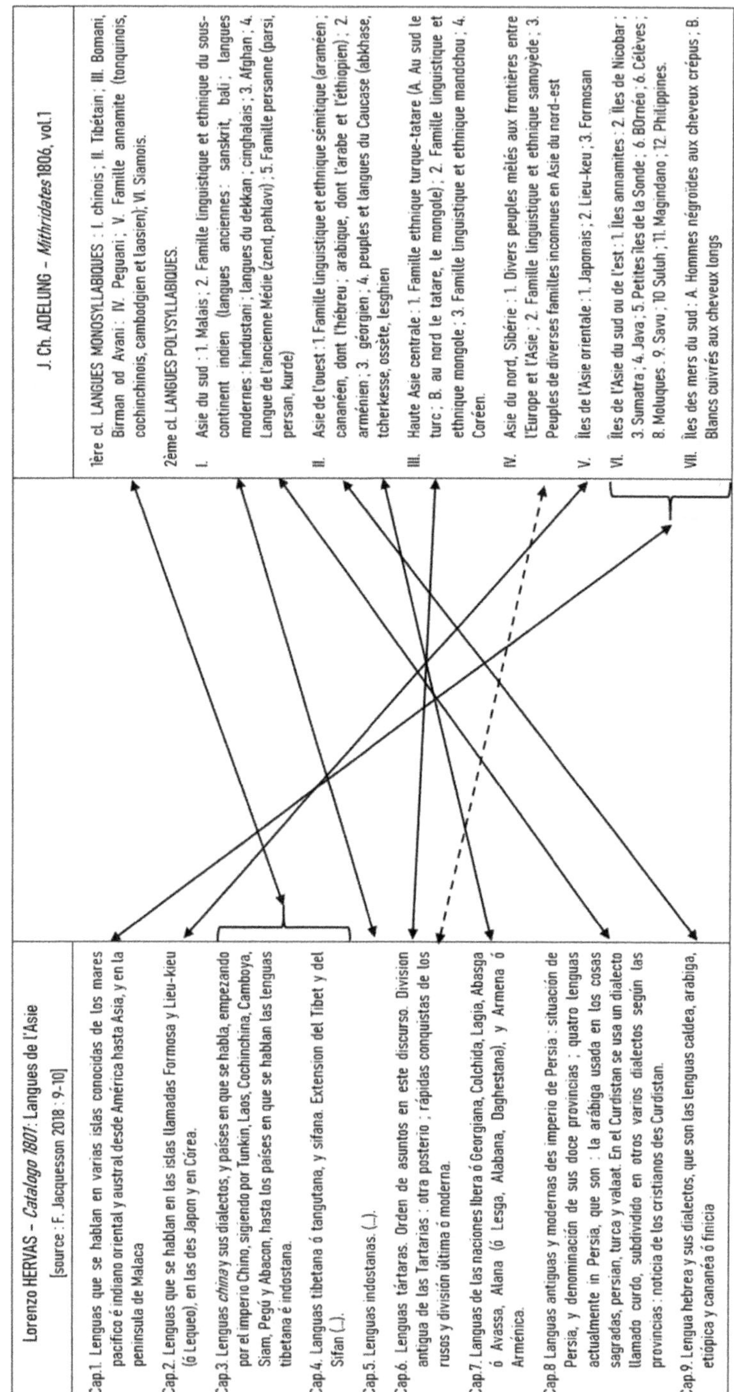

Tableau 5 : Classement comparé des langues d'Asie selon Hervás et Adelung

Le chap.5 d'Hervás se limite aux langues de l'Inde (sous l'intitulé « hindoustani »), lesquelles constituent une sous-catégorie du vaste chapitre 2.I d'Adelung qui rassemble à la fois le malais, les langues de l'Inde du nord et du dekkan et celles de la Perse. De ce fait le chapitre 2.I d'Adelung englobe les chapitres 5 et 8 d'Hervás. Le choix d'Hervás consistant à dissocier les langues de l'Inde et celles de la Perse est cohérent dans la mesure où il souligne dans le sommaire du chap.8 que quatre langues sont pratiquées dans l'empire Perse, l'arabe pour les rites religieux, le persan, le turc et le « valaat » (dialecte populaire) auxquelles s'ajoute le kurde au Kurdistan. Mais cette dissociation montre qu'Hervás n'a pas constaté de parentés lexicales suffisantes entre les langues anciennes de la Perse et de l'Inde du nord pour imaginer une généalogie commune, alors qu'Adelung, qui a lu attentivement le mémoire de William Jones (1786) s'interroge sur des migrations susceptibles d'avoir répandu des dialectes apparentés entre l'Asie et l'Europe à une époque préhistorique (cf. § 4.4.).

Hervás consacre son chap.6 aux « langues tartares », désignation vague qui annonce l'hypothèse d'une famille « touranienne » (cf. Max Müller, 1864), tandis qu'Adelung est plus précis dans la composition de son chapitre 2.III en distinguant trois familles, le turco-tartare, le mongole et le mandchou auquel se joint le coréen. En outre il ouvre un chapitre 2.IV, hétéroclite mais qui a le mérite d'exister, sur les langues mal connues de la Sibérie, de l'Oural au détroit de Behring, un espace qui n'est pas représenté chez Hervás. Le chap.9 d'Hervás est finalement consacré aux langues sémitiques, une famille déjà bien connue à l'époque en raison de ses nombreux « monuments » philologiques. Ces langues sont regroupées par Adelung avec l'arménien, le géorgien et les langues du Caucase, ce qui est un choix géographique sans pertinence géolinguistique.

Au final, le classement d'Adelung a un développement géographique plus limpide que celui d'Hervás, mais, comme Jacquesson (2018) le démontre en reproduisant la concordance des numéraux élémentaires, des pronoms personnels et des conjugaisons dans sept langues (ou dialectes) sémitiques, Hervás fonde la proximité entre langues également sur des mots grammaticaux et des procédés flexionnels. Il se peut que Franz Bopp ait eu connaissance de cette dimension grammaticale de l'entreprise classificatoire d'Hervás, en tout cas le tableau des conjugaisons sémitiques de ce dernier présente une similitude remarquable avec ceux du *Conjugationssystem* de Bopp en 1816.

4.4.3. La composition des notices sur les langues d'Asie

Le format des notices du premier volume du Mithridate est variable selon la quantité d'informations ethnologiques qu'Adelung estimait possible et nécessaire de présenter en introduction. La seule composante constante est la traduction du Notre père, accompagnée d'une annotation interlinéaire.

À titre d'exemple, la notice sur le chinois mandarin couvre 30 pages (34-64). Adelung commence par une section assez copieuse sur l'histoire de la Chine, suivie d'une présentation générale de la langue et de l'écriture :

> « Cette écriture extrêmement malcommode est donc, outre l'imperfection de la langue, la raison principale pour laquelle le chinois n'est pas parvenu à ce jour à un degré substantiel de culture scientifique, et n'y parviendra jamais. Quiconque doit occuper la meilleure et la plus active partie de sa vie à apprendre laborieusement à lire et à écrire, reste un enfant pour l'autre moitié »[260].

Il en conclut péremptoirement que la civilisation chinoise est déficiente, ce qui nous paraît aujourd'hui d'une mauvaise foi criante, mais qui était encore l'opinion de Humboldt jusqu'à sa controverse avec Jean-Pierre Abel-Rémusat, illustre sinologue élu au Collège de France en 1814, au terme de laquelle il reconnaît que le grec classique et le chinois mandarin ont deux formes de génie inverses (le premier demandant un grand effort de formulation au rédacteur, le second un effort encore plus grand d'interprétation au lecteur).

Adelung fournit ensuite des informations et de nombreuses références commentées sur la langue des mandarins et les dialectes du chinois, avant de passer p.55 à quatre traductions du *Notre père*,

1. en chinois mandarin, par un premier philologue, avec un commentaire interlinéaire et une traduction syntaxique ;
2. dans la même langue, par un autre philologue, dans le même format ;
3. toujours dans la même langue, mais transcrite de la bouche d'un chinois résidant à Saint-Petersbourg
4. et dans la langue de la province de Fo-Kien.

---

[260] "Diese höchst unbequeme Schrift ist denn, nebst der unvollkommnen Sprache, auch die vornehmste Ursache, warum der Sinese es bisher zu keinem nur erträglichen Grade der wissenschaftlichen Cultur hat bringen können, noch es jemahls bringen wird. Wer die beste und thätigste Hälfte seines Lebens anwenden muß, nur nothdürftig lesen und schreiben zu lernen, bleibt auch für die andere Hälfte ein Kind" (Adelung 1806a : 49).

Enfin, disposant de beaucoup plus de matière que pour d'autres langues moins bien étudiées, comme le tibétain (ci-après), il ajoute un extrait d'un manuel d'enseignement très répandu en Chine (29 lignes, pp. 62-4).

En revanche, la notice sur le tibétain est beaucoup plus réduite (pp. 64-72), même si cette langue a produit les livres sacrés du bouddhisme. Adelung commence par une description géographique du Tibet, avant d'évoquer les différents noms du pays et l'histoire du Tibet, essentiellement celle de son exploration (pp. 65-7). Il reconnaît ensuite que les occidentaux ont une connaissance très lacunaire du tibétain, mais ils savent cependant que cette langue est apparentée au chinois, avec une différence notable dans la composition des syllabes, puisque le tibétain ne se contente pas comme le chinois de mots monosyllabiques de la forme CV, mais comporte aussi des mots de la forme CVC ou CCV. Malgré la variation de l'intonation en cinq tons qui permet à de nombreuses syllabes de désigner différentes notions, « cela ne suffit pas à lever les obscurités si bien que les locuteurs s'assistent de leurs doigts et écrivent les lettres dans le sable ». Autant dire qu'Adelung n'hésite pas à puiser dans sa documentation ce qui peut pimenter un sujet passablement austère !

L'une des ressources majeures est constituée de manuscrits que Pierre le Grand avait envoyés en 1721 de Sibérie à Rome et Paris pour essayer de les déchiffrer, ce que réalise l'orientaliste français Etienne Fourmont l'année suivante. Après avoir évoqué les travaux de plusieurs philologues sur l'écriture du tibétain dans les années 1770, Adelung emprunte la présentation du Notre père en tibétain au *Saggio prattico delle lingue* publié par Lorenzo Hervás en 1782. Comme le montrent les observations ci-dessous en marge de la traduction du Notre père, le commentaire interlinéaire d'Adelung (déjà adopté par Hervás) n'est pas négligeable, mais il est loin d'élucider la fonction de chacun des mots monosyllabiques.

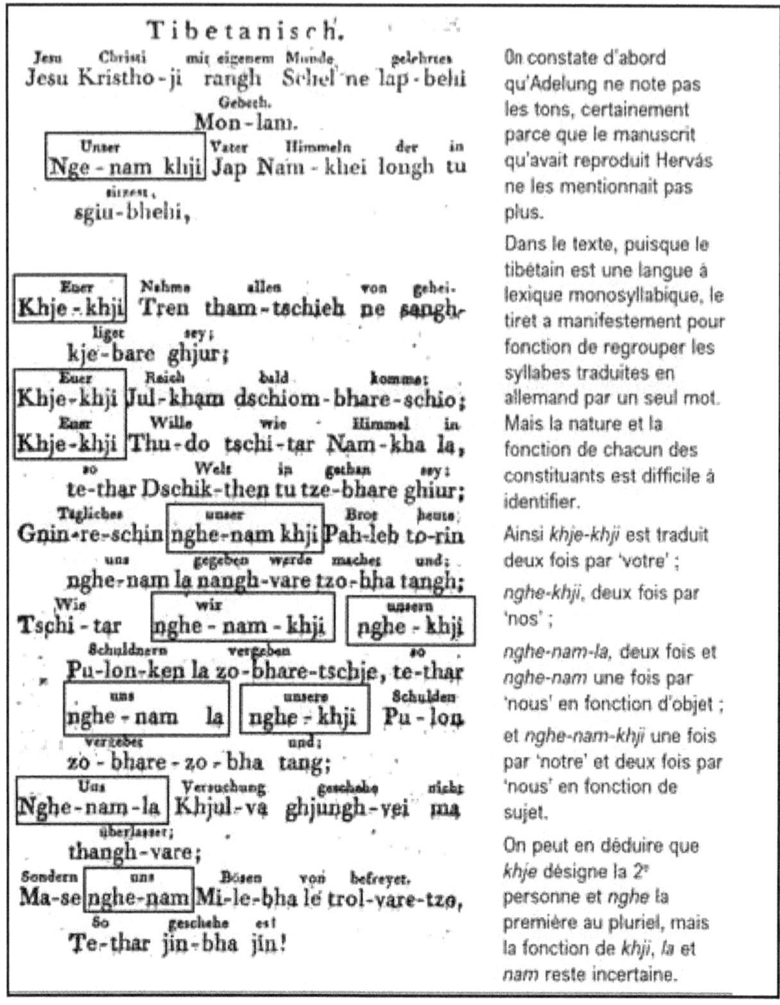

Tibetanisch.

Jesu Christi mit eigenem Munde gelehrtes
Jesu Kristho-ji rangh Schel ne lap-behi
Gebeth.
Mon-lam.

Unser Vater Himmeln der in
Nge-nam khji Jap Nam-khei longh tu
sitzest,
sgiu-bhehi,

Euer Nahme allen von geheiligt sey;
Khje-khji Tren tham-tschieh ne sangh-
kje-bare ghjur;
Euer Reich bald kommet;
Khje-khji Jul-kham dschiom-bhare-schio;
Euer Wille wie Himmel in
Khje-khji Thu-do tschi-tar Nam-kha la,
so Welt in gethan sey:
te-thar Dschik-then tu tze-bhare ghiur;
Tägliches unser Brot heute
Gnin-re-schin nghe-nam khji Pah-leb to-rin
uns gegeben werde machet und;
nghe-nam la nangh-vare tzo-bha tangh;
Wie wir unsern
Tschi-tar nghe-nam-khji nghe-khji
Schuldnern vergeben so
Pu-lon-ken la zo-bhare-tschje, te-thar
uns unsere Schulden
nghe-nam la nghe-khji Pu-lon
vergebet und;
zo-bhare-zo-bha tang;
Uns Versuchung geschehe nicht
Nghe-nam-la Khjul-va ghjungh-vei ma
überlasset;
thangh-vare;
Sondern uns Bösen von befreyet.
Ma-se nghe-nam Mi-le-bha le trol-vare-tzo,
So geschehe es!
Te-thar jin-bha jin!

On constate d'abord qu'Adelung ne note pas les tons, certainement parce que le manuscrit qu'avait reproduit Hervás ne les mentionnait pas plus.

Dans le texte, puisque le tibétain est une langue à lexique monosyllabique, le tiret a manifestement pour fonction de regrouper les syllabes traduites en allemand par un seul mot. Mais la nature et la fonction de chacun des constituants est difficile à identifier.

Ainsi *khje-khji* est traduit deux fois par 'votre' ;

nghe-khji, deux fois par 'nos' ;

nghe-nam-la, deux fois et *nghe-nam* une fois par 'nous' en fonction d'objet ;

et *nghe-nam-khji* une fois par 'notre' et deux fois par 'nous' en fonction de sujet.

On peut en déduire que *khje* désigne la 2e personne et *nghe* la première au pluriel, mais la fonction de *khji*, *la* et *nam* reste incertaine.

Tableau 6 : Le Notre Père dans la notice du Mithridate I sur le tibétain (encadrements par JF)

Adelung ne traite pas seulement des langues vivantes et sa notice sur le sanskrit est particulièrement copieuse, notamment parce qu'il y aborde (Adelung 1806a : 149-176) l'hypothèse de William Jones sur « la concordance entre de nombreux mots du sanskrit et des mots d'autres langues anciennes » (titre de la section qui fournit un glossaire d'environ 500 entrées de telles concordances, pp. 149-176, voir § 4.4.5). Le commentaire interlinéaire d'Adelung permet quelques observations morphologiques et syntaxiques, même si des zones d'ombre subsistent.

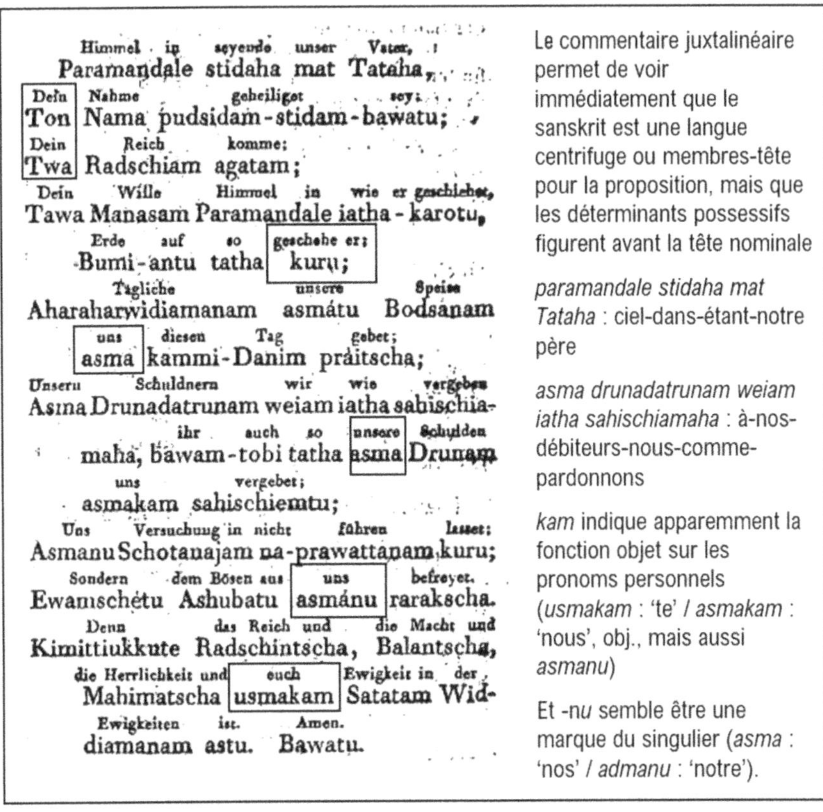

Himmel in seyende unser Vater,
Paramandale stidaha mat Tataha,
Dein Nahme geheiliget seye;
Ton Nama pudsidam-stidam-bawatu;
Dein Reich komme;
Twa Radschiam agatam;
Dein Wille Himmel in wie er geschiehet,
Tawa Manasam Paramandale iatha-karotu,
Erde auf so geschehe er;
Bumi-antu tatha kuru;
Tägliche unsere Speise
Aharaharwidiamanam asmátu Bodsanam
uns diesen Tag gebet;
asma kammi-Danim praitscha;
Unsern Schuldnern wir wie vergeben
Asma Drunadatrunam weiam iatha sahischia-
ihr auch so unsere Schulden
maha, bawam-tobi tatha asma Drunam
uns vergebet;
asmakam sahischiemtu;
Uns Versuchung in nicht führen lasset;
Asmanu Schotanajam na-prawattanam kuru;
Sondern dem Bösen aus uns befreyet.
Ewamschetu Ashubatu asmánu rarakscha.
Denn das Reich und die Macht und
Kimittiukkute Radschintscha, Balantscha,
die Herrlichkeit und euch Ewigkeit in der
Mahimatscha usmakam Satatam Wid-
Ewigkeiten ist. Amen.
diamanam astu. Bawatu.

Le commentaire juxtalinéaire permet de voir immédiatement que le sanskrit est une langue centrifuge ou membres-tête pour la proposition, mais que les déterminants possessifs figurent avant la tête nominale

paramandale stidaha mat Tataha : ciel-dans-étant-notre père

asma drunadatrunam weiam iatha sahischiamaha : à-nos-débiteurs-nous-comme-pardonnons

kam indique apparemment la fonction objet sur les pronoms personnels (*usmakam* : 'te' / *asmakam* : 'nous', obj., mais aussi *asmanu*)

Et -*nu* semble être une marque du singulier (*asma* : 'nos' / *admanu* : 'notre').

Tableau 7 : Le Notre Père dans la notice du Mithridate I sur le sanskrit

4.4.4. L'observation de parentés lexicales entre langues anciennes d'Asie et d'Europe

Les deux notices du vol.1 du Mithridate consacrées respectivement au sanskrit et au persan incluent des observations d'un intérêt majeur en matière de parentés lexicales entre ces langues et plusieurs langues d'Europe, toutes destinées à entrer dans la famille des langues indo-européennes à partir du milieu du XIXe siècle sous l'influence notoire du Compendium d'August Schleicher (1861).

- *Sanskrit et langues européennes*

Dans la notice sur le sanskrit, Adelung déplore l'absence en 1806 d'un dictionnaire de la langue littéraire et sacrée de l'Inde antique et il explique comment il a bricolé un glossaire multilingue de mots apparentés à ceux du sanskrit dans un vaste éventail de langues, avant de s'imaginer ce que pourrait être un véritable dictionnaire multilingue issu de ce premier glossaire :

> « 1. Comme en Europe nous n'avons encore aucun dictionnaire du sanskrit, je n'ai pu employer que des mots que j'ai rencontrés de manière aléatoire dans les écrits de Fra Paolino, de William Jones, des missionnaires danois, d'Anquetil, d'Alter, etc. 2. La comparaison avec d'autres langues n'a pas nécessité de recherches laborieuses, le souvenir ou le hasard offrant occasionnellement des mots concordants. 3. Je n'ai relevé que des mots dont l'identité saute aux yeux aussi bien pour la sonorité que pour la signification. Ceux qui réclamaient un éclaircissement étymologique préalable ou là où la similitude tenait à des figures, je les ai écartés. Cependant cette liste est déjà considérable. De quelle richesse disposerait-on, si on pouvait comparer toutes ces langues mot pour mot »[261] !

Cet extrait présente un intérêt non négligeable du point de vue historiographique[262]. Au tout début du XIXe siècle, le sanskrit n'est connu en Europe que de peu de philologues. Le principal introducteur du sanskrit en Europe a été le Britannique Alexander Hamilton (1762-1824) qui l'a enseigné à un beau florilège de linguistes, notamment français et allemands[263] et c'est justement en 1806 que – retourné en Angleterre après avoir été forcé de poursuivre son séjour à Paris en raison du blocus continental imposé par Bonaparte – il est devenu le premier professeur de

---

[261] "1. Da wir in Europa noch kein Wörterbuch des Sanscrit haben, so habe ich nur solche Wörter benutzen können, welche mir zufälliger Weise in den Schriften des Fra Paolino, Will. Jones, der Dänischen Missionarien, Anquetil, Alter u.a. entgegen gekommen sind. 2. Die Vergleichung mit andern Sprachen ist ohne mühsames Aufsuchen geschehen, so wie das Gedächtniß oder der Zufall die übereinstimmigen Wörter darboth. 3. Ich habe nur solche Wörter ausgehoben, deren Gleichheit sowohl im Klange als der Bedeutung sogleich einleuchtet. Diejenigen, welche erst eine etymologische Auflösung erforderten, oder wo sich die Ähnlichkeit auf Figuren gründete, habe ich übergangen. Dennoch ist dieses Verzeichniß schon beträchtlich. Wie reichhaltig würde es erst werden, wenn man alle diese Sprachen Wort für Wort mit einander vergleichen könnte !" (*ibid.* : 150)

[262] Du point de vue proprement linguistique, Th. Benfey (1869 : 274) invite à la prudence : "Pour le sanskrit [...] on bénéficie ici d'une collection assez riche de mots qui concordent particulièrement avec des langues européennes, naturellement dénuée de fiabilité dans de nombreux cas car elle repose pour partie sur des sources secondaires", mais il vante l'intuition d'Adelung sur l'origine commune de "tous" ces mots. Le "tous" est excessif, comme le montre l'entrée *ega* (le nombre "un") qui comporte plusieurs concordances supposées avec des mots d'autres familles de langues.

[263] Les principaux élèves d'Alexander Hamilton ont été, du côté français, Jean-Louis Burnouf, père d'Eugène Burnouf, et le comte de Volney, fondateur du prix Volney en 1803, et du côté allemand, successivement Friedrich Schlegel (auteur en 1808 de *La langue et la sagesse des indiens*, traduit en français en 1837) puis son frère August Wilhelm, Franz Bopp et Othmar Frank. Ces trois derniers allaient enseigner le sanskrit respectivement à l'université de Bonn, à celle de Berlin et à celles de Würzburg puis Munich. Bopp allait aussi devenir l'initiateur des études indiennes de Wilhelm von Humboldt, puis de Max Müller, futur fondateur de la collection *Sacred books of the East* en 1879.

sanskrit d'Europe, exerçant à l'East India Company College près de Hertford.

C'était le premier épisode du fabuleux itinéraire du sanskrit et de l'indologie dans les universités européennes, qui allait jouer un rôle central dans l'élaboration de la grammaire historico-comparative de Franz Bopp à August Schleicher, William Whitney et les néogrammairiens. Mais la publication du premier dictionnaire de sanskrit allait attendre encore quelques années. Il s'agit du dictionnaire sanskrit-anglais de Horace H. Wilson, daté de 1819, soit 1treize ans seulement après le premier volume du Mithridate et deux ans après son quatrième et dernier volume. Quant au rêve d'un dictionnaire multilingue des langues anciennes autour du sanskrit, il ne commencera à devenir réalité qu'en 1927-30 avec le dictionnaire des racines de l'indo-européen d'A. Walde & J. Pokorny. Mais il est probable que la liste des mots phonétiquement et sémantiquement concordants de diverses langues compilée par Adelung (autour d'environ 400 mots du sanskrit, pp. 150-176) a contribué à retenir l'attention des futurs indo-européanistes.

- *Persan et germanique*

En outre, la notice sur le persan (pp. 278sq) comporte également une section sur les concordances lexicales entre cette langue, le latin, le grec et surtout le germanique. Il rappelle la surprise qui a accompagné ce constat[264].

> « Le fait que même des éléments germaniques se retrouvent en persan a suscité de l'étonnement voire chez certains de la stupéfaction. La chose est incontestable, et cette dose de germanique présente dans le persan ne consiste pas seulement en un nombre considérable de sons et de mots radicaux, mais aussi en syllabes dérivationnelles et même en formes grammaticales »[265].

---

[264] Th. Benfey (1869 : 275) fait cependant valoir qu'à la suite des indications d'Anquetil du Perron, même si celles-ci étaient "dénuées de fiabilité et superficielles" la parenté du zend avec le sanskrit et d'autres langues indo-européennes anciennes était déjà connue.

[265] "[...] daß sich sogar Germanisches in dem Persischen befindet, hat Verwunderung, und bey manchen sogar Erstaunen erregt. Die Sache ist unläugbar, und dieses in dem Persischen befindliche Germanische bestehet nicht allein in einer beträchtlichen Anzahl von Wurzellauten und Wurzelwörtern, sondern auch in Ableitungssylben und selbst in den grammatischen Formen" (*ibid* : 277).

Selon Adelung, deux hypothèses sont en concurrence :

> « Ce phénomène est explicable de deux manières, soit par une fusion tardive, après la constitution des deux langues, soit par une origine commune des deux à partir d'une langue-mère antérieure »[266].

Adelung argumente d'abord en faveur de la première hypothèse, en faisant valoir que la Perse se trouvait sur la voie migratoire des hordes barbares, entre autres germaniques[267], avant d'opter pour la seconde hypothèse sur la base d'un raisonnement qui annonce véritablement la linguistique du XIXe siècle :

> « Comme cependant les reliquats germaniques en persan ne se présentent pas comme des exotismes tardifs, qui ne concordent pas avec le tout, mais comme des éléments de même nature qui sont profondément intriqués dans l'élaboration originelle de la langue et de leurs formes : ainsi le second cas mentionné semble avoir une probabilité supérieure [...] Le Germain, le Slave, le Thrace, le Celte, etc. peuvent donc avoir puisé à la même époque à une seule et même source linguistique que le persan et ne s'en être éloignés que sous l'effet du temps, du climat et des coutumes »[268].

Revenons maintenant aux entrées multilingues de la liste d'Adelung. Une question vient immédiatement à l'esprit du linguiste : « *Dans quelle mesure les entrées du glossaire multilingue d'Adelung laissent-elles supposer qu'il avait la prémonition de la famille indo-européenne (ou indogermanique dans la tradition de la philologie allemande) ?* »

L'examen de deux des entrées du glossaire laisse perplexe sur l'aptitude d'Adelung à distinguer entre des apparentements soit d'origine vraisemblablement généalogique, soit dus à des emprunts, soit encore aléatoires.

---

[266] "Es läßt sich diese Erscheinung auf zweyerley Art erklären, entweder durch eine spätere Vermischung, nachdem beyde Sprachen bereits gebildet waren, oder durch eine gemeinschaftliche Abstammung beyder von einer ältern Muttersprache" (*ibid* : 277).

[267] Il est à noter que cette hypothèse, reconnue quelques décennies plus tard, comme erronée pour ce qui concerne les Goths, a été inversement retenue par Franz von Miklosich (1872-80) pour les Romani qui, venus d'Inde, ont séjourné quelque temps en Perse et en ont conservé de nombreux mots. Ce sont bien des indo-européens, mais les éléments persans dans leur vocabulaire ne sont dus qu'à un contact prolongé.

[268] "Da indessen die Germanischen Überreste in dem Persischen nicht als späte Fremdlinge erscheinen, welche zu dem Ganzen nicht passen, sondern als gleichartige Bestandtheile, welche tief in den ursprünglichen Bau der Sprache und ihrer Formen verwebt sind : so scheint der zweyte angegebene Fall eine überwiegende Wahrscheinlichkeit für sich zu haben [...] Der Germane, der Slave, der Thracier, der Celte, u.s.f. können also mit dem Perser gleichzeitig aus einer und eben derselben Sprachquelle, geschöpft, und sich nur durch Zeit, Clima und Sitten wieder von ihm entfernt haben" (*ibid* : 279)

L'entrée *marana / mrt* (p.163) désignant la mort mentionne d'une part quatre dérivés en sanskrit signifiant mortel, immortel, mortalité, la terre comme résidence des mortels et d'autre part dix cognats en zend (la langue de l'Avesta, le livre sacré de la religion zoroastrienne), slave, pahlavi, persan, latin et germanique. Toutes ces langues ont été ultérieurement rattachées à la famille indo-européenne (notamment par August Schleicher dans son *Compendium* en 1861) et l'entrée *marana* a (au regard des connaissances de la seconde moitié du XIXe siècle) un profil clairement généalogique[269] :

> *Marana*, la mort ; *Mrita*, mortel ; *a-mrita*, immortel; *Murichi*, mortalité; *Murto*, la terre, résidence des mortels.

Zend *Mreté*, mort	Pahl. *Murt*
Slav. *Mertiwi*	Pers. *Merk, Marg*
Pahl. *Murdan*, mourir ;	Armén. *Merak*
Murdeh, mortel.	Lat . *Mors, mori*
Zend *Mret*, la mort	Germ. *Mord, morsch*

Mais ce profil est contrebalancé par une autre entrée, celle de *ega* (p.157), le chiffre 1 :

Ega, un	Mandchou, *Yga*
Hébreu, *Echat*	Hongrois, *Ecki, Eki*
Persan, *Jek, Hek*	Finnois, *Yx*
Kurde *Jak, Ak.*	Vogoul, *ak.*

Les cognats mentionnés sont en hébreu, persan, kurde, mandchou, hongrois, finnois et vogoul. Dès la fin du XVIIIe siècle, le persan et le kurde sont reconnus comme apparentés généalogiquement au vieil indien. Inversement l'hébreu est une langue sémitique qui, durant l'exil des Judéens à Babylone (VIe siècle av. J.C.), est entrée en contact avec les langues (et les modes de pensée) de Mésopotamie. Le hongrois, le finnois et le vogoul sont des langues ougriennes et le mandchou une langue altaïque (auxquelles sont rattachées les langues turques dont celle des Tatares, adversaires des Perses) et suffisamment proches des langues ougriennes pour qu'une superfamille ouralo-altaïque ait été proposée jusqu'à la fin du XXe siècle.

Les deux profils des entrées *ega* et *marana* sont donc largement disparates. Vu du XIXe – et a fortiori du XXIe siècle avec le raffinement des classements généalogiques récents[270] – le profil de l'entrée *marana* est fondé généalogiquement, alors que celui de l'entrée *ega* ne présente que

[269] J'adopte les traductions en allemand d'Adelung.

[270] Voir le *World Atlas of Language Structures* (2005 et on line).

deux apparentements généalogiques (avec le persan et le kurde) vis-à-vis d'apparentements résultant de contacts avec des populations exilées (les Hébreux) ou nomades en mouvement entre l'extrême et le proche orient.

La disparité entre ces deux entrées et l'argumentation d'Adelung en faveur d'une origine commune entre le persan et le germanique (voir ci-dessus), laisse penser qu'il a eu l'intuition, notamment à la suite de la lecture du mémoire de William Jones (1786), d'une vaste famille en mouvement migratoire autour de la Mer noire, mais il ne pouvait pas encore s'imaginer précisément l'étendue de cette famille et, sans doute à cause de la proximité géographique et de la thèse, encore vivante à l'époque, de l'hébreu comme langue primordiale, il a vainement cherché à y intégrer les langues sémitiques.

H. Gipper & P. Schmitter (1979 : 42) estiment que si Adelung s'est fourvoyé dans ses jugements de parenté interlangue, c'est en raison de son intérêt médiocre pour la comparaison des caractères grammaticaux :

> « Contrairement à Jones, qui faisait valoir comme base de la comparaison des langues "les racines des verbes et... les formes grammaticales" et qui n'associait au sanskrit que des langues réellement parentes, Adelung, faute de critères fiables pour apprécier la parenté entre langues, a associé au sanskrit des langues comme l'hébreu, le syrien, le turc, le hongrois et le finnois qui n'ont rien à voir avec la famille indo-européenne »[271].

De son côté, Rudolf Engler a fait figurer dans son édition critique du *Cours de linguistique générale* de Saussure (1989) les notes d'un de ses auditeurs, Émile Constantin, qui rapporte (p.2-3 de l'édition d'Engler, p.88-89 du manuscrit original) le jugement du maître de Genève sur le Mithridate, dont il oppose les hypothèses sur l'apparentement entre le sanskrit et les langues européennes à la révolution comparative réalisée par le Système de la conjugaison du sanskrit de Bopp dix ans plus tard. Selon ces notes, Saussure qualifie le Mithridate de « description de toutes les langues du globe connues, sans critique ni tendance scientifique » et il constate qu'après avoir fourni sa longue liste de « mots du sanskrit qui se retrouvent dans le grec et le latin », Adelung n'en tire pas de conclusion :

> « On reconnaît donc l'analogie, mais on n'en voit pas le moins du monde la portée. Et Adelung garde sa classification (...) Adelung, informé de ce

[271] "Denn im Gegensatz zu Jones, der ja als Grundlage des Sprachvergleichs 'the roots of verbs ... and forms of grammar' angab und auch nur wirklich verwandte Sprachen mit dem Sanskrit in Verbindung brachte, hat Adelung mangels zuverlässiger Kriterien für die Beurteilung der Sprachverwandtschaft auch Sprachen wie Hebräisch, Syrisch, Türkisch, Ungarisch und Finnisch mit dem Sanskrit verbunden, die ganz außerhalb der indoeuropäischen Sprachfamilie stehen".

qu'avait dit Jones, n'a su développer aucune conséquence sérieuse. C'est pour lui une chose embarrassante ».

Saussure avait assurément raison de reléguer les observations désordonnées d'Adelung en matière de parenté linguistique parmi « quelques tentatives isolées, quelques éclairs qui tombent juste » (Constantin, p.88-89).

4.5. Le volume 2 à quatre mains sur les langues d'Europe

Lorenzo Hervás classait les langues d'Europe en familles partiellement pertinentes, par exemple la famille illyrienne rassemblant les langues slaves ou la famille celtique avec principalement le gaélique, le gallois et le breton et la famille latine incluant le roumain. Mais d'autres choix de son classement étaient assez fantaisistes, par exemple le rattachement du gotique à la famille scythe auprès du hongrois, du finnois et du lapon, alors que les autres langues germaniques formaient une famille « teutonique », ou encore l'idée que le basque soit le « principal substrat italique » (cf. Morpurgo-Davies 1998 : 39). Cependant le principe de superordonner les « lenguas matrices » aux dialectes méritait d'être conservé, à condition de définir le seuil entre les unes et les autres. L'option d'Adelung consiste en une hiérarchie plus sophistiquée. Il choisit au niveau supérieur les termes *Völkerstamm* et *Sprachstamm* (litt. tronc de peuples / de langues), adoptant ainsi la métaphore de l'arbre généalogique que Schleicher raffinera dans l'introduction de son *Compendium* (1861, cf. François 2017 : 326-337) et il numérote en chiffres romains ce niveau comprenant pour l'Europe dix groupes de langue. Le niveau inférieur est numéroté en chiffres arabes si le groupe comporte des embranchements à plusieurs niveaux (c'est le cas des groupes II : celtique ; V : thrace–pélasgique–grec–latin ; VI : slave)[272] ou en caractères majuscules si la hiérarchie des embranchements est plus limitée. Cette hiérarchie simplifiée concerne les groupes III : celtique-germanique ; IV : germanique ; VII : germano-slave ; IX : tchoudique et le regroupement informel X : « quelques langues mixtes au sud-est de l'Europe ». Enfin le groupe I se limite au cantabrien ou basque avec ses dialectes côté espagnol et côté français et le groupe VIII au « romano-slave ou valaque », cf. Tableau 6.

[272] Je traduis *Sprachstamm* par "groupe linguistique" de manière à réserver le terme "famille" pour le niveau hiérarchique immédiatement inférieur dans les groupes IV (deux familles, allemande *vs* scandinave), V (quatre familles, thraco-illyrienne ; pélasgique : helléno-grecque ; latine) et VI (deux familles, slaves orientale *vs* occidentale).

GROUPES DE LANGUES	LANGUES ET DIALECTES
I. Cantabrien/basque	
II. Groupe celtique	1. Ancien celte 2. Filles du celte en (Grande) Bretagne et en Irlande A. Gaélique irlandais, Erse B. Écossais des montagnes, langue des highlands, gaélique écossais
III. Groupe celtico-germanique, ou cimbre	A. Cimbre au Pays de Galles et en Cornouailles B. Cimbre en Basse-Bretagne
IV. Groupe germanique	A. Famille allemande : 1) Allemand supérieur ; 2) Bas-allemand (frison [3 dialectes] ; néerlandais ; hollandais ; bas-saxon (*platt-deutsch*) ; 3) Allemand central ; 4) Haut allemand B. Famille scandinave : Danois ; Norvégien ; Islandais ; Suédois C. Anglais
V. Groupe thrace-pélasgique-grec - latin	1. Famille thraco-illyrienne A. en Asie mineure (7 dialectes, dont le phrygien, le lydien et le lycien) B. en Europe (11 dialectes, dont le thrace, le macédonien et le vénète) 2. Famille pélasgique (13 dialectes, dont l'arcadien et le crétois) 3. Famille helléno-grecque (dialectes du grec ancien et moderne) 4. Famille latine A. Langue latine B. Langues filles du latin (italien ; espagnol et portugais ; français ; roumain « ou rhétique »)
VI. Groupe slave	1. Famille orientale A. Russe (dont le slavon d'église) B. Slave illyrien (serbe, croate, wende méridional) 2. Famille slave occidentale : A) Polonais ; B) Tchèque ou bohémien : C) Serbe ; D) Wende septentrional
VII. Groupe germano-slave ou letton	A. Vieux-prussien ; B. Prussien-lituanien ; C. Polonais-lituanien ; D. Letton proprement dit
VIII. Romano-slave ou valaque	
IX. Groupe tchoudique	A. Finnois ; B. Lappon ; C. Este ; D. Livonien

X. Quelques langues mixtes dans le sud-est de l'Europe	A. Hongrois B. Albanais

Tableau 6 : Les dix groupes ethniques et linguistiques d'Europe selon le *Mithridate*, vol.2

La simple énumération des classes désignées comme celtico-germanique (I), thraco-illyrienne (V.1) et germano-slave (VII) témoigne d'une indécision dont la base est assurément le caractère disparate des affinités grammaticales et lexicales. Ainsi Adelung considère que les populations parlant une langue celte en Irlande, en Bretagne et jadis en Écosse et en Cornouailles avaient pour origine la fusion de Gaulois et d'Allemands :

> « Je vais démontrer immédiatement qu'une grande partie des langues du pays de Galles et de la Basse-Bretagne, en tant qu'authentiques descendantes de la langue belge ou cimbre, est constituée de mots allemands, et particulièrement bas-allemands ; cette origine est donc incontestable. Mais en raison de cette confusion du gaulois et du germain on ne peut pas les compter au nombre des dialectes purement gaulois ou celtes, ni purement allemands, mais il faut les traiter comme un mixte »[273].

Les comparatistes du XIXe siècle et leurs successeurs écarteront l'hypothèse d'un caractère généalogiquement mixte du gallois et du breton en faisant valoir que la grammaire de ces langues celtiques présente des propriétés complètement étrangères aux langues germaniques. Le roumain-valaque et le hongrois, deux langues considérées comme généalogiquement mixtes, représentent deux configurations inverses. Même si (cf. p.724) le lexique du roumain-valaque comporte pour moitié des mots d'origine latine et pour moitié des mots de diverses autres origines, grecque, gotique, turque et majoritairement slave, « la *Romana rustica* y est encore dominante » et Hervás avait raison d'accueillir résolument cette langue dans la famille romane. Quant au hongrois, Adelung considère que l'origine du peuple se perd au fil des migrations-invasions provenant de l'Asie centrale et il ne se déclare que médiocrement convaincu par l'hypothèse d'une parenté avec le finnois (alors que Hervás

[273] "Ich werde sogleich beweisen, daß ein großer Theil der heutigen Wallisischen und Nieder-Bretagnischen Sprachen, als ächter Abkömmlinge der Belgischen oder Kimbrischen, aus Deutschen, und besonders aus Nieder-Deutschen Wörtern bestehet; daher an dieser ihrer Abkunft nicht zu zweifeln ist. Aber um dieser Vermischen des Gallischen und Germanischen willen, kann man sie weder zu den reinen Galliern oder Kelten, noch zu den reinen Deutschen rechnen, sondern man muß sie als eine Mischung beyder ansehen" (Adelung & Vater 1808, vol.II : 143-4).

rangeait déjà les deux langues dans la même famille tchoude) et son argument racial est assez comique :

> « Une plus grande fortune est réservée ces derniers temps à l'affirmation qu'ils [les Hongrois] appartiennent aux Finlandais ou aux Tchoudes, ce qu'on a voulu démontrer à partir de la convergence entre les deux langues. Celle-ci n'est pas contestable, mais elle ne suffit pas pour faire descendre le Hongrois bien bâti, plein d'esprit et de courage de la famille finnoise éclopée pour sa plus grande partie »[274].

4.6. La contribution des frères Humboldt aux volumes 3 et 4 du *Mithridate*

4.6.1. L'ombre d'Alexander dans l'introduction de J.S. Vater au volume III-2 sur les langues américaines

Johann Severin Vater (1771-1826), héritier spirituel d'Adelung dans son entreprise de collecte des langues du monde inventoriées par les explorateurs, les missionnaires et les administrateurs des comptoirs et colonies, était né 39 ans après son mentor et quatre ans seulement après W. von Humboldt. C'était un universitaire et théologien spécialiste notamment des langues de la tradition biblique. Sa vision de la diversité des langues différait nécessairement de celle de son partenaire, ce que confirme son usage récurrent de la notion de « système linguistique » dans sa vaste introduction (82 pages) à la deuxième partie du volume III du *Mithridate* consacré aux langues des Amériques.

Il venait récemment d'explorer ces langues du Nouveau Monde et les hypothèses sur leur parenté avec l'une ou l'autre famille de langues de l'Ancien Monde, dans ses « Études sur le peuplement de l'Amérique à partir des anciens continents » (*Untersuchungen über Amerika's Bevölkerung aus den alten Continenten*, ouvrage publié à Leipzig en 1810 et – détail significatif – dédié à Alexander von Humboldt)[275]. Si bien que la majeure

[274] "Mehr Glück hat in den neueren Zeiten die Behauptung gemacht, daß sie zu den Finnen oder Tschuden gehören, welches man aus der Übereinkunft beyder Sprachen hat beweisen wollen. Diese ist nun nicht zu läugnen, reicht aber doch nicht hin, den so schön gebauten Ungarn voll Geist und Muth von dem größtentheils verkrüppelten Finnischen Stamme abstammen zu lassen" (*Ibid.* : 772-3). Si Adelung et Vater, lecteurs assidus de Montesquieu, avaient tenu compte de sa théorie des climats, ils auraient sans doute admis que la vie aux confins du cercle polaire arctique ne contribuait pas à produire des hommes aux proportions élégantes !

[275] À titre de comparaison, son Introduction au volume II sur les langues de l'Europe se limite à six pages précédées de 17 pages de Préface dans laquelle il explique notamment ce qui revient dans ce volume à la plume d'Adelung et ce qu'il a contribué, non sans mentionner certains désaccords avec son cosignataire et son souhait de préserver dans

partie de l'Introduction est consacrée à la double question qui hantait les géographes, ethnologues et linguistes à l'aube du XIXe siècle :

- Est-il possible de prouver la parenté entre des langues de l'Ancien et des langues du Nouveau Monde ?
- Si parenté linguistique il y a, elle démontre une origine ethnique commune[276], mais dans quel sens la migration s'est-elle effectuée ? Le passage par les îles Aléoutiennes semblait le plus probable, mais on ignorait à l'époque que pendant le cycle glaciaire le plus récent du pleistocène (approximativement entre -20 000 et -10 000 ans) le détroit de Behring était couvert d'une banquise et que la migration n'avait donc pas nécessité la fabrication d'embarcations.

Sur le premier point, Vater n'a de doute ni sur la ressemblance anatomique ni sur la voie empruntée :

> « On a notamment fait valoir, comme méritant une attention particulière, la grande ressemblance physique entre les Tatars et les Américains du nord, la proximité extraordinaire de l'Amérique pour les habitants du nord-est de l'Asie, n'ayant en quelque sorte qu'un pas à faire pour atteindre l'Amérique, et la liaison des deux continents par une chaîne d'îles presque ininterrompue [les Aléoutiennes], et il est logique qu'on ait associé plusieurs des thèses évoquées avec nombre de variations »[277] (vol. III-2, p.337).

Et, sur la base des acquis ethnologiques de l'époque et armé d'un petit glossaire trilingue (groenlandais–tchougaze–tchouktche) il conclut péremptoirement :

> « dans la partie la plus orientale du nord de l'Amérique, au Groenland et sur la côte du Labrador, comme sur sa côte occidentale proche de l'Asie il vit Un peuple et il s'agit d'Un seul et même peuple avec les habitants de la côte nord-est de l'Asie et des îles situées entre les deux continents » [278] (p.339).

---

ce volume l'esprit d'Adelung. Et l'Introduction à la première partie du volume III dédiée aux langues de l'Afrique ne dépasse pas les 24 pages.

[276] On considère généralement que c'est seulement à partir de la fondation de structures d'état qu'un peuple peut être contraint, ou a simplement intérêt s'il est en situation de servitude, à adopter la langue du peuple qui l'asservit.

[277] "Besonders hat man die große körperliche Ähnlichkeit der Tataren mit den Nord-Amerikanern, die außerordentliche Nähe der Nordost-Asiaten bey Amerika, wohin sie gleichsam nur einen Schritt zu thun hatten, und die Verbindung beyder Welttheile durch eine fast ununterbrochene Reihe von Inseln, als Gegenstände besonderer Aufmerksamkeit geltend gemacht, oder begreiflich mehrere der angeführten Meinungen unter mancherley Modificationen verbunden".

[278] "Im östlichen Norden von Amerkia, in Grönland und an der Küste von Labrador, wie auf seiner westlichen, Asien nahen Küste wohnt Ein Volk, und ist Ein und dasselbe Volk mit

Sur le second point, l'orientation de la migration, Vater évoque plusieurs arguments dont le dernier est le plus probant : la côte occidentale de l'Amérique du nord est la plus peuplée et les migrations intra-américaines se sont effectuées d'ouest en est, ce qui laisse supposer que l'origine de tous ces peuples amérindiens est à chercher à l'extrême-ouest, en Asie (p.356).

L'imagination des linguistes dans la quête de rapprochements lexicaux entre langues américaines, européennes et asiatiques s'est déchaînée pendant des décennies. L'idée d'une parenté entre le copte et des langues d'Amérique du sud (p.331) était particulièrement fantasque, une parenté avec le japonais (p.332) ou avec le malais (p.333) était géographiquement plus plausible, mais les mots rapprochés étaient en nombre insuffisant. Partant du constat d'Alexander von Humboldt que « dans de nombreuses tribus d'Amérique du sud les mères tuent la plupart de leurs filles dès la naissance » et que « dans les tribus hindous cette pratique cruelle a également régné jusqu'ici », on a vainement cherché des ressemblances entre des mots du sanskrit et du quechua ou du houastèque (*ibid.*). On a aussi imaginé un apparentement avec le phénicien sur la seule base de ressemblances dans des formes pronominales, mais Vater fait valoir qu'elles ne sont pas plus probantes que des similitudes aléatoires entre langues américaines et langues de la côte occidentale africaine (p.334). C'est peut-être en se remémorant la saga du chef viking Eric le Rouge dont le compagnon Thorfinn Karlsefni est supposé avoir débarqué sur une côte de l'île de Terre-Neuve, qu'une migration irlandaise a été évoquée sur la base de rapprochements entre le gaélique et des langues notamment algonquines. Enfin les basques et des peuples du Caucase ont été vus comme des candidats possibles à l'émigration outre-Atlantique, ce qui n'étonne pas tellement puisque l'hypothèse de l'origine caucasienne du peuple basque ou « vascon » a été longtemps défendue.

Dans l'esprit de Vater, tout ce cortège d'hypothèses maladroitement étayées sur de vagues ressemblances lexicales, voire seulement sur des similitudes comportementales, n'a qu'une seule fonction, mettre en évidence l'absence de jugement des apprentis linguistes de l'âge classique et inversement la triple pertinence lexicale, anatomique et géographique de sa propre théorie, celle d'une (ou plusieurs) migration(s) depuis le détroit de Behring et poursuivie au moins à travers toute l'Amérique septentrionale d'ouest en est et du nord au sud, théorie qui a été effectivement confirmée au XXe siècle.

---

den Bewohnern der Nordost-Küste Asiens und der zwischen beyden Welttheilen liegenden Inseln."

Tout au long de ces 81 pages, Vater ne mentionne nulle part Wilhelm von Humboldt, bien qu'il s'apprête à le solliciter pour participer au volume IV des Suppléments (*Nachträge*), car en 1815 celui-ci n'est connu comme linguiste que pour son étude de terrain sur le peuple et la langue basques, et il est alors occupé comme représentant en second de la Prusse (aux côtés du chef de la diplomatie prussienne, le prince Karl August von Hardenberg) au congrès de Vienne. Mais Vater renvoie à de nombreuses reprises (dans quinze notes) à quatre ouvrages d'Alexander, le frère cadet de Wilhelm, dédicataire de son livre de 1810, lequel figure ainsi comme la principale référence, en marge bien entendu du *Catalogo* de Hervás y Panduro (dont le premier volume portait justement sur les langues amérindiennes en raison de la mine d'information fournie par les missionnaires jésuites rapatriés à Rome après l'interdiction de leur ordre). Il s'agit en premier lieu des *Vues des Cordillères* (1816, 7 notes), suivi de l'*Essai politique sur le royaume de la Nouvelle Espagne* (1811, 5 notes), des « Peuples aborigènes d'Amérique » (*Urvölker von America*, 2 notes) et des « Vues de la nature » (*Ansichten der Natur*, 1 note).

Qu'Alexander von Humboldt se soit intéressé aux mœurs des peuples amérindiens qu'il a rencontrés durant son périple scientifique à travers la Nouvelle-Espagne (1799-1804) n'est pas pour surprendre compte tenu de sa démarche encyclopédique, mais qu'il ait également collecté et examiné de près des données purement linguistiques est plus remarquable. Dans ses notes des « Recherches concernant les institutions et les monuments des anciens habitants de l'Amérique »[279], on trouve par exemple des observations sur le nahuatl (désigné comme « la langue mexicaine ») qui témoignent de la finesse de son sens linguistique. Il examine notamment trois exemples de formation d'un substantif d'action à partir d'un verbe (cf. tableau 7). Après avoir fourni la forme du simplex verbal et celle du substantif composite qui en dérive, il décompose ces trois dernières formes en une racine verbale et deux « particules additives » :

verbe	forme composite	particule additive	racine verbale	particule additive
tennamiqui	*tetennamiquiliztli*	*te-*	*tennamiqui*	*-liztli*
tlatolana	*tetlatolaniliztli*	*te-*	*tlatolani*	*-liztli*
tlalyhouiltia	*tetlalyhouiltiliztli*	*te-*	*tlalyhouilti*	*-liztli*

Tableau 7 : Décomposition d'exemples de substantivation d'action en nahuatl par Alexander von Humboldt (1814)

[279] Trad. angl. vol.2, 1814 : 245-6, note p.46

Comme il s'adresse en priorité à des archéologues et historiens de l'Amérique précolombienne, il ne détaille pas le statut fonctionnel des deux particules additives (préfixe, suffixe ou circonfixe), ni le fait qu'en composition la racine verbale se termine dans les trois cas par un *-i*, moyennant éventuellement l'amuïssement de la voyelle finale (*tlalyhouiltia* > *tlalyhouilti-*) ou la substitution de cette voyelle (*tlatolana* > *tlatolani-*). Mais cet exemple montre que le naturaliste était tout à fait apte à fournir à son frère des données exploitables sur les langues des peuples d'Amérique du Sud et du centre qu'il croisait dans son exploration.

Et le naturaliste conclut sa note par une généralisation d'inspiration « monogénétique » (toutes les langues du monde étant supposées provenir d'un même idiome originel) qui va dans le sens de l'idée de l'accès graduel de chaque peuple à une culture universelle indifférenciée, le perfectionnement de l'histoire philosophique des nations et l'étude des langues allant main dans la main :

> « However distinct certain languages appear at first sight, however extraordinary their caprices or idioms, all have an analogy with each other; and these multifarious relations will be perceived, in proportion as the philosophic history of nations, and the study of languages, which are at once the production of the intelligence, and the expression of the individual character of man, shall be brought to perfection » (trad. angl. 1814 : 246).

4.6.2. Le supplément de Wilhelm sur la langue basque (vol.IV, 1817)

La contribution de Wilhelm von Humboldt au vol.IV du Mithridate (p.275-360) est intitulée « Corrections et compléments à la première section du second volume du Mithridate sur la langue cantabrienne ou basque, par Wilhelm von Humboldt, Ministre d'état du royaume de Prusse, ambassadeur à la cour du royaume de France, et chevalier de nombreux ordres éminents »[280]. En elles-mêmes les fonctions politiques de l'auteur n'ont rien à voir avec ses compétences linguistiques, mais il s'agissait peut-être aussi d'honorer sa participation aussi considérable dans son volume (86 pages) que par sa qualité (une véritable étude de terrain couvrant les différents dialectes de la langue basque en Espagne et en France, un

[280] "Berichtigungen und Zusätze zum ersten Abschnitte des zweyten Bandes des Mithridates über die Cantabrische oder Baskische Sprache von Wilhelm von Humboldt, Königl. Preußischem Staats-Minister, Gesandten an dem Königl. Französischen Hofe, und Ritter vieler hohen Orden"

examen approfondi de la littérature et un brillant essai d'analyse systématique de la morphologie du basque).

Il y a deux raisons pour lesquelles il importe d'entrer dans le détail de la description du système de conjugaison proposé par Humboldt :

— il s'agit du caractère le plus fascinant de la grammaire du basque,

— et surtout cet essai paraît en 1817, juste un an après le premier ouvrage de Franz Bopp consacré lui aussi à la flexion verbale, plus exactement à la comparaison des systèmes morphologiques de six langues anciennes dont le gotique et le sanskrit, ce dernier étant universellement considéré comme la pierre angulaire de la grammaire comparée des langues bientôt désignées comme indo-européennes (all. *indo-germanisch*).

Ce n'est pas un hasard si deux des plus grands linguistes de ce temps estiment à la même date que c'est la flexion verbale (et nominale dans le Supplément de Humboldt) qui permet de fonder l'idée de système linguistique, c'est la clé d'une théorie qui va permettre de classer les langues anciennes et modernes en fonction de critères grammaticaux plus adéquats que les ressemblances lexicales et qui permettra de représenter dans un second temps l'élaboration de familles de langue (initialement les langues indo-européennes et les langues sémitiques, suivies des langues finno-ougriennes, etc.) sous une forme arborescente (même si ce mode de représentation reste difficilement compatible avec l'évolution diversifiée des variantes dialectales, comme le montrera Hugo Schuchardt en 1867). Et c'est justement l'originalité absolue des systèmes flexionnels nominal et verbal du basque par rapport aux langues environnantes (avec le marquage de ce qui ne s'appelle pas encore l'ergativité) qui continue à attiser l'imagination des linguistes plus de deux siècles après l'étude de Humboldt (et celle de l'abbé Jean-Pierre Darrigol, lauréat du Prix Volney en 1829, douze ans plus tard).

Je limiterai mon exploration du Supplément de Wilhelm à ses observations sur les modèles de conjugaison de la langue basque (Mithridates, IV : 320-333). Humboldt fait d'abord valoir que tous les verbes du basque se conjuguent « de la même manière », mais qu'il existe deux modèles de conjugaison, régulier et irrégulier. La conjugaison régulière est celle qui se compose d'un verbe combiné à un auxiliaire, tandis que la conjugaison irrégulière (originelle) est constituée du verbe simple fléchi (p.320). Celle-ci n'est usuelle que pour certains verbes « qui acceptent aussi la conjugaison régulière avec le sens afférent de l'habitude ». Ainsi *nator* signifie « je viens » et *etorten naz*, « j'ai coutume de venir ». Plusieurs verbes s'emploient en fonction d'auxiliaire, *euqui* étant le plus courant à l'actif, et *izan* étant son pendant au passif.

Selon le grammairien Astarloa, la conjugaison régulière implique les constituants suivants (p.322) :

1 : le verbe (généralement au participe)
2 : l'auxiliaire fléchi exprimant
↳ a : l'espèce d'action ou d'état (+/-agent)
b : la personne vers laquelle le verbe est orienté[281]
↳ b1 : une ou deux personnes, l'une à titre principal, l'autre à titre secondaire
b2 : quelles personnes sont en cause

Le système flexionnel régulier est composé d'un participe actif ou passif suivi d'un auxiliaire lui-même actif ou passif et il permet la participation d'une personne secondaire à qui l'énoncé est adressé ce qui délivre huit voix. Le tableau 8 illustre la distinction entre une voix « pure » et une voix « mixte » : dans le premier cas la voix active est véhiculée par la combinaison du participe actif et de l'auxiliaire actif et la voix passive par celle du participe passif et de l'auxiliaire passif, c'est-à-dire que le participe et l'auxiliaire sont « en phase ». Dans le second cas (correspondant à la « diathèse réfléchie » selon L. Tesnière, 1959) le participe et l'auxiliaire sont « déphasés », l'un étant actif et l'autre passif.

VOIX	ACTIVE	PASSIVE
PURE	*Maitetuten d-o-t* AIMER<part.act> + Acc.p3 Sg + RacAux + Nom p1.Sg « je l'aime »	*Maitetuba naz* AIMER<part.pass> + AUX<pass> « Je suis aimé »
MIXTE	*Maitetuten naz* AIMER<part.Act> + AUX<pass> « je m'aime »	*Maitetuba dot* AIMER<part.pass> + AUX<act> « il est aimé de moi »

Tableau 8 : La structure des voix passives pure et mixte de la conjugaison régulière en basque

À chaque voix est associée une conjugaison composée à son tour de plusieurs modes, temps, nombres et personnes. Pour chaque verbe, le système comporte 206 combinaisons. Humboldt fournit une foule d'informations morphosyntaxiques (pp. 323-6), mais la conclusion décisive

[281] La forme verbale est orientée d'une part vers un patient, d'autre part vers un type d'interlocuteur (homme, femme ou supérieur), voir le tableau 9.

est la systématicité de cette combinatoire, si bien qu'il s'avère inutile d'apprendre par cœur les 206 (formes de) conjugaisons :

> « [il suffit de] connaître les règles des lettres caractéristiques aussi bien des différentes voix que des personnes et de leurs combinaisons pour décomposer à la lecture et composer dans la parole les formes fléchies avec efficacité. Car chaque lettre s'explique dans ces formes : les éléments qui peuvent y figurer sont : la racine, les lettres caractéristiques de la personne au nominatif, datif, accusatif et vocatif et enfin les lettres euphoniques infixées, et toutes ces lettres caractéristiques sont déterminées soit en elles-mêmes, soit par leur position »[282] (Humboldt 1817 : 326).

Et pour preuve, Humboldt construit un tableau saisissant des 16 conjugaisons – c'est-à-dire de la composition morphologique de toutes les formes de l'auxiliaire – à la voix active pure, p3Sg (tableau 10, Humboldt 1817 : 329)[283]. Les lignes 1 et 9-12 véhiculent une forme adressée à un homme, les lignes 2 et 13-16 une forme adressée à une femme et les lignes 3-8 une forme adressée à un homme de rang supérieur. Huit types de composants sont en cause :

- la racine de l'auxiliaire se présente sous deux formes, *-au-* au singulier et *-o-* au pluriel ;
- elle peut se combiner à gauche avec une « lettre » caractéristique de personne à l'accusatif (désignant le patient, colonne 2) : *d-* pour p3.Sg, g- pour p1.Pl, *n-* pour p1.Sg et *z-* pour p2.Pl ; une lettre caractéristique de p2 au vocatif *-j-* ; et si ce *-j-* est précédé de *g-* ou *n-* une « lettre euphonique » *-ai-* est infixée :
- sur la droite, elle se combine avec à nouveau une lettre caractéristique de personne à l'accusatif exprimant apparemment l'accusatif pluriel (6e colonne, plusieurs patients, ex. ligne 6, *z-* : p2Sg + *-z-* : Pl = p2Pl ; ligne 8, *d-* ; p3Sg + *-z-* : Pl = p3Pl) ; avec la marque du sexe de l'interlocuteur masculin (9e colonne : *-c*) ou féminin (10e colonne : *-n*(*a*)) et si le pluriel

[282] "Aus diesem Beyspiel, und allem so eben Gesagten erhellet nun deutlich, daß es keinesweges nothwendig ist, diese 206 Conjugationen auswendig zu lernen, sondern nur die Regeln der Kennbuchstaben, so wohl der verschiedenen *vocum verbi*, als der Personen, und ihrer Verbindung zu kennen, um im Lesen und Sprechen die Flexions-Formen mit Fertigkeit auszulösen und zu bilden. Denn jeder Buchstab in diesen läßt sich erklären; die einzigen Elemente, die darin vorhanden seyn können, sind : die Wurzel, die Kennbuchstaben der pers. nominat., dat., accus. und vocat., und endlich eingeschobene Wohllautsbuchstaben, und alle diese Kennbuchstaben sind theils an sich, theils durch ihre Stellung bestimmt".

[283] Ces formes de l'auxiliaire sont censées se combiner avec le participe d'un verbe signifiant "tuer".

est marqué dans la 6e colonne, d'un lettre euphonique (8e colonne : -*a*, lignes 12 avant -*c*, ligne 16 avant -*n*).

La combinatoire produit des formes allant de la seule racine de l'auxiliaire (l.1) à des formes riches de cinq « lettres » (l.9, 11, 13, 15, 16), ex.

	n-	***-ai-***	***-j-***	***-o-***	***-c***	
l.13	acc. P2.sg / patient	son eu-phonique	marque de voc. familier	racine	marque d'inter-locuteur féminin	*Il t'a tuée, ô femme*

Tableau 9 : Exemple de décomposition morphologique d'une forme de la conjugaison régulière en basque.

Au final, avec ses observations sur la combinatoire des « lettres caractéristiques » et les frictions entre ces constituants qui entraînent l'insertion de « lettres euphoniques » ou des phénomènes d'assimilation, Humboldt soulève des questions qui ne seront clarifiées qu'un siècle et demi plus tard, notamment dans le courant structuraliste américain par L. Bloomfield (1934) et par Ch. Hockett[284] en 1954.

[284] cf. Eulàlia BONET (2008).

Verbe	Formes fléchies								Sens
	lettres caract. des pers. à l'acc.	lettres euphon.	lettres caract. de l'adresse fam. (vocatif)	racine des verbes aux.	lettres caract. des pers. à l'acc.	lettres euphon.	lettre caract. de pers. au vocatif masc.	lettre caract. de pers. au vocatif fém.	
1				*au*					*Il t'a tué, ô homme !*
2				*au*				*na*	*Il t'a tuée, ô femme !*
3	*z*			*au*					*Il t'a tué, ô Seigneur !*
4	*n*			*au*					*Il m'a tué*
5	*d*			*au*					*Il l'a tué*
6	*z*			*au*	*z*				*Il vous a tués*
7	*g*			*au*					*Il nous a tués*
II 8	*d*			*au*	*z*				*Il l'a tuée*
9	*n*	*ai*	*j*	*o*			*c*		*Il m'a tué, ô homme !*
10			*j*	*o*			*c*		*Il l'a tué, ô homme !*
11	*g*	*ai*	*j*	*o*			*c*		*Il nous a tués, ô homme !*
12			*j*	*o*	*z*	*a*	*c*		*Il l'a tuée, ô homme !*
13	*n*	*ai*	*j*	*o*				*n*	*Il m'a tué, ô femme !*
14			*j*	*o*				*n*	*Il l'a tué, ô femme !*
15	*g*	*ai*	*j*	*o*				*n*	*Il nous a tués, ô femme !*
16			*j*	*o*				*n*	*Il l'a tuée, ô femme !*

Tableau 10 : W. von Humboldt, Décomposition morphologique de la conjugaison régulière en basque (1817 : 328)

4.7. Conclusion : Quand le *Mithridate* a-t-il été définitivement surpassé ?

Le *Mithridate* s'est en quelque sorte surpassé lui-même dès le volume 3 sur les langues africaines et américaines entièrement conçu par J.S. Vater, et avec les Suppléments du volume 4 (dus à Friedrich Adelung, J.S. Vater et W. von Humboldt pour le basque) qui visaient à corriger des insuffisances du volume 1 et du début du volume 2.

Pour la période ultérieure, Anna Morpurgo-Davies répond succinctement à la question en observant que le classement proposé dans l'*Atlas ethnographique* d'Adriano Balbi en 1826 est plus pertinent, mais plus sommaire que celui d'Adelung, et que le seul ouvrage comparable avant la publication des *Langues du monde* en 1924 est l'« Architecture de la linguistique » de Friedrich Müller (1876-88) :

> « When the first edition of *Les langues du monde* by A. Meillet and M. Cohen appeared in 1924 it showed that, with the exception of Friedrich Müller's *magnum opus*[285], published between 1876 and 1888, no other work had even attempted to cover the same ground as Mithridates with the same richness of details » (Morpurgo-Davies 1998 : 40).

Toutefois ce jugement lapidaire ne tient pas compte d'au moins trois classements fondés sur la « psychologie des peuples » pour les deux premiers (Steinthal 1860 et Misteli 1893) et une neuropsychologie élémentaire pour le troisième (Byrne 1885). Les deux classements de Steinthal et de Misteli parus dans les deux éditions de la « Caractérisation des types principaux de construction des langues » à 33 ans de distance se fondent sur la distinction entre deux types principaux de langues, celles qui sont (ou étaient) dotées d'une « forme interne » (dans le sens que Humboldt a donné à la notion de « innere Sprachform ») et celles qui en sont (ou étaient) dénuées.

Steinthal considère que la plupart des langues à morphologie isolante et les langues qui pratiquent l'agglutination invariante de constituants par ailleurs autonomes, sont dénuées de forme interne, elles constituent ses quatre premiers groupes (langues de l'Insulinde et de l'Annam ; polynésiennes ; ouralo-altaïques ; américaines). En revanche le chinois (à

---

285 Morpurgo-Davies fait référence à l'oeuvre majeure de Fr. Müller : *Grundriss der Sprachwissenschaft* réédition Olms, Hildesheim 2004 [Architecture de la linguistique]. Vol.1 : *Einleitung in die Sprachwissenschaft*, 1876 [Introduction à la linguistique] ; Vol.2 : *Die Sprachen der schlichthaarigen Rassen*, 1879 [Les langues des races aux cheveux lisses] ; Vol.3 : *Die Sprachen der lockenhaarigen Rassen*, 1884 [Les langues des races aux cheveux bouclés] ; Vol.4 : *Nachträge 1877–1887*, 1888 [Suppléments 1877-1887]. L'idée d'une corrélation anthropologique entre types de chevelure et types de peuples (et indirectement types de langues) lui venait du biologiste Ernst Haeckel.

la suite de la controverse entre Humboldt et Abel-Rémusat en 1827) et les langues qui pratiquent une « agglutination lâche », une variation interne de la racine ou l'ajout de désinences issues de constituants autonomes altérés, sont dotées d'une forme interne (égyptien ; langues sémiques ; sanskrit et langues « indogermaniques »)[286].

Quand Steinthal – désireux à la fin de sa vie de ne plus se consacrer qu'à des travaux d'éthique – a proposé à Franz Misteli de mettre à jour ce classement morphologique, celui-ci l'a profondément remanié en réduisant l'effectif des groupes linguistiques à six, mais en subdivisant le groupe II des langues « isolant les racines » en formatées (chinois) et non formatées (ex. siamois) et le groupe IV des langues « enchaînant les racines » également en formatées (égyptien-copte) et non formatées (langues bantoues). Les langues incorporantes du groupe I possèdent des mots-phrases, les langues des groupes II, III (« isolant les radicaux », ex. malayo-polynésien) et IV ne possèdent que des « non-mots », les langues agglutinantes du groupe V (ouralo-altaïques, dravidiennes) des pseudo-mots et seules les langues flexionnelles (groupe VI : sémitiques, « indo-germaniques ») ont des « vrais mots ». Ce classement souffre encore de ce que j'ai appelé un « obstacle axiologique » (François 2014), mais il représente un aboutissement remarquable de l'entreprise de typologie morphologique qui ne sera que partiellement affiné par celle d'Edward Sapir (1921)[287].

En 1924, *Les langues du monde* offrent finalement une synthèse classificatoire à base largement morphologique (révisée et largement étendue dans la seconde édition de 1952) qui clôt définitivement l'époque de ce que Piet Desmet a appelé la « linguistique naturaliste », c'est-à-dire celle d'un classement des langues articulé sur des caractères « raciaux » (psychologiques pour Steinthal, anatomiques pour Fr. Müller, neuro-psychologiques pour Byrne), avec une méthodologie bien définie par A. Meillet et M. Cohen (1924 : 8) :

---

[286] Pour plus de détails on peut consulter François (2014 : 132-8) et François (2017 : 296-300). Ces classements se rattachent à la "psychologie des peuples" parce qu'ils témoignent de l'aptitude variable de chaque peuple à doter l'unité-mot d'un statut grammatical propre.

[287] Situé chronologiquement entre les classements de Steinthal et de Misteli, celui de Friedrich Müller (1876 : 74-76) comporte 78 familles de langues regroupées en douze types, lesquels sont à leur tour mis en relation sur le plan de l'anthropologie physique avec quatre classes anatomiques, celles des hommes à chevelure laineuse (subdivisés en chevelure à touffes et chevelure en toison) et celle des hommes à chevelure lisse (subdivisée à son tour en chevelure raide et chevelure bouclée). Sur ce classement et celui de Byrne (1885) fondé sur des traits neuropsychologiques présumés, voir François (2014 : 138-147).

« En somme les trois principaux types de faits avec lesquels on opère sont en premier lieu la continuité linguistique, qui se manifeste surtout dans le système morphologique – en second lieu, les influences qui ont déterminé les changements (ces influences sont presque toujours non déterminées jusqu'ici, il est vrai, et le présent ouvrage n'en pourra presque pas faire état, mais l'importance en est capitale) – en troisième lieu, l'action des langues de civilisation dont relèvent en grande partie les faits relatifs au vocabulaire ».

ANNEXE
Frontispices des compilations de Gessner (1555), Pallas (1786sq), Hervás y Panduro (1800sq) et Adelung & Vater (1806sq)

MITHRIDATES.
DE DIFFE
RENTIIS LINGVA-
RVM TVM VETERVM
tum quæ hodie apud diuersas natio-
nes in toto orbe terrarū in usu sunt,
CONRADI GESNERI
Tigurini Obser-
uationes.

ANNO
M. D. LV.

TIGVRI EXCVDEBAT
FROSCHOVERVS.

Mithridates
oder
allgemeine
Sprachenkunde
mit
dem Vater Unser als Sprachprobe
in bey nahe
fünfhundert Sprachen und Mundarten,
von
Johann Christoph Adelung,
Churfürstl. Sächsischen Hofrath und Ober-Bibliothekar.

Alius alio plus invenire potest; nemo omnia.
Auson.

Erster Theil.

Berlin,
in der Vossischen Buchhandlung,
1806.

Frontispice du Mithridate originel publié en 1555 par Conrad Gessner chez Christoph Froschauer à Zurich. Le titre complet est : « Mithridate. Des différences entre les langues soit anciennes soit en usage dans diverses nations sur toute la surface de la Terre, Observations de Conrad Gessner de Zürich ».

[MIT 1806, vol.1]

L'intitulé complet du Mithridate d'Adelung est « Mithridate ou science générale des langues avec le Notre père comme échantillon de référence dans près de 500 langues et dialectes ». La prière originelle du christianisme avait déjà joué le même rôle dans le premier Mithridate (1555) de Conrad Gessner, mais entre-temps la « linguistique missionnaire » avait répertorié beaucoup plus de langues que les 110 de Gessner, notamment dans les Amériques. J. S. Vater n'intervient pas officiellement dans le 1er tome. Il rassemble les notes et les fragments d'Adelung dans le 2ème consacré aux langues européennes et il prend complètement en charge les deux derniers tomes.

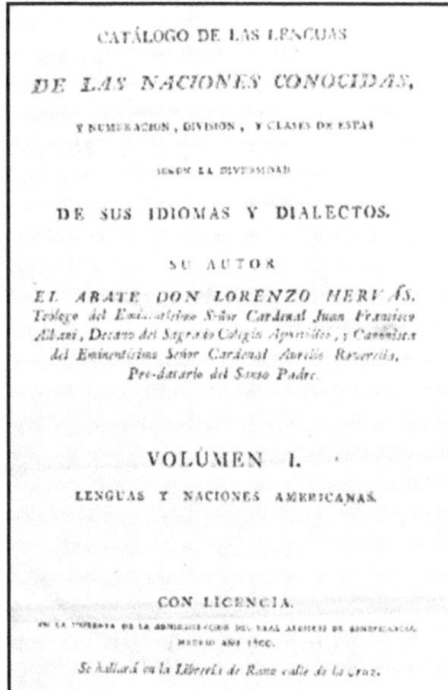

CATÁLOGO DE LAS LENGUAS

DE LAS NACIONES CONOCIDAS,

Y NUMERACION, DIVISION, Y CLASES DE ESTAS

SEGUN LA DIVERSIDAD

DE SUS IDIOMAS Y DIALECTOS.

SU AUTOR

EL ABATE DON LORENZO HERVÁS,

Teólogo del Eminentísimo Señor Cardenal Juan Francisco Albani, Decano del Sagrado Colegio Apostólico, y Canonista del Eminentísimo Señor Cardenal Aurelio Roverella, Pro-datario del Santo Padre.

VOLÚMEN I.

LENGUAS Y NACIONES AMERICANAS.

CON LICENCIA.

EN LA IMPRENTA DE LA ADMINISTRACION DEL REAL ARBITRIO DE BENEFICENCIA.
MADRID AÑO 1800.

Se hallará en la Librería de Ranz calle de la Cruz.

LINGUARUM

TOTIUS ORBIS

VOCABULARIA

comparativa;

AUGUSTISSIMAE

cura collecta.

SECTIONIS PRIMAE,

Linguas Europae et Asiae complexae.

PARS PRIOR.

PETROPOLI,

Typis Iohannis Caroli Schnoor.

MDCCLXXXVI.

Le « Catalogue des langues des nations connues avec l'énumération, la division et les classes de celles-ci selon la diversité de leurs idiomes et dialectes » du jésuite Lorenzo Hervás y Panduro, (Madrid, 1800-1805, édition en espagnol et en six tomes, précédée d'une édition originale en italien en 1784-7) est l'une des principales sources d'information d'Adelung. L'ouvrage d'Hervás commence par les « langues et nations américaines », sans doute pour rendre hommage à ses pairs de retour à Rome à la suite de l'interdiction de l'ordre, qui l'avaient fait profiter des connaissances linguistiques et ethnologiques qu'ils avaient rassemblées sur les peuples qu'ils évangélisaient et protégeaient des colons rapaces.

Les « Vocabulaires comparés des langues de la Terre entière », tome 1 consacré à l'ensemble des langues de l'Europe et de l'Asie. Ouvrage publié en 1786 à Saint Petersbourg par Peter Simon Pallas avec le privilège de l'impératrice Catherine II de Russie (désignée comme *Augustissima*), qui avait commandé à Pallas l'exploration des peuples et des langues de l'empire russe, notamment en Sibérie. Le nom du compilateur ne figure pas sur le frontispice. Pallas était un polymathe dans l'esprit des savants polyvalents de la Renaissance, dont Conrad Gessner.

EN GUISE DE CONCLUSION : UNE EXPÉRIENCE DE PENSÉE SUR UN MONDE POSSIBLE

Au moment de conclure, il importe de rappeler à quel point Adelung se sentait débiteur à l'égard de Leibniz. Bien qu'il ait exprimé à diverses reprises son admiration pour la langue de Voltaire et ait certainement été touché par son *Poème sur le désastre de Lisbonne*[288]*, ou Examen de cet axiome : Tout est bien* (1756), il tient assurément Leibniz pour un meilleur philosophe que Voltaire en raison de ses prouesses logiques et mathématiques.

La logique modale ou « sémantique des mondes possibles », esquissée par Leibniz, a été redécouverte et formalisée (cf. Menzel 2017) dans la seconde moitié du XXe siècle. Elle est particulièrement appropriée à ce que la philosophie allemande a appelé *Gedankenexperiment* (expérience de pensée). Je propose donc que nous nous livrions en conclusion à une telle expérience en posant la question :

> « Si Adelung n'avait pas existé, ou s'il s'était contenté de sa seule activité de bibliothécaire, qu'est-ce que cela aurait changé dans l'univers intellectuel de l'Allemagne du XIXe siècle ? ».

- ARGUMENTS NÉGATIFS

– *Sur ses ouvrages historiques*

La grande majorité de ces ouvrages relevait de la *Volksaufklärung*, ils étaient destinés à l'éducation populaire à un niveau certes élevé, mais sans aucune prétention à l'originalité, qu'il s'agisse de l'histoire des états, de celle des explorations scientifiques, de la civilisation intellectuelle et matérielle ou de la philosophie et ils incluaient de nombreuses traductions, de l'anglais[289] et du français[290].

---

288 Cf. "Philosophes trompés qui criez : « Tout est bien » ; / Accourez, contemplez ces ruines affreuses, / Ces débris, ces lambeaux, ces cendres malheureuses, / Ces femmes, ces enfants l'un sur l'autre entassés, / Sous ces marbres rompus ces membres dispersés,"

289 Par exemple *L'origine, la croissance et l'état actuel des royaumes du Nord*, 1779-81, cf. Brit n°22, Annexe chap.1.

290 P. ex. l'*Histoire des navigations aux terres australes*, 1767, cf. EncBrit n°7, Annexe chap.1.

– *Sur ses ouvrages grammaticaux et stylistiques*

Dans son article de synthèse de 2001 sur « La linguistique générale au tournant du XIXe siècle », Bernd Naumann (2001) évoque Adelung mais il ne le compte pas parmi les représentants majeurs de la grammaire générale dans la seconde moitié du XVIIIe siècle[291]. En outre son ouvrage de philosophie de la grammaire, le Traité circonstancié de l'enseignement de la langue allemande, est rapidement tombé dans l'oubli.

– *Sur ses dictionnaires*

L'œuvre lexicographique d'Adelung est plus difficile à contester. Il serait incorrect de ne voir dans le Dictionnaire grammatical et critique qu'une production intermédiaire entre le dictionnaire de Frisch (1741) et ceux de Grimm (1854) et Paul (1897). Mais, dès la parution de sa première édition (1774-1786) sa conception du « haut-allemand » a paru rétrograde. Et quant au *Glossarium manuale*, cette réduction révisée et enrichie du *Glossarium* de Du Cange n'a pas particulièrement frappé les spécialistes du latin médiéval (même si son nom a continué à figurer parmi les contributeurs des éditions postérieures).

– *Sur le 1er volume du Mithridate*

On pourrait refuser de voir dans ce premier volume autre chose qu'une extension du vol. 2 du *Catalogo* de Hervás (1801), notamment pour ce qui concerne la présentation des traductions du Notre père, et incriminer une intuition médiocre en matière de classement généalogique. Son jugement sur le développement culturel de la Chine (*Mithridates* I, 1806 : 34-40) est caricatural. D'ailleurs, dès qu'il l'a pu (dans les volumes 3 et 4), Vater a réorienté le Mithridate vers une vision plus généalogique et il a fait appel à Friedrich Adelung (le neveu de Johann Christoph) et à W. von Humboldt pour des compléments et révisions majeurs.

- ARGUMENTS POSITIFS

– *Sur ses ouvrages historiques*

On peut faire valoir que l'Essai d'histoire de la civilisation du genre humain (1782) représente une synthèse de la pensée des Lumières en matière de philosophie de l'histoire, dans le sillage de Condillac et de Herder. La conception des Lumières d'Adelung est celle d'un ordre économique, social et culturel dominé par les échanges : à cette époque

---

291 Cf. Naumann (2001 : 1048) : "Seuls les travaux les plus significatifs feront ici l'objet d'une présentation, celui de Johann Werner Meiner (17231789), le Nestor de ce mouvement, ceux de Georg Michael Roth (1769-1817), ceux d'August Ferdinand Bernhardi (1769-1820) et ceux de Johann Severin Vater (1771-1826)".

c'est une vision moderne dans la mesure où elle n'accorde à l'organisation aristocratique de la société et aux Églises, protestante comme catholique, qu'un rôle de conservatoires de l'ordre établi. Dans ce cadre supposé stable, le progrès de l'espèce humaine est assuré par l'accès à la prospérité, laquelle est octroyée aux peuples qui savent faire fructifier leurs biens matériels par les échanges commerciaux (la vision du mercantilisme) et leurs biens culturels par les échanges langagiers et l'esprit de découverte technique et d'exploration du monde (la vision du cosmopolitisme).

– *Sur ses ouvrages grammaticaux et stylistiques*

Le Manuel de la langue allemande (1782) a connu de nombreuses rééditions et a été la principale référence pédagogique tout au long du XIXe siècle, comparable au *Bon usage* de Maurice Grévisse pour le français du XXe siècle. Et il en a été de même pour sa Stylistique (1785) et pour ses Instructions sur la prononciation (1788).

– *Sur ses dictionnaires*

Le Dictionnaire Grammatical et critique (1793-1801) a eu une importance comparable à celui de Furetière un siècle plus tôt en France, il répondait incontestablement à un besoin criant au moment où langue et nation commençaient à s'associer étroitement dans l'esprit des Allemands cultivés, il a été largement utilisé, vanté par ses successeurs Grimm et Paul, et numérisé en format plein texte au début du XXIe siècle. Son dictionnaire bilingue est une petite merveille en attente de reconnaissance (cf. § 3.5). Et son dictionnaire orthographique (cf. § 3.4) a joué un rôle prescripteur décisif jusqu'à la parution de celui de Conrad Duden (1880).

– *Sur le 1er volume du Mithridate*

La connaissance et le classement des langues de l'Asie n'ont progressé que lentement au cours du XIXe siècle. L'hypothèse « touranienne » encore défendue par Max Müller en 1861 en témoigne[292]. Et le glossaire de quelque 400 concordances entre le lexique du sanskrit et celui de nombreuses autres langues a certainement joué un rôle pour attirer la jeune génération (notamment les frères Schlegel et Franz Bopp) vers le sanskrit dans ses rapports avec le persan et les familles de langues européennes.

- BILAN

Au final c'est certainement l'œuvre lexicographique d'Adelung qui a le mieux résisté au temps. Les arguments en faveur de l'originalité et de la

---

[292] Cf. Müller Max (1861 : 301) : « The name Turanian is used in opposition to Aryan, and is applied to the nomadic races of Asia as opposed to the agricultural or Aryan races ».

qualité de ses entreprises dans ce domaine l'emportent incontestablement sur les arguments à son détriment.

Par rapport au dictionnaire de Furetière (1690) et surtout au Dictionnaire Universel François et Latin des jésuites de Trévoux (1740) qui a pris sa suite au XVIIIe siècle avec de nombreuses informations encyclopédiques, le Dictionnaire grammatical et critique d'Adelung représente pour l'allemand ce qu'on pouvait attendre de meilleur à l'époque, avec

- la composition systématique de ses entrées (sens objectif *vs* subjectif quand c'est pertinent, sens propre *vs* figuré et regroupement des données historiques et dialectales dans les Remarques),
- la qualité de ses définitions et de ses exemples et citations
- et la distinction explicite entre les données linguistiques et les données encyclopédiques pour lesquelles il renvoie implicitement aux nombreux *Konversationslexica*. Il anticipe ainsi la répartition des tâches dans la France de la fin du XIXe siècle entre d'un côté le *Dictionnaire de la langue française* d'Emile Littré (1872) et d'un autre côté le *Grand dictionnaire universel du XIXe siècle* de Pierre Larousse (1866-76).

BIBLIOGRAPHIE TRIPARTITE ET INDEXÉE

1. Œuvres de J. Ch. Adelung[293]

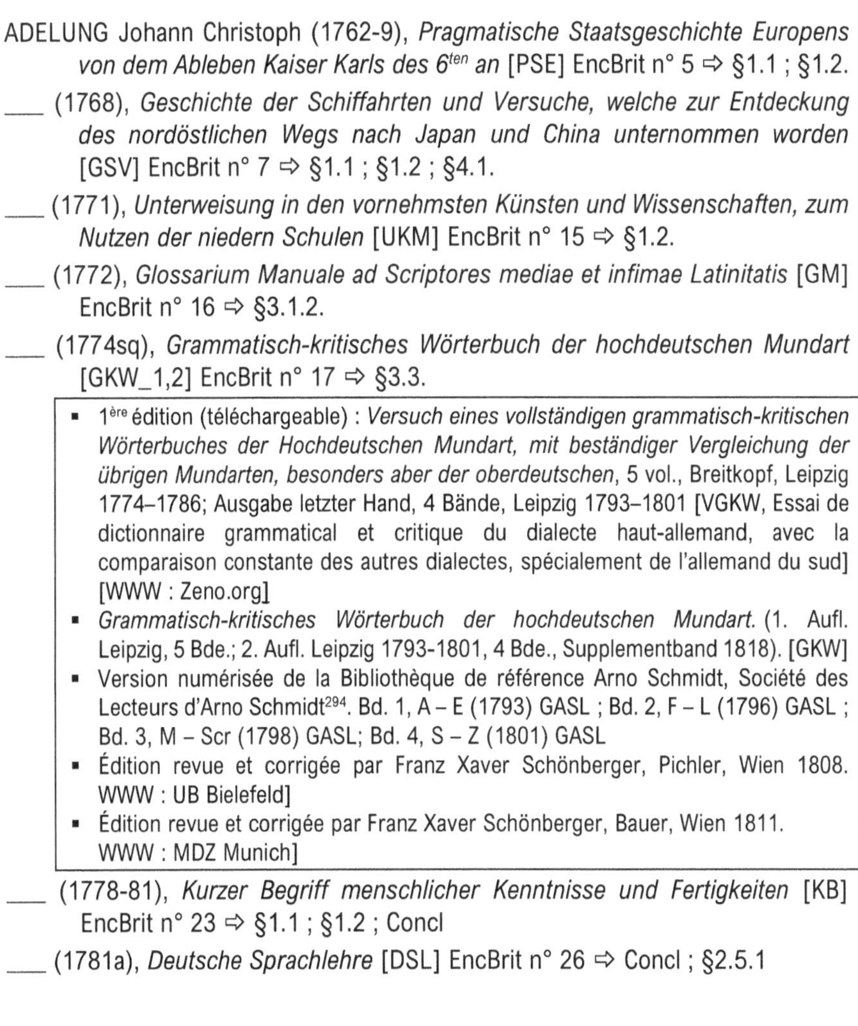

ADELUNG Johann Christoph (1762-9), *Pragmatische Staatsgeschichte Europens von dem Ableben Kaiser Karls des 6ten an* [PSE] EncBrit n° 5 ⇨ §1.1 ; §1.2.

___ (1768), *Geschichte der Schiffahrten und Versuche, welche zur Entdeckung des nordöstlichen Wegs nach Japan und China unternommen worden* [GSV] EncBrit n° 7 ⇨ §1.1 ; §1.2 ; §4.1.

___ (1771), *Unterweisung in den vornehmsten Künsten und Wissenschaften, zum Nutzen der niedern Schulen* [UKM] EncBrit n° 15 ⇨ §1.2.

___ (1772), *Glossarium Manuale ad Scriptores mediae et infimae Latinitatis* [GM] EncBrit n° 16 ⇨ §3.1.2.

___ (1774sq), *Grammatisch-kritisches Wörterbuch der hochdeutschen Mundart* [GKW_1,2] EncBrit n° 17 ⇨ §3.3.

- 1ère édition (téléchargeable) : *Versuch eines vollständigen grammatisch-kritischen Wörterbuches der Hochdeutschen Mundart, mit beständiger Vergleichung der übrigen Mundarten, besonders aber der oberdeutschen*, 5 vol., Breitkopf, Leipzig 1774–1786; Ausgabe letzter Hand, 4 Bände, Leipzig 1793–1801 [VGKW, Essai de dictionnaire grammatical et critique du dialecte haut-allemand, avec la comparaison constante des autres dialectes, spécialement de l'allemand du sud] [WWW : Zeno.org]
- *Grammatisch-kritisches Wörterbuch der hochdeutschen Mundart.* (1. Aufl. Leipzig, 5 Bde.; 2. Aufl. Leipzig 1793-1801, 4 Bde., Supplementband 1818). [GKW]
- Version numérisée de la Bibliothèque de référence Arno Schmidt, Société des Lecteurs d'Arno Schmidt[294]. Bd. 1, A – E (1793) GASL ; Bd. 2, F – L (1796) GASL ; Bd. 3, M – Scr (1798) GASL; Bd. 4, S – Z (1801) GASL
- Édition revue et corrigée par Franz Xaver Schönberger, Pichler, Wien 1808. WWW : UB Bielefeld]
- Édition revue et corrigée par Franz Xaver Schönberger, Bauer, Wien 1811. WWW : MDZ Munich]

___ (1778-81), *Kurzer Begriff menschlicher Kenntnisse und Fertigkeiten* [KB] EncBrit n° 23 ⇨ §1.1 ; §1.2 ; Concl

___ (1781a), *Deutsche Sprachlehre* [DSL] EncBrit n° 26 ⇨ Concl ; §2.5.1

[293] Cette liste s'entend comme un complément à la bibliographie fournie par l'article J. Ch. Adelung dans l'édition de 1830 de *l'Encyclopedia Britannica* (en Annexe au chap.1). Les acronymes renvoient au tableau 1 de l'Introduction.

[294] Digitalisate der Arno-Schmidt-Referenz-Bibliothek von der „Gesellschaft der Arno-Schmidt-Leser" (GASL). Édition plus commode pour la consultation des articles.

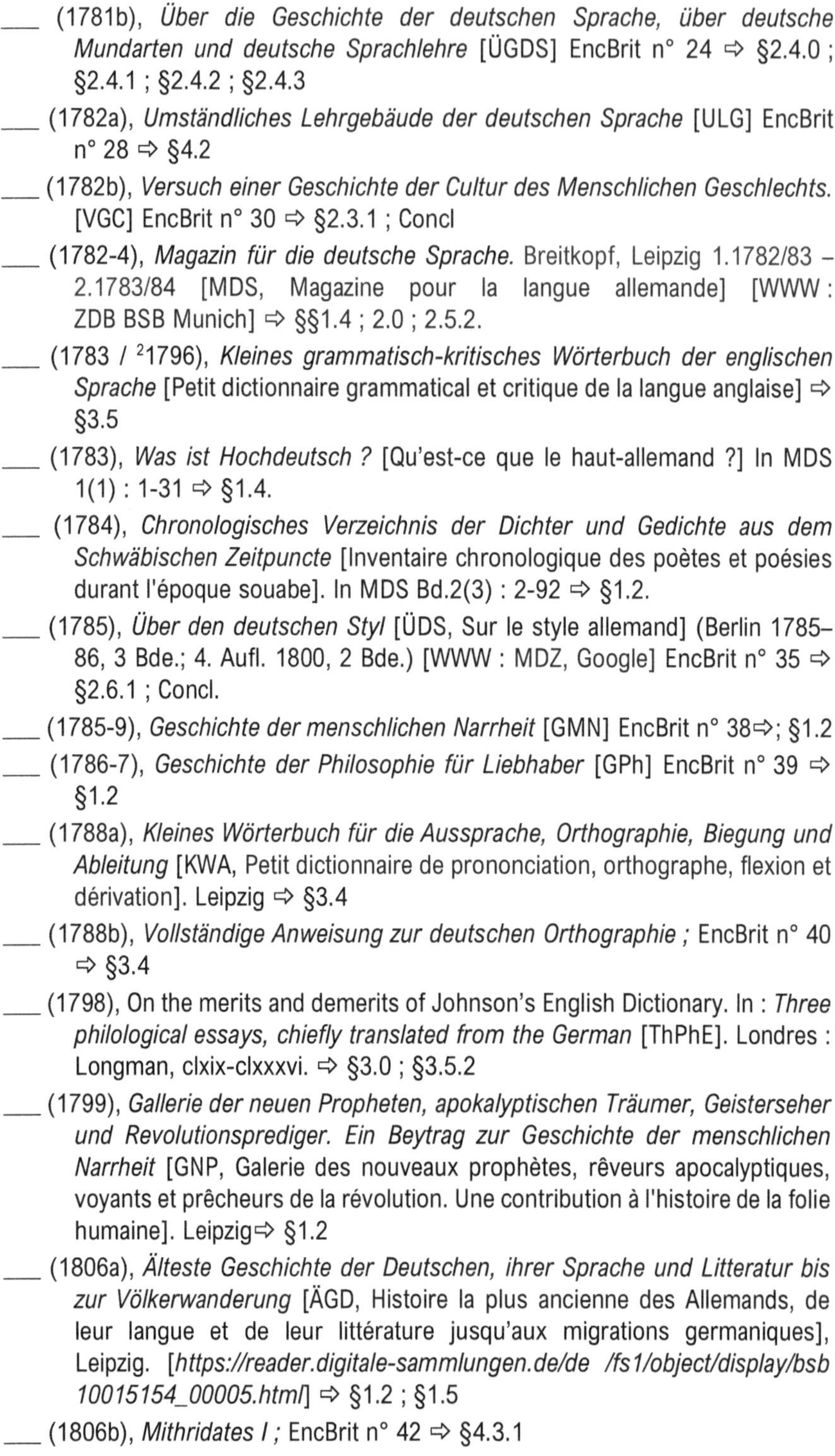

___ (1781b), *Über die Geschichte der deutschen Sprache, über deutsche Mundarten und deutsche Sprachlehre* [ÜGDS] EncBrit n° 24 ⇨ §2.4.0 ; §2.4.1 ; §2.4.2 ; §2.4.3

___ (1782a), *Umständliches Lehrgebäude der deutschen Sprache* [ULG] EncBrit n° 28 ⇨ §4.2

___ (1782b), *Versuch einer Geschichte der Cultur des Menschlichen Geschlechts.* [VGC] EncBrit n° 30 ⇨ §2.3.1 ; Concl

___ (1782-4), *Magazin für die deutsche Sprache.* Breitkopf, Leipzig 1.1782/83 – 2.1783/84 [MDS, Magazine pour la langue allemande] [WWW : ZDB BSB Munich] ⇨ §§1.4 ; 2.0 ; 2.5.2.

___ (1783 / ^{2}1796), *Kleines grammatisch-kritisches Wörterbuch der englischen Sprache* [Petit dictionnaire grammatical et critique de la langue anglaise] ⇨ §3.5

___ (1783), *Was ist Hochdeutsch ?* [Qu'est-ce que le haut-allemand ?] In MDS 1(1) : 1-31 ⇨ §1.4.

___ (1784), *Chronologisches Verzeichnis der Dichter und Gedichte aus dem Schwäbischen Zeitpuncte* [Inventaire chronologique des poètes et poésies durant l'époque souabe]. In MDS Bd.2(3) : 2-92 ⇨ §1.2.

___ (1785), *Über den deutschen Styl* [ÜDS, Sur le style allemand] (Berlin 1785–86, 3 Bde.; 4. Aufl. 1800, 2 Bde.) [WWW : MDZ, Google] EncBrit n° 35 ⇨ §2.6.1 ; Concl.

___ (1785-9), *Geschichte der menschlichen Narrheit* [GMN] EncBrit n° 38⇨; §1.2

___ (1786-7), *Geschichte der Philosophie für Liebhaber* [GPh] EncBrit n° 39 ⇨ §1.2

___ (1788a), *Kleines Wörterbuch für die Aussprache, Orthographie, Biegung und Ableitung* [KWA, Petit dictionnaire de prononciation, orthographe, flexion et dérivation]. Leipzig ⇨ §3.4

___ (1788b), *Vollständige Anweisung zur deutschen Orthographie ;* EncBrit n° 40 ⇨ §3.4

___ (1798), On the merits and demerits of Johnson's English Dictionary. In : *Three philological essays, chiefly translated from the German* [ThPhE]. Londres : Longman, clxix-clxxxvi. ⇨ §3.0 ; §3.5.2

___ (1799), *Gallerie der neuen Propheten, apokalyptischen Träumer, Geisterseher und Revolutionsprediger. Ein Beytrag zur Geschichte der menschlichen Narrheit* [GNP, Galerie des nouveaux prophètes, rêveurs apocalyptiques, voyants et prêcheurs de la révolution. Une contribution à l'histoire de la folie humaine]. Leipzig⇨ §1.2

___ (1806a), *Älteste Geschichte der Deutschen, ihrer Sprache und Litteratur bis zur Völkerwanderung* [ÄGD, Histoire la plus ancienne des Allemands, de leur langue et de leur littérature jusqu'aux migrations germaniques], Leipzig. [*https://reader.digitale-sammlungen.de/de /fs1/object/display/bsb 10015154_00005.html*] ⇨ §1.2 ; §1.5

___ (1806b), *Mithridates I ;* EncBrit n° 42 ⇨ §4.3.1

___ / VATER Johann Severin (1806-17), *Mithridates I-IV ;* EncBrit n° 42 ⇨ §44.

Mithridates, oder allgemeine Sprachenkunde mit dem Vater Unser als Sprachprobe in bey nahe fünfhundert Sprachen und Mundarten, [MIT ; Mithridate, ou science générale des langues avec le Notre père comme texte de référence ans près de cinq cent langues et dialectes] 6 vol., Voss, Berlin 1806–1817, poursuivi par J.S. Vater à partir du vol.2.
1er vol. : langues de l'Asie, 1806 [WWW : MDZ Munich, Google, Archive.org]
2e vol. : Langues de l'Europe. 1809 [WWW : *ibid.*]
3e vol., 1812–1816 [WWW : *ibid.*]
- 1ère section : Langues de l'Afrique. 1812
- 2e section : Langues des Amériques. 1813
- 3e section : Langues des Amériques [fin]. 1816

4e vol. : postfaces, Compléments et Index.1817 [WWW : *ibid.*]

2. Travaux consacrés essentiellement ou marginalement à l'œuvre de J. Ch. Adelung

ARENS Hans (1969), *Sprachwissenschaft. Der Gang ihrer Entwicklung von der Antike bis zur Gegenwart* [Linguistique. Son évolution de l'Antiquité à l'époque actuelle], Darmstadt, Wissenschaftliche Buchgesellschaft⇨ *§*1.5.

ARMOGATHE Jean-Robert (1984), Adelung, Fortsetzer von Du Cange [Adelung, continuateur de Du Cange]. In W. Bahner (éd. : 221-223) ⇨ §§1.4 ; 3.1.2.

AUROUX Sylvain / HORDÉ Tristan (1992), « Les grandes compilations », in S. Auroux (dir. : 538-579) ⇨ §1.5.

BAHNER Werner (*1984*), Johann Christoph Adelung (*1732-1806*). Zum historischen Stellenwert seines wissenchaftlichen und publizistischen Wirkens [J. Ch. Adelung… Sur l'importance historique de son activité de savant et de vulgarisateur]. In W. Bahner (éd. : 7-24) ⇨ §§1.2 ; 1.3 ; 2.2.2 ; 2.2.3 ; 2.3.2.

BAHNER Werner (éd. 1984), *Sprache und Kulturentwicklung im Blickfeld der deutschen Spätaufklärung : der Beitrag Johann Christoph Adelungs* [Langue et évolution culturelle dans les dernières décennies de l'Aufklärung : la contribution de Johann Christoph Adelung]. Berlin : Akademie Verlag ⇨ §§2.0 ; 4.0 ; Concl.

BASLER Otto (1953), Adelung, Johann Christoph. : *Neue Deutsche Biographie 1* (1953), S. 63-65 [*https://www.deutsche-biographie.de/pnd118500651 .html#ndbcontent*] ⇨ §§1.0 ; 1.2 ; 2.0 ; 4.0.

BENFEY Theodor (1869), *Geschichte der Sprachwissenschaft und orientalischen Philologie in Deutschland seit dem Anfange des 19. Jahrhunderts mit einem Rückblick auf die früheren Zeiten* [Histoire de la linguistique et de la philologie orientale en Allemagne depuis le début du XIXe siècle, avec un aperçu rétrospectif sur les époques antérieures], München ⇨ §§1.5 ; 4.3.3 ; 4.4.4.

Bibliotheca Augustana (on line), [Bibliothèque numérique de l'université d'Augsburg]. Notice de Ulrich Harsch sur Johann Christoph Adelung [*https://www.hs-augsburg.de/~harsch/germanica/Chronologie/18Jh /Adelung/ade_intr.html*] ⇨ §1.4.

Biblioteca Virtual Miguel De Cervantes (on line), Notice *Lorenzo Hervás y Panduro,* rubrique *El autor: Biografía* ⇨ *http://www.cervantesvirtual.com/portales/ lorenzo_hervas_y_panduro/autor_biografia/*⇨ §4.3.3.

CZOK Karl (1984), Zur Entwicklung des kursächsischen Territorialstaates im 18. Jahrhundert [Sur l'évolution de la principauté élective de Saxe au XVIIIe siècle]. In W. Bahner (éd. : 35-39) ⇨ §2.1.1.

DETERING H. (2016), Volkskörper und Sprachleib [Corps du peuple et substance de la langue] *Denkströme* 16 : 123-7. Leipzig : Sächsische Akademie der Wissenschaften ⇨ §3.3.1.

DÖRING B. (1984), *Johann Christoph Adelung zum Verhältnis von Geschichte der Gesellschaft und Sprachgeschichte.* [J, Ch. Adelung sur la relation entre l'histoire de la société et celle de la langue]. In W. Bahner (ed : 205-211) ⇨ §1.4.

DROIXHE Daniel (2001), Les conceptions du changement et de la parenté des langues européennes aux XVIIe et XVIIIe siècles. In S. Auroux *et al.* (eds) *History of the Language Sciences* (Vol.2 : 1056-71, chap. 142) ⇨ §4.3.3.

DÜCKERT Joachim (1984), Zur Bedeutungsdarstellung in Adelungs Wörterbuch [Sur la représentation du sens dans le dictionnaire d'Adelung]. In W. Bahner (ed. : 224-232) ⇨ §§1.4 ; 3.3.2 ; 3.3.3.

EICHINGER Ludwig (2008), Vom Glück, Regeln zu befolgen – Adelung im Stil des 18. Jahrhunderts [Du bonheur de suivre des règles – Adelung dans le style du XVIIIe siècle]. In : H Kämper, A. Klosa & O. Vietze (eds. : 247-270) ⇨ §1.3 ; 2.6.1 ; 2.6.2

Encyclopedia Britannica (1830), Article Adelung, éd. de 1830 : 148-150,§2.2.3

FLEISCHER Wolfgang (1984), « Allgemeine Eigenschaften » und « besondere Arten » des Stils. Einige Bemerkungen zu J. Ch. Adelungs Werk « Über den Deutschen Styl » (1785) [« Caractères généraux » et « genres particuliers » du style. Quelques remarques sur l'ouvrage de J. Ch. A. « Sur le style allemand » (1785)]. In W. Bahner (éd. : 180-190) ⇨ §2.6.2

FRANÇOIS Jacques (2020), « Johann Christoph Adelung, a forerunner of modern bilingual lexicography ». *History and Philosophy of the Language Sciences*, 21.4.2020. *https://hiphilangsci.net/2020/04/21/ade lung/*

GEMMINGEN Barbara von (2006), « "Laissez-moi l'Adelung » – Promenade dans le paysage lexicographique allemand ». *Dix-huitième siècle* n° 38 (2006/1) : 135-149 ⇨ §1.4.

GÉRAUD Hercule (1840), Historique du *Glossaire de la basse latinité* de Du Cange. *Bibliothèque de l'école des chartes.*,1840, tome 1. pp. 498-510 ⇨ §3.1.3.

GIPPER Helmut / SCHMITTER Peter (1979), *Sprachwissenschaft und Sprachphilosophie im Zeitalter der Romantik – ein Beitrag zur Historiographie der Linguistik* [Linguistique et philosophie du langage à l'époque du romantisme – une contribution à l'historiographie de la linguistique], Tübingen, Narr ⇨ §4.4.

HASSLER Gerda (2006), Diversité des langues à la fin du XVIIIe siècle. *Le genre humain* 2006(1) n°45-46 : 317-343 ⇨ §1.5.2.

HENNE Helmut (1984), Johann. Ch. Adelung – Leitbild und Stein des Anstoßes. Zur Konstitutionsproblematik gegenwartsbezogener Sprachforschung [J. Ch. A. – Modèle et pierre d'achoppement. La problématique constitutive de la recherche sur la langue du temps présent]. In W. Bahner (éd. : 98-108) ⇨ §1.4.

ISING Erika (1984), « Über die Beförderung gründlicher Sprachkenntniß » – Johann Christoph Adelungs Beitrag zur Kultivierung der deutschen Sprache [« Sur la promotion d'un savoir approfondi sur la langue » – L'entreprise de J. Ch. A. pour faire de l'allemand une langue cultivée]. In W. Bahner (éd. : 191-204) ⇨ §§1.3 ; 2.5.2.

KALTZ Barbara (2000b), J. Ch. Adelung, *Umständliches Lehrgebäude der Deutschen Sprache*. Notice 3516, Corpus des Textes Linguistiques Fondamentaux [*http://ctlf.ens-lyon.fr/n_fiche.asp?n=337*] ⇨ Intro.

KALTZ Barbara (2000b),J. Ch. Adelung, *Mithridates oder allgemeine Sprachenkunde*. Notice 5107, Corpus des Textes Linguistiques Fondamentaux [*http://ctlf.ens-lyon.fr/n_fiche.asp?n=35*] ⇨ §4.0

KÄMPER Heidrun (2008), « Sprache und Kultur in dem genauesten Verhältnisse » – Kulturgeschichte und Lexikographie bei Johann Christoph Adelung [« La langue et la culture dans la relation la plus précise » – Histoire culturelle et lexicographie chez J. Ch. Adelung]. In J. Kämper *et al.* (eds. : 76-88) ⇨ §1.4.

KÄMPER Heidrun / KLOSA Annette / VIETZE Oda (eds. 2008), *Aufklärer, Sprachlehrer, Didaktiker : Johann Christoph Adelung (1732-1806)* [Studien zur deutschen Sprache 45 ; Éclaireur, professeur de langue, didacticien] Tübingen : Narr ⇨ §4.0

LERCHNER Gotthard (1984), *« ...daß es die guten Schriftsteller sind, welche die wahre Schriftsprache eines Volkes bilden ». Zur sprachgeschichtlichen Bedeutsamkeit der Auseinandersetzung zwischen Wieland und Adelung* [« ...que ce sont les bons écrivains qui constituent la véritable langue écrite d'un peuple ». Sur l'importance de la polémique entre Wieland et Adelung sur l'histoire de la langue]. In : W. Bahner (1984 : 109-115) ⇨ §§2.4.1 ; 2.5.2

METCALF George J. (1984), Adelung discovers the languages of Asia. *Histoire Épistémologie Langage*, 6(2,). *Genèse du comparatisme indo-européen :* 101-115 ⇨ §§1.5 ; 4.4.2

MORPURGO DAVIES Anna (1998), *History of Linguistics IV: Nineteenth Century Linguistics*, Harlow, Addison Wesley Longman [original en italien, Bologne, 1992] ⇨ §§1.5 ; 4.5 ; 4.7

MÜHLPFORDT (1984), *Vitam impedere vero*. Der Aufklärer Adelung als Kultur- und Wissenschaftshistoriker [Consacrer sa vie à la vérité. Adelung comme historien éclairé de la culture et des sciences]. In W. Bahner (éd. : 40-54), ⇨ §§2.2.2 ; 2.2.3 ; 2.3.2 .

NAUMANN Bernd (2001), Die ‘Allgemeine Sprachwissenschaft' um die Wende zum 19. Jahrhundert [La « linguistique générale » au tournant du XIXe s.], in S. Auroux *et al.* (eds.), *The history of language sciences,* vol. 1, p. 1044-1056 (Chap. 141). Berlin : De Gruyter ⇨ Concl.

NERIUS Dieter (1984), Zur Bedeutung von J. Ch. Adelung für die Entwicklung der deutschen Orthographie und der orthographischen Theorie [De l'importance de J. Ch. Adelung pour l'évolution de l'orthographe de l'allemand et de la théorie orthographique]. In W. Bahner (ed. 165-172) ⇨ §3.4.

NEUMANN H.P. (2006), Reise ins Reich der Unvernunft : Aufgeklärtes Amüsement bei Johann Christoph Adelung [Voyage dans le royaume de la déraison : Amusement éclairé chez J.Ch.A.]. In G. Frank / A. Hallacker / S. Lalla (eds.), *Erzählende Vernunft* [La raison narratrice]. Berlin : Akademie-Verlag, (p. 61-74) ⇨ §1.2.

PFEIFER W. (1984), Adelungs Stellung zur Etymologie in seinem Wörterbuch [La position d'Adelung sur l'étymologie dans son dictionnaire]. In W. Bahner (éd. : 233-238) ⇨ §3.3.2.

SCHERER Wilhelm (1875), Adelung, Johann Christoph. *Allgemeine Deutsche Biographie 1* (1875), S. 80-84 [*https://www.deutsche-biographie.de/pnd118500651.html#adbcon tent*] ⇨ §§1.0 ; 1.2 ; 2.2.3 .

SCHMIDT Hartmut (1984), Einige Grundbegriffe von Johann Christoph Adelungs Sprachkonzept [Quelques notions de base de la conception de la langue chez J. Ch. A.]. In W. Bahner (éd. : 135-144),§2.5.2

TRABANT Jürgen (2003), *Mithridates im Paradies – Kleine Geschichte des Sprachdenkens* [Mithridate au paradis – Petite histoire de la pensée linguistique]. Munich : C.H. Beck ⇨ §§1.5 ; 3.0 ; 4.3.3 ; 4.4.3

VATER Johann Severin (1810), *Untersuchungen über Americka's Bevölkerung aus dem alten Kontinente* |Recherches sur la population de l'Amérique en provenance de l'ancien monde]. Leipzig ⇨ §4.6.1

3. Autres références

ABEL-REMUSAT Jean-François (1822), *Essai sur la langue et la littérature chinoises*, Paris ⇨ §4.7.

ACADEMIA DELLA CRUSCA (1732), *Compendio del vocabolario degli accademici della Crusca.* Florence ⇨ §3.2.3.

ARETIN K.O. (1974), *Der aufgeklärte Absolutismus* [L'absolutisme éclairé]. Cologne

ARNDT Ernst Moritz (1814), *Was ist des Deutschen Vaterland* [Ce qu'est la patrie de l'Allemand, chant patriotique] ⇨ §2.1.2

AUROUX Sylvain (1994), *La révolution technologique de la grammatisation : introduction à l'histoire des sciences du langage.* Bruxelles : Mardaga ⇨ 1.2.

BALBI Antonio (1826), *Introduction à l'atlas ethnographique du globe*. Paris : Rey & Gravier. ⇨ §4.7.

BLOOMFIELD Leonard (1934), *Language*, New York, Henry Holt & Co. ⇨ §4.6.2.

BONET Eulàlia (2008), Item-and-Arrangement or Item-and-Process ?, *Quadernos de Lingvistica* XV, pré-publication [*http://filcat.uab.cat/clt/membres/professors/bonet/Bonet_Cuadernos_Ling_X*]⇨ §4.6.2.

BOPP Franz (1816), *Über das Conjugations-System der Sanskritsprache in Vergleichung mit jenem der griechischen, lateinischen, persischen und germanischen Sprache* [Sur le système de conjugaison de la langue sanskrite, comparé à celui des langues grecque, latine, persane et germanique], Francfort/Main ⇨ §§1.5 ; 4.0 ; 4.4.2 .

BRANT Sebastian (1494), *Das Narrenschiff* [La nef des fous]. Bâle ⇨ §1.2.

BRAUDEL Fernand (1979), *Civilisation matérielle, économie et capitalisme, XV*[e]*-XVIII*[e] *siècle (3 vol.). Paris : Armand Colin* ⇨ §2.2.3.

BROCKHAUS Friedrich Arnold (1868, 11e ed.), *Konversationslexikon* (11e éd.) [*https: //de.wikipedia.org/ wiki/Konversationslexikon*] ⇨ §1.2.

BRUNOT Ferdinand (1905-1938), *Histoire de la langue française*. Paris : Armand Colin ⇨ §2.4.0.

BYBEE Joan (2010), *Language, usage and cognition.* Cambridge : Cambridge University Press ⇨ §4.4.1.

BYRNE William (1885), *General principles of language*, 2 vol., Londres ⇨ §4.7.

COLOMBAT B. (2008), L'accès aux langues pérégrines dans le Mithridate de Conrad Gessner (1555), *Histoire Épistémologie Langage*, 30/2 : 71-92 ⇨ §§4.1 ; 4.3.2.

COLOMBAT B. (2013), L'héritage du modèle latin dans les grammaires françaises de la Renaissance, in G. Kahn et N. Minerva dir., « Grammaire et enseignement du français langue étrangère et seconde : permanences et ruptures, du XVIe au milieu du XXe siècle » (Actes du colloque de Raguse, 7-9 juin 2012, première partie), *Documents pour l'histoire du français langue étrangère ou seconde*, 51 : 11-38 ⇨ §2.5.1.

CONDILLAC Étienne Bonnot de (1746), *Essai sur l'origine des connaissances humaines, ouvrage où l'on réduit à un seul principe tout ce qui concerne l'entendement humain* (2 vol.). Paris : Pierre Mortier ⇨ §2.4.1.

CORNEILLE Thomas (1694), *Dictionnaire des arts et des sciences.* Paris : Institut de France ⇨ §3.5.2.

COSERIU Eugenio (1988), *Sprachkompetenz* [La compétence linguistique]. Tübingen : Narr ⇨ §2.4.1.

COURT DE GEBELIN Antoine (1773-84), *Le monde primitif analysé et comparé avec le monde moderne*, 9 vol., Paris ⇨ §4.1.

COVARRUVIAS OROZCO Don Sebastian de (1674), *Tesoro de la lengua castellana o Española*. Madrid ⇨ §3.2.2

CROFT William (2003), *Typology and universals* (2d ed.). Cambridge : Cambridge University Press ⇨ §4.4.1.

DARMESTETER Arsène (1887), *La Vie des mots étudiée dans leurs significations*, Paris : Delagrave [rééd. Paris : Champ Libre, 1979] ⇨ §3.5.2.

DARRIGOL Abbé Jean-Pierre (1829), *Analyse raisonnée du système grammatical de la langue basque. Extraits de la Dissertation critique et apologétique sur la langue basque*. Prix Volney 1829 ⇨ §4.6.2.

DELBRÜCK Berthold, (1884), *Einleitung in das Sprachstudium – ein Beitrag zur Geschichte und Methodik der vergleichenden Sprachforschung* [Introduction à l'étude du langage – une contribution à l'histoire et méthodologie de la recherche linguistique comparée], Leipzig ⇨ §4.3.3.

DESTUTT DE TRACY Antoine (1803), *Élémens d'idéologie,* vol. II, *Grammaire,* Paris ⇨ §4.0.

Dictionnaire Universel François et Latin (1740) [vulgairement appellé *Dictionnaire de Trévoux*]. Nancy : Pierre Antoine ⇨ Concl.

DIDEROT Denis / D'ALEMBERT Jean-Baptiste Le Rond (1751-80), *Encyclopédie ou Dictionnaire raisonné des sciences, des arts et des métiers*, Paris ⇨ §3.3.2.

DU CANGE Charles Du Fresne, sieur (1678), *Glossarium mediæ et infimæ latinitatis* [Glossaire de la latinité moyenne et tardive ; 3 vol.]. Paris ⇨ §3.1.1.

DUBOIS J. / DUBOIS Claude (1971), *Introduction à la lexicographie.* Paris : Larousse. ⇨ §3.3.0.

DUDEN Konrad (1872), *Die deutsche Rechtschreibung* [L'orthographe allemande]. Leipzig : Teubner ⇨ §3.4.

ELIAS Norbert (1939-73-75), *Der Prozeß der Zivilisation.* Berlin : Suhrkamp [trad.fr. *La civilisation des moeurs* 1973, Calman-Lévy] ⇨ Intro ; §2.2.3.

ENGLER Rudolf (1989), *Édition critique du Cours de linguistique générale de F. de Saussure* ⇨ §4.4.

ERASME [Desiderius Erasmus] (1509), *Stultitiae laus* [Éloge de la folie] ⇨ §1.2.

FÉRAUD Jean François (1787-8), *Dictionnaire critique de la langue française.* Marseille ⇨ §§1.4 ; 3.3.2.

FICHTE Johann Gottlieb (1806-1808), *Reden an die Deutsche Nation* [Discours à la nation allemande], Berlin ⇨ §§2.1.2 ; 4.0.

FIRTH John Rupert (1957), *Papers in Linguistics 1934–1951*, London : Oxford University Press ⇨ §3.3.2.

FRANÇOIS Jacques (1969), *Der Begriff des Bürgers im Spätmittelalter* [La notion de *Bürger* à la fin du Moyen-Âge] Mémoire de maîtrise, Université Paris III ⇨ §1.4.

FRANÇOIS Jacques (2014), La difficile affirmation de la linguistique générale en Allemagne (1806-1911) et le dépassement de l'obstacle axiologique, *Bulletin de la Société de Linguistique de Paris*, n° 109/1 : 121-154 ⇨ §§1.5 ; 4.0 ; 4.7

FRANÇOIS Jacques (2016), La fondation de la philologie du provençal, une affaire franco-allemande. Actes du 5e Congrès Mondial de Linguistique Française. [*https://www.shs-conferences.org/articles/shsconf/abs/2016/05/shsconf_cmlf2016_05002/shsconf_cmlf2016_05002.html*] ⇨ §3.1.3.

FRANÇOIS Jacques (2017), *Le siècle d'or de la linguistique en Allemagne – de Humboldt à Meyer-Lübke*. Limoges : Lambert-Lucas ⇨ §§1.5 ; 3.3.3 ; 4.0 ; 4.5 ; 4.7.

FRANÇOIS Jacques (2018), *De la généalogie des langues à la génétique du langage*. Louvain : Peeters ⇨ §4.2.

FREDERIC II de Prusse (1770), *Examen de l'Essai sur les préjugés.* Londres : Nourse ⇨ §2.2.1

FRISCH J.L. (1741), *Teutsch-lateinisches Wörter-Buch* (2 vol.) Berlin [Dictionnaire allemand-latin, rééd. 1977 New-York : Hildesheim] ⇨ §3.2.4 ; Concl.

FURETIÈRE Antoine (1690), *Dictionnaire universel contenant généralement tous les mots françois, tant vieux que modernes, et les termes de toutes les sciences et des arts.* Amsterdam ⇨ §§1.2 ; 3.2.1 ; Concl.

GATTERER Johann Christoph (1771), *Einleitung in die synchronistische Universalhistorie zur Erläuterung seiner synchronistischen Tabellen* [Introduction à l'histoire universelle synchronisée en commentaire de ses tableaux synchronisés, 2 vol.). Göttingen : Vandenhoeck ⇨ §4.2.

GESSINGER Joachim (1992), Les traditions nationales : Allemagne. In S. Auroux (dir.), *Histoire des idées linguistiques II, Le Développement de la grammaire occidentale*, Liège, Mardaga : 387-405 ⇨ §1.5.

GESSNER Conrad (1555), *Mithridates. De differentiis linguarum tum veterum, tum quae hodie apud diversas nationes in toto orbe terrarum usu sunt, Conradi Gesneri Tigurini Observationes.* [Mithridate – Sur les différences entre les langues tant anciennes qu'actuellement employées dans diverses nations sur tout le globe terrestre, Observations de Conrad Gessner de Zurich], *Corpus des textes linguistiques fondamentaux* [http://ctlf.ens-lyon.fr] ⇨ §§1.5 ; 4.1 ; 4.3.1.

GILLIÉRON Jules / EDMONT Edmond (1902-10), *Atlas linguistique de la France* (9 vol.), Paris : Champion ⇨ §4.0

GIVÓN Talmy (1985), Iconicity, isomorphism, and non-arbitrary coding in syntax. In Haiman (ed. 1985: 187-220), *Iconicity in syntax*. Amsterdam : Benjamins ⇨ §4.4.1.

GOETHE Johann Wolfgang von (1771), Zum Shakespears Tag, *Allgemeine Monatsschrift für Wissenschaften und Litteratur* [Discours tenu à l'occasion de la première célébration de Shakespeare] ⇨ §2.6.2.

GOGUET Antoine-Yves / FUGERE Alexandre-Conrad (1758), *De l'origine des loix, des arts, et des sciences ; et de leurs progrès chez les anciens peuples*, Paris : Desaint & Saillant, 1758 (3 vol.) ⇨ §2.3.2;

GRAY E.G. (2000), « Missionary linguistics and the description of "exotic" languages ». In Auroux *et al.* (eds.) *History of the Sciences of language* HSK 18.1 : 929-937⇨ §4.3.2

GRÉVISSE Maurice / GOOSSE André (2001), *Le bon usage* (13e édition). Bruxelles : Duculot-De Boeck ⇨ Concl.

GRIMM Jacob (1819), *Deutsche Grammatik* [Grammaire de l'allemand ; seconde édition en 2 vol. 1822 et 1826]. Göttingen ⇨ §§1.1 ; 4.2.

GRIMM Jacob / GRIMM Wilhelm (1854), *Deutsches Wörterbuch* [Dictionnaire de l'allemand], Berlin ⇨ §1.4 ; Concl.

HAECKEL Ernst (1868), *Natürliche Schöpfungsgeschichte* [Histoire naturelle de la création]. Berlin ⇨ §4.4.1.

HASPELMATH Martin / DRYER Matthew / GIL David / COMRIE Bernard (2005), *Word Atlas of Language Structures.*[*https:// wals.info/*] ⇨ §4.4.4.

HERDER Johann Gottfried (1770), *Abhandlung über den Ursprung der Sprache*, Berlin, Friedrich Voss [trad.fr. 1992, *Traité de l'origine du langage*, traduit par Denise Modigliani, Paris : PUF] ⇨ §2.4.1.

HERVÁS Lorenzo (1784), *Catalogo delle lingue conosciute e notizia della loro affinita e diversita*, Leiden ⇨ §4.4.3.

HERVÁS Lorenzo (1787), *Saggio pratico delle lingue*. Cesena ⇨ §4.4.3.

HERVÁS Lorenzo (1801-05), *Catálogo de las lenguas de las naciones conocidas y enumeración, división y clases de estas según la diversidad de sus idiomas y dialectos* (6 vol.) ⇨ §§1.1 ; 1.5 ; 1.6 ; 4.3.3 ; 4.4.2.

HOCKETT Charles (1954), Two Models of Grammatical Description, *WORD* 10:2-3 : 210-234 ⇨ §4.6.2.

HÜBNER Johann (1704), *Reales Staats-, Zeitungs- und Conversations-Lexicon* [Encyclopédie populaire destinée à la conversation] Leipzig : Gleditsch ⇨ §1.2

HÜLTENSCHMIDT Erika (2000), La professionnalisation de la recherche allemande. In S. Auroux (éd.), *Histoire des idées linguistiques III : L'hégémonie du comparatisme*, Liège : Mardaga : 79-96 ⇨ §1.3.

HUMBOLDT Alexander von (1806), *Ueber die Urvölker von Amerika und die Denkmähler welche von ihnen übrig geblieben sind* [Sur les peuples primitifs d'Amérique et les monuments qui en subsistent] ⇨ §4.6.1.

HUMBOLDT Alexander von (1808), *Ansichten der Natur mit wissenschaftlichen Erläuterungen* [Vues de la nature avec des commentaires scientifiques, 1ère éd.], Tübingen : Cotta'sche Verlagsbuchhandlung ⇨ §4.6.1.

HUMBOLDT Alexander von (1808-1811), *Essai Politique sur le Royaume de la Nouvelle-Espagne*. Paris : F. Schoell ⇨ §4.6.1.

HUMBOLDT Alexander von (1816), *Vues des cordillères et monumens des peuples indigènes de l'Amérique.* Paris : F. Schoell ⇨ 4.6.1.

HUMBOLDT Wilhelm von (1817), Berichtigungen und Zusätze zum ersten Abschnitte des zweyten Bandes des Mithridates über die Cantabrische oder Baskische Sprache [Corrections et ajouts à la première section du second volume du Mithridate sur la langue cantabrique ou basque]. In ; J.S. Vater (éd.), *Mithridates* vol. IV : 275-360 ⇨ §§4.0 ; 4.6.2.

HUMBOLDT Wilhelm von (1820), « Über das vergleichende Sprachstudium in Beziehung auf die verschiedenen Epochen der Sprachentwicklung » [Sur l'étude linguistique comparée en relation avec les différentes époques de l'évolution des langues], *Gesammelte Schriften* IV, Berlin ⇨ §1.5.

HUMBOLDT Wilhelm von (1827), *Lettre à M. Abel-Rémusat sur la nature des formes grammaticales en général et le génie de la langue chinoise en particulier*, Paris ⇨ §4.7

HUMBOLDT Wilhelm von (1836), *Über die Verschiedenheit des menschlichen Sprachbaues.* Berlin [trad. fr. par P. Caussat, *Introduction à l'œuvre sur le kavi et autres essais*, 1974 Paris : Seuil], ⇨ §§2.4.0 ; 4.4.1 ; Concl.

HUMBOLDT Wilhelm von (2010), *Schriften zur Anthropologie der Basken* [Écrits sur l'anthropologie des Basques, édité par Bernhard Hurch]. Paderborn : Schöningh ⇨ §1.5

HUMBOLDT Wilhelm von (2012), *Baskische Wortstudien und Grammatik* [Études lexicales et grammaire du basque édité par Bernhard Hurch]. Paderborn : Schöningh ⇨ §1.5

JABERG Karl / JUD Jakob (1928-1960, *Atlas linguistique et ethnographique de l'Italie et de la Suisse méridionale.* Zofingen ⇨ §4.0.

JACQUESSON François (2018), Comment classer les langues : Les catalogues de Hervás. Manuscrit : [*https://www.academia.edu/37494828/Comment_ classer_les_langues_Les_catalogues_de_Herv%C3%A1s*] ⇨ §4.4.2.

JOHNSON Samuel (1755), *Dictionary of the English Language.* Londres ⇨ §§1.6 ; 3.5.1.

JONES W. (1786), « Third anniversary discourse to the Asiatic Society » réédité dans *Discourses delivered before the Asiatic Society and miscellaneous papers, on the religion, poetry, literature, etc., of the nations of India*, 1824 ⇨ §§1.5 ; 2.4.1 ; 4.0 ; 4.4.4.

KANT Immanuel (1781), *Kritik der reinen Vernunft* [Critique de la raison pure], Riga ⇨ §2.2.1.

KANT Immanuel (1784), Beantwortung der Frage : Was ist Aufklärung ? [Réponse à la question : Qu'est-ce que les Lumières ?]. *Berlinische Monatsschrift* : 481–494 ⇨ §2.2.1.

KANT Immanuel (1788), *Kritik der praktischen Vernunft* [Critique de la raison pratique]. ⇨ §2.2.1.

KANT Immanuel (1792), *Die Religion innerhalb der Grenzen der bloßen Vernunft* [*La religion dans les limites de la simple raison*, 1794, trad. par André Tremesaygues] *Berlinische Monatsschrift*, avril 1792 ⇨ §2.2.1.

KRAMER Matthias (1700-02), *Das herrlich grosse Teutsch-Italiänische Dictionarium* [2 vol. Le grand et prestigieux dictionnaire allemand-italien], Nuremberg ⇨ §2.6.1.

LAKOFF George (1987), *Women, fire, and dangerous things. What categories reveal about the mind.* Chicago : University of Chicago Press ⇨ §3.5.2.

LAROUSSE Pierre (1866-88), *Grand Dictionnaire universel du XIX*[e] *s.* Paris ⇨ §3.3.2 ; Concl.

LEIBNIZ Gottfried Wilhelm (1710), *Eléments de la philosophie générale et de la théologie naturelle.* [cité par H. Scheppers, 1985] ⇨ §2.2.1.

LEIBNIZ Gottfried Wilhelm (1666), *Dissertatio de arte combinatoria.* Leipzig ⇨ §2.2.1.

LITTRE Émile (1872), *Dictionnaire de la langue française.* Paris : Hachette ⇨ §3.3.2 ; Concl.

LÖBEL Renatus Gotthelf / FRANCKE Christian W. (1796), *Conversationslexikon mit vorzüglicher Rücksicht auf die gegenwärtigen Zeiten* [Encyclopédie populaire consacrée particulièrement aux temps présents]. Leipzig : Leupold ⇨ §1.2.

McLUHAN M. (1962), *The Gutenberg galaxy : The making of typographic man.* Toronto : University of Toronto Press. [trad.fr. CNRS Éditions, 2017, *La galaxie Gutenberg : la genèse de l'homme typographique*] ⇨ §2.3.2.

MEILLET Antoine / COHEN Marcel (dir. 1924), *Les langues du monde.* Paris : Champion ⇨ §4.7.

MENDELSSOHN Moses (1784), *Über die Frage : was heißt aufklären ?* [Sur la question : qu'est-ce qu'éclairer ?] *Berlinische Monatsschrift* n°4 : 193-200. ⇨ §§2.0 ; 2.2.1

MENZEL Christopher (2017), Possible Worlds, *The Stanford Encyclopedia of Philosophy* (Winter 2017 Edition), Edward N. Zalta (ed.) [*https://plato.stanford.edu/archives/win2017/entries/possible-worlds/*] ⇨ Concl.

MISTELI Franz (1893), *Charakteristik der hauptsächlichsten Typen des Sprachbaues* [Caractérisation des types principaux de structure des langues], Leipzig [vol. 2 de l'*Abriß der Sprachwissenschaft* de H. Steinthal & Fr. Misteli] ⇨ §4.7.

MONDOT (2007 : 69), Notice « Allemagne et Saint-Empire ». In : Michel Delon (dir.), *Dictionnaire européen des Lumières*, Paris : PUF : 66-70 ⇨ §2.0.

MONTESQUIEU [Charles de Secondat] (1734), *Considérations sur les causes de la grandeur des Romains et de leur décadence.* Paris ⇨ §2.2.3.

MONTESQUIEU [Charles de Secondat] (1748), *De l'esprit des loix.* Genève : Barrillot ⇨ §2.2.3.

MORANA Cyril (dir. 2006), *Qu'est-ce que les Lumières ?* Paris : Mille et une nuits [trad. des essais d'I. Kant et de M. Mendelssohn sur l'Aufklärung] ⇨ §§2.0 ; 2.2.1 ; 2.2.3.

MÜLLER Friedrich (1876-88), *Grundriß der Sprachwissenschaft* [Fondements de la linguistique], Vienne ⇨ §4.7.

MÜLLER (Friedrich) Max (1862), *Lectures on the science of language* (vol. 1), Londres : Longman ⇨ §§1.5 ; 4.4.2 ; Concl.

NICOT Jean (1606), *Thrésor de la langue françoise, tant ancienne que moderne.* Paris : David Douceur ⇨ §3.2.1

OLENDER Maurice (1989), *Les langues du paradis – Aryens et sémites : un couple providentiel*, Paris, Seuil [« Points-Essais », 2002] ⇨ §1.5

ORPUSTAN Jean Baptiste (2009), *L'ibère et le basque : recherches et comparaisons*. [*HAL Id : artxibo-00465824*] ⇨ §4.3.3

PALLAS Peter Simon (1787-89), *Linguarum totius orbis vocabularia comparativa Augustissimae cura collecta* [Vocabulaires comparés des langues de la terre entière collectés à la demande de l'Augstissime (Catherine II de Russie)]. Saint-Petersbourg ⇨ §4.1

PAUL Herman (1897), *Deutsches Wörterbuch* [Dictionnaire de l'allemand]. Halle, Niemeyer ⇨ §3.3.2 ; Concl.

PAUL Herman (1901), Geschichte der germanischen Philologie [Histoire de la philologie germanique]. In *Grundriss der Germanischen Philologie* [Traité de philologie germanique], vol.1 : 1-158. Strasbourg : Trübner ⇨ §1.2.

PFEIFER W. (en ligne), *Etymologisches Wörterbuch des Deutschen* [Dictionnaire étymologique de l'allemand : h*ttps://www.dwds.de/d/ wb-etymwb*]. Intégré au *Digitales Wörterbuch der deutschen Sprache* [Dictionnaire numérique de la langue allemande : *https://www.dwds.de/d*] ⇨ §2.3.1.

POTT August Friedrich (1833), *Etymologische Forschungen auf dem Gebiete der indogermanischen Sprachen, mit besonderem Bezug auf die Lautumwandlung in Sanskrit, Griechischen, Lateinischen, Litauischen und Gotischen* [Recherches étymologiques dans le domaine des langues indogermaniques, particulièrement en rapport avec les mutations phonétiques en sanscrit, grec, latin, lituanien et gotique], Lemgo ⇨ §1.5

REDDICK Allen (2006), Le dictionnaire de la langue anglaise de Samuel Johnson (1755). *Dix-huitième siècle* 2006(1) : 225-236 ⇨ §3.5.1

RENAN Ernest (1863), *La vie de Jésus.* Paris : Calmann-Lévy ⇨ §2.4.1

REY Alain (2006), *Antoine Furetière – Un précurseur des lumières sous Louis XIV.* Paris : Fayard ⇨ Intro ; §1.2

REY Alain (2008), *Littré : L'humaniste et les mots.* Paris : Gallimard ⇨ Intro.

REY Alain / REY-DEBOVE Josette (dir. 1967), *Dictionnaire Le Robert* en un volume. Éditions du Nouveau Littré ⇨ §3.3.3

RICHELET C.P. (1680), *Dictionnaire françois.* Genève : Widerhol ⇨ §3.2.1

SAJNOVICS Janos (1770), *Demonstratio idioma Ungarorum et Lapponum idem esse / Beweis, dass die Sprache der Ungarn und Lappen dieselbe ist* [Démonstration de la parenté entre les langues hongroise et lapone]. Copenhague ⇨ §2.4.1

SCHEPERS Heinrich (1985), Wolff, Christian. In: *Allgemeine Deutsche Biographie* 44 (1898), S. 12-28 [*https://www.deutsche-biographie.de/pnd118634771.html#adbcontent*]⇨ §2.2.1.

SCHERER Wilhelm (1868), *Zur Geschichte der deutschen Sprache* [Sur l'histoire de la langue allemande] Berlin : Duncker ⇨ §1.1.

SCHILLER Friedrich (1789), *Was heißt und zu welchem Ende studiert man Universalgeschichte ?* [Que signifie l'histoire universelle et à quelle fin l'étudie-t-on ? Leçon inaugurale à l'université d'Iéna, 26 mai 1789] ⇨ §2.2.3.

SCHLEGEL Friedrich (1808), *Über die Sprache und Weisheit der Indier – Ein Beitrag zur Begründung der Althertusmkunde,* Heidelberg, Mohr & Zimmer [trad. fr. *La Langue et la sagesse des Indiens,* Paris, 1837] ⇨ §§1.5 ; 2.4.1 ; 4.0 ; 4.4.1.

SCHLEICHER August (1861), *Compendium der vergleichenden Grammatik der indogermanischen Sprachen* [Compendium de la grammaire comparée des langues indogermaniques], Weimar ⇨ §§4.4.1 ; 4.4.4 ; 4.5.

SCHLOBACH J. (2007), Prince éclairé, absolutisme éclairé. In M. Delon (dir.), *Dictionnaire européen des Lumières*. Paris, PUF : 1035-9 ⇨ §2.2.1.

SCHMIDT Hans Ulrich (2016), Schlechtes Deutsch und gutes Deutsch: Vom Mittelalter bis heute [Mauvais allemand et bon allemand : du Moyen-Âge à aujourd'hui] *Denkströme* 16 : 128–141 Leipzig : Sächsische Akademie der Wissenschaften ⇨ §3.3.1.

SCHNEIDER Johannes (2016), Im Rausch der Veränderung [Dans l'ivresse du changement]. *Geo-Epoche* 79 : 22-23. Hambourg : Gruner & Jahr ⇨ §2.1.2

SCHOTTEL Justus Georg (1663), *Ausführliche Arbeit der teutschen HaubtSprache* [Étude approfondie de la principale langue allemande] Braunschweig ⇨ §3.2.4

SCHRADER W. (1898), Wolff, Christian in : *Allgemeine Deutsche Biogra-phie* 44 (1898), S. 12-28 [*https://www.deutsche-biographie.de/pnd118634771. html#adbcontent*] ⇨ §2.2.1.

SCHUCHARDT Hugo (1867), *Der Vokalismus des Vulgärlateins* [Le vocalisme du latin vulgaire, thèse de doctorat], 3 vols ⇨ §4.6.2.

SPENGLER Oswald (1918-1922), *Der Untergang des Abendlandes* (2 vol.). Berlin : Beck [trad. fr. *Le déclin de l'occident*, Gallimard 1931] ⇨ §2.5.1.

SPINOZA Baruch (1677), *L'éthique* [Ethica Ordine Geometrico Demonstrata]. Amsterdam ⇨ §2.2.1.

STEINBACH Christoph Ernst (1734), *Vollständiges deutsches Wörter-Buch* [Dictionnaire allemand complet]. Breslau ⇨ §3.2.4

STEINTHAL Heyman (1848), *Die Sprachwissenschaft Wilhelm von Humboldt's und die Hegelsche Philosophie* [La linguistique de W. von Humboldt et la philosophie de Hegel], Berlin [thèse d'habilitation] ⇨ §2.4.0

STEINTHAL Heyman (1860), *Charakteristik der hauptsächlichsten Typen des Sprachbaues* [Caractérisation des types principaux de structure des langues], Berlin, Dümmler ⇨ §§2.4.0 ; 4.7 .

STIELER Kaspar (1691), *Der Teutschen Sprache Stammbaum und Fortwachs* [La généalogie et le développement de la langue allemande]. Braunschweig ⇨ §3.2.4.

STRAUSS David Friedrich (1835), *Das Leben Jesus kritisch bearbeitet.* Tübingen : Osiander ⇨ §2.4.1.

SUMMERER Lâtife (2009), *The search for Mithridates. Reception of Mithridates VI between the 15th and the 20th centuries.* Manuscrit [*https://www.academia.*

edu/6093469/The_Search_for_Mithridates._Reception_of_Mithridates_between_the_15th_and_the_20th_Centuries] ⇨ §1.5.

SWADESH Morris (1955), Towards greater accuracy in lexicostatistic dating. *International Journal of American Linguistics*, Vol. 21, 121–13 ⇨ §4.2.

TESNIERE Lucien (1959), *Éléments de syntaxe structurale.* Paris : Klincksieck ⇨ §4.6.2

TOYNBEE Arnold (1934-1961), *A Study of history.* Oxford University Press ⇨ §2.3.1

VAUGELAS Claude Favre de (1647), *Remarques sur la langue françoise.* Paris ⇨ §§2.4.1 ; 1.4

VICO Gianbattisto (1744), *Principi di Scienza Nuova.* Naples [trad. fr. 1844, *La science nouvelle*, Paris : Renouard] ⇨ §2.5.1

VOLTAIRE (1732), *Les lettres anglaises / Les lettres philosophiques.* Londres, Paris ⇨ §1.2

WALDE Alois / POKORNY Kulius (1927-30), *Vergleichendes Wörterbuch der indogermanischen Sprachen* [Dictionnaire comparatif des langues indo-européennes].Berlin, Leipzig ⇨ §4.4.4

WARTBURG Walter von (1950), *Die Ausgliederung der romanischen Sprachräume.* Berne : Francke [trad.fr. *La fragmentation linguistique de la Romania*, Klincksieck 1967] ⇨ §2.4.1

WENKER Georg / WREDE Ferdinand (1887-1929), *Deutscher Sprachatlas.* Marburg : Elwert ⇨ §4.0

WIERZBICKA Anna (1996), *Semantics : Primes and Universals*. Oxford : Oxford University Press ⇨ §2.2.1

WILPERT Gero von (2007), *Goethe : die 101 wichtigsten Fragen*. Verlag C.H. Beck ⇨ §2.6.2

WILSON H. (1832), *A dictionary in Sanskrit and English: Translated, amended, and enlarged from an original compilation.* Calcutta : The Education Press ⇨ §4.4.4

WITTGENSTEIN Ludwig (1953), *Philosophical investigations*, Wien, Wilhelm Ostwald's Annalen der Naturphilosophie [trad. fr. 1961],§4.4.1

WOLFF Christian (1712), *Vernünftige Gedanken von von den Kräften des menschlichen Verstande*, [Considérations rationnelles sur les forces de l'entendement humain], Francfort ⇨ §2.2.1

WOLFF Christian (1720), *Vernünftige Gedanken von Gott, der Welt und der Seele des Menschen, auch allen Dingen überhaupt, den Liebhabern der Wahrheit mitgetheilet*, [Considérations rationnelles sur Dieu, le monde et l'âme de l'homme et sur toutes choses en général, à l'intention de ceux qui chérissent la vérité], Francfort ⇨ §2.2.1

WOLFF Christian (1721a), *Vernünftige Gedanken von dem gesellschaftlichen Leben der Menschen* [Considérations rationnelles sur la vie des hommes en société], Francfort ⇨ §2.2.1

WOLFF Christian (1721b), *Rede über die praktische Philosophie der Chinesen* [Discours sur la philosophie pratique des Chinois], Francfort ⇨ §2.2.1

WOLFF Christian (1723), *Vernünftige Gedanken von den Wirkungen der Natur* [Considérations rationnelles sur les effets de la nature], Halle ⇨ §2.2.1

WOLFF Christian (1728), *Discursus Praeliminaris de philosophia in genere* [Mémoire préliminaire sur la philosophie en général]. Francfort et Leipzig ⇨ §2.2.1

ZIMMERMANN W. (1836), *Geschichte Würtembergs nach seinen Sagen und Thaten* [Histoire du Wurtemberg d'après ses légendes et ses hauts faits, 2 vol.] Stuttgart : Imle & Krauß ⇨ §2.4.3

ZÖLLNER Johann Friedrich (1783), Was ist Aufklärung ? *Berlinische Monatsschrift déc.1783* ⇨ §2.2.1

ZWARTJES O. (2012), The Historiography of Missionary Linguistics: Present state and further research opportunities. *Historiographia Linguistica* 39 : 2/3 : 185–242 ⇨ §4.3.2.

TABLE DES MATIÈRES

Chapitre 3. L'œuvre lexicographique .... p. 117

Collection « Histoire des Sciences Humaines »
dirigée par Claude BLANCKAERT

Fortes désormais de plusieurs siècles d'histoire, les sciences humaines ont conquis une solide légitimité et s'imposent dans le monde intellectuel contemporain. Elles portent pourtant témoignage d'hétérogénéités profondes. Au plan institutionnel, la division toujours croissante du travail et la concurrence universitaire poussent à l'éclatement des paradigmes dans la plupart des disciplines. Au plan cognitif, les mutations intellectuelles des vingt dernières années ainsi que les transformations objectives des sociétés post-industrielles remettent parfois en cause des certitudes qui paraissaient inébranlables.

Du fait de ces évolutions qui les enrichissent et les épuisent en même temps, les sciences humaines ressentent et ressentiront de plus en plus un besoin de cohérence et de meilleure connaissance d'elles-mêmes. Et telle est la vertu de l'histoire que de permettre de mieux comprendre la logique de ces changements dans leurs composantes théoriques et pratiques.

S'appuyant sur un domaine de recherche historiographique en pleine expansion en France et à l'étranger, cette collection doit favoriser le développement de ce champ de connaissances. Face à des mémoires disciplinaires trop souvent orientées par des héritages inquestionnés et par les conflits du présent, elle fera prévaloir la rigueur documentaire et la réflexivité historique.

Ouvrages parus

L. Mucchielli (dir.), *Histoire de la criminologie française*, 1994.

J. Schlanger, *Les métaphores de l'organisme*, 1995.

A.-M. Drouin-Hans, *La communication non-verbale avant la lettre*, 1995.

S.-A. Leterrier, *L'institution des sciences morales, 1795-1850*, 1995.

M. Borlandi et L. Mucchielli (dir.), *La sociologie et sa méthode*, 1995.

C. Blanckaert (dir.), *Le terrain des sciences humaines. Instructions et enquêtes (XVIIIe-XXe siècle)*, 1996.

L. Marco (dir.), *Les revues d'économie politique en France. Genèse et actualité (1751-1994)*, 1996.

P. Riviale, *Un siècle d'archéologie française au Pérou (1821-1914)*, 1996.

M.-C. Robic, A.-M. Briend, M. Rössler (dir.), *Géographes face au monde. L'union géographique internationale et les congrès internationaux de géographie*, 1996.

P. Petitier, *La géographie de Michelet. Territoire et modèles naturels dans les premières œuvres de Michelet*, 1997.

O. Martin, *La mesure de l'esprit. Origines et développements de la psychométrie 1900-1950*, 1997.

N. Coye, *La préhistoire en parole et en acte. Méthodes et enjeux de la pratique archéologique (1830-1950)*, 1997.

J. Carroy, N. Richard (dir.), *La découverte et ses récits en sciences humaines*, 1998.

P. Rauchs, *Louis II de Bavière et ses psychiatres. Les garde-fous du roi*, 1998.

L. Baridon, M. Guédron, *Corps et arts. Physionomies et physiologies dans les arts visuels*, 1999.

C. Blanckaert, L. Blondiaux, L. Loty, M. Renneville, N. Richard (dir.), *L'histoire des sciences de l'homme. Trajectoire, enjeux et questions vives*, 1999.

A. et J. Ducros (dir.), *L'homme préhistorique. Images et imaginaire*, 2000.

C. Blanckaert (dir.), *Les politiques de l'anthropologie. Discours et pratiques en France (1860-1940)*, 2001.

M. Huteau, *Psychologie, psychiatrie et société sous la Troisième République. La biocratie d'Édouard Toulouse (1865-1947)*, 2002.

J. Rabasa, *L'invention de l'Amérique. Historiographie espagnole et formation de l'eurocentrisme*, 2002.

S. Moussa (dir.), *L'idée de « race » dans les sciences humaines et la littérature (XVIIIe-XIXe siècle)*, 2003.

F. Tinland, *L'homme sauvage.* Homo ferus et Homo sylvestris, *de l'animal à l'homme*, 2003.

M.-A. Kaeser, *L'univers du préhistorien. Science, foi et politique dans l'œuvre et la vie d'Édouard Desor (1811-1882)*, 2004.

C. Blanckaert, *La nature de la société. Organicisme et sciences sociales au XIXe siècle*, 2004.

S. Collini et A. Vannoni (éd.), *Les instructions scientifiques pour les voyageurs (XVIIe-XIXe siècle)*, 2005.

H. Blais et I. Laboulais (dir.), *Géographies plurielles. Les sciences géographiques au moment de l'émergence des sciences humaines (1750-1850)*, 2006.

Buffon, *De l'homme*, présentation par M. Duchet, postface de C. Blanckaert, 2006.

S. Moussa (dir.), *Le mythe des Bohémiens dans la littérature et les arts en Europe*, 2008.

N. Hulin, *Les femmes, l'enseignement et les sciences. Un long cheminement (XIXe-XXe siècle)*, 2008.

O. Orain, *De plain-pied dans le monde. Écriture et réalisme dans la géographie française au XXe siècle*, 2009.

N. Hulin, *L'Enseignement et les sciences. Les politiques de l'éducation en France au début du XXe siècle*, 2009

C. Blanckaert, *De la race à l'évolution. Paul Broca et l'anthropologie française (1850-1900)*, 2009.

É. Chapuis, J.-P. Pétard, R. Plas (dir.), *Les psychologues et les guerres*, 2010.

N. Hulin, *Culture scientifique et humanisme... le rôle et la place des sciences*, 2011.

N. Hulin, *Les sciences naturelles. Histoire d'une discipline du XIXe au XXE siècle*, 2014.

B. Gérard, *Histoire de l'ethnomusicologie en France (1929-1961)*, 2014.

P. Clerc, M.-C. Robic, *Des géographes hors-les-murs. Itinéraires dans un monde en mouvement (1900-1940)*, 2015.

C. Blanckaert, J. Léon et D. Samain, *Modélisations et sciences humaines. Figurer, interpréter, simuler*, 2016

N. Hulin, *Le savant et le professeur. La physique au XXE siècle et la Commission Lagarrigue*, 2016.

Structures éditoriales du groupe L'Harmattan

L'Harmattan Italie
Via degli Artisti, 15
10124 Torino
harmattan.italia@gmail.com

L'Harmattan Hongrie
Kossuth l. u. 14-16.
1053 Budapest
harmattan@harmattan.hu

L'Harmattan Sénégal
10 VDN en face Mermoz
BP 45034 Dakar-Fann
senharmattan@gmail.com

L'Harmattan Cameroun
TSINGA/FECAFOOT
BP 11486 Yaoundé
inkoukam@gmail.com

L'Harmattan Burkina Faso
Achille Somé – tengnule@hotmail.fr

L'Harmattan Guinée
Almamya, rue KA 028 OKB Agency
BP 3470 Conakry
harmattanguinee@yahoo.fr

L'Harmattan RDC
185, avenue Nyangwe
Commune de Lingwala – Kinshasa
matangilamusadila@yahoo.fr

L'Harmattan Congo
67, boulevard Denis-Sassou-N'Guesso
BP 2874 Brazzaville
harmattan.congo@yahoo.fr

L'Harmattan Mali
ACI 2000 - Immeuble Mgr Jean Marie Cisse
Bureau 10
BP 145 Bamako-Mali
mali@harmattan.fr

L'Harmattan Togo
Djidjole – Lomé
Maison Amela
face EPP BATOME
ddamela@aol.com

L'Harmattan Côte d'Ivoire
Résidence Karl – Cité des Arts
Abidjan-Cocody
03 BP 1588 Abidjan
espace_harmattan.ci@hotmail.fr

Nos librairies en France

Librairie internationale
16, rue des Écoles
75005 Paris
librairie.internationale@harmattan.fr
01 40 46 79 11
www.librairieharmattan.com

Librairie des savoirs
21, rue des Écoles
75005 Paris
librairie.sh@harmattan.fr
01 46 34 13 71
www.librairieharmattansh.com

Librairie Le Lucernaire
53, rue Notre-Dame-des-Champs
75006 Paris
librairie@lucernaire.fr
01 42 22 67 13

www.ingramcontent.com/pod-product-compliance
Lightning Source LLC
LaVergne TN
LVHW011951220826
846092LV00001B/152

* 9 7 8 2 3 4 3 2 1 6 6 5 2 *